Dr. phil. Bernhard Wittlich

Angewandte Graphologie

Dr. phil. Bernhard Wittlich

Angewandte Graphologie

Teil I

Die Graphologie
im Dienste der Persönlichkeitsbewertung

Teil II

Die Graphologie
im Dienste der Verbrechensaufklärung

Teil III

Schriftenatlas mit Erläuterungen
und Merkmalsucher

VERLAG WALTER DE GRUYTER & CO., BERLIN

Herstellung: Stader Zeitungs- und Verlags-Druckerei
G. m. b. H., Stade/Elbe

EINLEITUNG

Unter der Psychologie der Handschrift versteht man alle auf die Handschrift gegründeten und aufgebauten Untersuchungsmethoden und ihre Ergebnisse. Erstmalig bieten wir hier in zwei Teilen einen Lehrgang der Graphologie als Mittel zur Persönlichkeitsbewertung und Verbrechensaufklärung.

Im ersten Teil wird aufbauend auf den Ergebnissen ausdruckskundlicher und graphologischer Forschung eine neue Methode zur Charakteranalyse nach der Handschrift entwickelt. Die Erfordernisse der Praxis finden dabei eine besonders starke Berücksichtigung.

Im zweiten Teil werden alle bisherigen Versuche einer Darstellung der Schriftvergleichung kritisch überprüft und neue Grundlagen für die Identifizierung von Handschriften geschaffen.

Die wissenschaftlichen und praktischen Erfahrungen und Arbeitsergebnisse, die insbesondere diesem Teil zugrunde liegen, verdanke ich der Forschungsarbeit meines Bruders, Dr. Felix Wittlich.

So hoffen wir in knappster Form ein Lehrbuch zu bieten, das den Forderungen der wissenschaftlichen Forschung gerecht wird und zugleich in der Hand des Praktikers von wirklichem Nutzen ist.

TEIL I

DIE GRAPHOLOGIE IM DIENSTE DER PERSÖNLICHKEITSBEWERTUNG

I. BEGRIFF DER HANDSCHRIFT

Die Grundlagen der wissenschaftlichen Graphologie sind in der Fachliteratur eingehend dargelegt worden. Es erübrigt sich daher, in diesem Buch die wissenschaftlichen Begründungen in aller Ausführlichkeit zu wiederholen. Wir werden uns im wesentlichen mit einer Zusammenfassung der wichtigsten Ergebnisse begnügen und nur in einzelnen Fällen abweichende eigene Erkenntnisse ausführlich darlegen. Insbesondere geschieht das bei den grundlegenden Begriffen der Formhöhe und des Rhythmus.

Die wissenschaftliche Graphologie baut sich auf den Arbeiten von Ludwig Klages auf. Sie ist die Wissenschaft von den seelischen Entstehungsbedingungen der Handschrift und öffnet als solche den Zugang zum Charakter, d. h. zur seelisch-geistigen Besonderheit einer Person. Die Handschrift ist aber ein so komplexes Gebilde, daß sie, wie wir noch genauer erläutern werden, nicht nur unter einem Gesichtspunkt erfaßt oder nach einer Methode gedeutet werden könnte.

Vorerst fassen wir sie als eine fixierte Ausdrucksbewegung und ihre Deutung erfolgt nach denselben Gesetzen wie bei jeder anderen Ausdrucksbewegung.

Wir unterscheiden fünf Arten von Bewegungen: die Willkürbewegung, die automatisierte Willkürbewegung, die Antriebsbewegung (Triebantriebsbewegung), die Ausdrucksbewegung und die angeborene Reflexbewegung.

1. Willkürbewegungen sind alle Zweckhandlungen, aber eine reine Willkürbewegung gibt es nicht, denn schon eine so einfache Bewegung wie das Ausstrecken des Armes, um etwas zu ergreifen oder auf etwas hinzuweisen, wird von jedem Menschen anders ausgeführt. Sie erscheint einmal rasch, lebhaft, energisch oder zögernd, gehemmt, verlegen oder schlaff, matt, vorsichtig usw. Dadurch ermöglicht sie uns Rückschlüsse auch auf den Charakter des Ausführenden. Jede Willkürbewegung ist also, abgesehen von ihrer Zweckbestimmtheit, auch noch ausdruckshaltig; oder besser, sie ist von Ausdrucksbewegungen überlagert. Wir erkennen auf diese Weise leicht den Impulsiven, den Besonnenen, den Draufgänger, den Vorsichtigen, den Selbstbewußten oder den Schüchternen.

2. Zu den automatisierten Willkürbewegungen gehören alle gewohnt gewordenen Handfertigkeiten. Ihr Ausdrucksgehalt ist immerhin

so groß, daß wir Besonderheiten eines Menschen aus ihnen deutlich abzulesen vermögen; so ist es uns allen vertraut, daß wir am Gang, am Händedruck, an der Art anzuklopfen, einen Menschen unmittelbar zu erkennen vermögen.

3. Die Antriebsbewegung ist, nach Klages, eine jede Triebäußerung, die als Reaktion des Lebewesens auf seine Umwelt erfolgt. Auch sie trägt den Stempel der Einzelpersönlichkeit, ihre Miene wechselt mit dem Wechsel der Lebenszustände und diese besondere „Miene" oder dieses „Gesicht" ist nun die Ausdrucksbewegung.

4. Ausdrucksbewegungen im engeren Sinne wie die Gebärden der Freude, der Angst, des Entsetzens, des Schreckens, des Zornes, der Trauer, der Begeisterung, der Wut sind uns unmittelbar verständlich. Das Nietzsche-Wort: „Das Du ist älter als das Ich" enthält eine tiefe Weisheit. Schon das Kleinkind deutet sich die Ausdrucksbewegungen der Zärtlichkeit, des Vorwurfs, der Unruhe und Angst, die es an der Mutter wahrnimmt, lange, ehe es selbst sie zu erleben imstande ist. Jede Selbstkenntnis aber setzt voraus, daß man „. . . auf sein eigenes Bild im Spiegel den Blick der Entfremdung"[1]) zu werfen vermag. Goethe schreibt: „Hierbei bekenne ich, daß mir von jeher die . . . so bedeutend klingende Aufgabe: Erkenne Dich selbst, immer verdächtig vorkam . . . der Mensch kennt nur sich selbst, sofern er die Welt kennt, die er nur in sich und sich nur in ihr gewahr wird . . . Ich habe daher in reiferen Jahren große Aufmerksamkeit gehegt, inwiefern andere mich wohl erkennen möchten, damit ich in und an ihnen wie an so vielen Spiegeln über mich selbst . . . deutlicher werden könnte."[2])

5. Die angeborene Reflexbewegung, wie z. B. der Pupillenreflex, der Lidreflex, der Kniereflex, das Husten, Niesen usw. sind kaum ausdruckshaltig.

Ein Beispiel aus dem täglichen Leben möge die Überlagerung der Willkürbewegung durch persönliche Ausdrucksbewegungen erläutern: Eine Turnerriege etwa lerne eine Übung am Barren nach dem gleichen Vorbild und bei demselben Lehrer. Auch wenn nun alle Turner die Übung „richtig" machen (= Willkürbewegung), werden sie sich in vielen Feinheiten der Ausführung in charakteristischer Weise voneinander unterscheiden, d. h. die Willkürbewegung wird von unbewußten individuellen Ausdrucksbewegungen überlagert, sie wird dadurch ausdruckshaltig. So führt der eine Turner die Übung vielleicht schwungvoll, elastisch durch, während der andere sie — trotz im Grunde gleicher Geübtheit — doch hölzern und steif macht.

Es darf nicht übergangen werden, daß sich unsere Menschenkenntnis auch auf Schlußfolgerungen aufbaut, die wir aus direkten Mitteilungen des anderen gewinnen. Sprachlicher und schriftlicher Ausdruck eröffnen ebenfalls Zugänge zur Fremdseele. Dem Arzt ist der Krankenbericht neben der eigenen Diagnose wichtiger Zugang zum Patienten. Der Psychologe benutzt in weitem Maße die Fragemethode oder das Untersuchungsgespräch, die sogenannte Exploration. Ausdruckshaltig ist in diesen Fällen aber noch mehr als das „Was" des Sprechens oder Schreibens das „Wie" dieser Kundgebungen. Bekannt ist die Analyse der Sprechmelodie, wobei Stimmstärke, Stimmhöhe, Artikulation, Tempo und Rhythmus bewertet und ausgedeutet werden müssen.

Der Graphologe aber untersucht in ähnlicher Weise bis in die Einzelheiten der Bewegung und Formgebung hinein das „Wie" des Schreibens.

Liegt in dem „Was" immer irgendein Grad von Absichtlichkeit, so daß man durch eine Maske hindurchdringen muß, um den Wesenskern zu finden, sind also Rückschlüsse hier in besonderem Maße einer Fehldeutung und dem Irrtum unterworfen, so ist das „Wie" in weitem Maße der Absichtlichkeit sowohl als der Bewußtseinskontrolle entzogen. Die wenigsten Menschen wissen z. B. nähere Angaben über die Besonderheiten ihrer Handschrift, ihres Händedrucks, ihres Ganges usw. zu machen.

Demnach können wir alle Leistungsniederschläge des Menschen, seine Handschrift, seine Zeichnungen, jede darstellerische Geste, jede künstlerisch-schöpferische Gestaltung als ausdruckshaltig erkennen und auswerten. Es sei angemerkt, daß in der besonderen Form der individuellen Ausdrucksbewegung *neben* ihrem reinen Ausdrucksgehalt noch Einflüsse erbmäßiger Art, sowie erzieherische und soziale Einwirkungen, darstellerische Antriebe und Nachahmungen erscheinen, die kaum von dem „Ausdruck" zu trennen sind. Jedoch beeinträchtigt das die Möglichkeit einer Charaktererkenntnis darum nur wenig, weil alle diese Faktoren den Charakter von vornherein schon wesentlich mitbestimmen.

II. DIE AUSDRUCKSWISSENSCHAFT

Die Ausdruckswissenschaft hat nachgewiesen, daß ein Mensch, der *unbewußt* einem Ziel zustrebt, ganz gleichartige Bewegungen ausführt wie ein anderer, der *bewußt* und *absichtlich* dasselbe Ziel zu erreichen trachtet. Wenn also jemand, der unbewußt etwa auf Abwehr eingestellt ist, solche Bewegungen ausführt, in denen seine Abwehrhaltung für uns erscheint, so wird er sich in keiner Weise von jenem unterscheiden, der bewußt etwas abzuwehren bestrebt ist.

Diese Erfahrungstatsache liegt aller praktischen Deutung des Verhaltens eines Menschen zugrunde, sie öffnet uns den Weg zur Menschenkenntnis.

Durch den Anblick einer seelischen Wandlung (der Freude, des Zornes, der Trauer) werden wir in „Mitleidenschaft" gezogen. Auf der Entdeckung dieses Urphänomens durch Klages und seiner ausdruckswissenschaftlichen Verwertung beruht die Ausdruckslehre.

Die fremde Seelenregung erfassen wir aber kaum jemals durch sogenannte „Einfühlung", wir „erschließen" sie nicht, wir „finden" sie nicht, sondern wir werden ihrer dadurch inne, daß sie uns zunächst überflutet durch das Mittel ihrer von uns erlebten Ausdruckserscheinung. Darum auch finden wir vorzügliche Menschenkenntnis oft bei Personen ohne jede psychologische oder charakterkundliche Schulung. Tritt zu dieser angeborenen Begabung geschultes charakterkundliches Denken hinzu, so kann eine Sicherheit und Tiefe der Menschenkenntnis und der Charakterschilderung erreicht werden, die weit über die angeborene Menschenkenntnis hinausgeht.

*

Die Handschrift ist das bleibend gegenständliche Erzeugnis der persönlichen Schreibbewegung. In dieser haben wir eine Willkürbewegung zu sehen, der stärkste individuelle Ausdrucksbewegungen aufgeprägt sind. Die Graphologie als wissenschaftliche Handschriftdeutung beruht auf dem nachgewiesenen Zusammenhang zwischen der Handschrift und dem Charakter ihres Schreibers. Dieser Zusammenhang kann dadurch nachgewiesen werden, daß an Hand eines reichen Schriftmaterials von Personen mit ausgesprochen gleichen Charakterzügen übereinstimmende Schriftmerkmale festgestellt werden. Dieses war die Methode der alten französischen Graphologie. Wir können sie als induktive Methode bezeichnen. Weiter können auf experimentellem Wege Erkenntnisse gewonnen werden, so etwa durch provozierte Schriftveränderungen, z. B. nach Lage, Schnelligkeit, in der Hypnose usw. (Saudek hat sich um diese Methode Verdienste erworben.) Nicht übergangen werden darf auch eine besondere Begabung zum Deuten, die sich bei einzelnen Menschen findet. Wir können sie als eine intuitive Methode kennzeichnen.

Es kann aber auch auf Grund ausdruckstheoretischer Überlegungen die Besonderheit einer Schrift auf die verursachenden Ausdrucksbewegungen zurückgeführt werden. Diesen Weg schlug Klages ein, als er die deutsche wissenschaftliche Graphologie durch ausdruckstheoretische Überlegungen begründete.

Das wichtigste Gesetz, nach dem die Deutung der Ausdrucksbewegung erfolgt, faßt er in folgenden knappen Satz:

I. „Jeder Seelenvorgang ist begleitet von einer ihm analogen Körperbewegung."[3])

Dieser körperliche Ausdruck eines Lebenszustandes ist nun stets so beschaffen, daß sein Bild ihn in uns unmittelbar wieder hervorrufen kann: durch den Ausdruck der Gemütsbewegung eines anderen werden auch wir mitbewegt. Die Weisheit unserer Sprache drückt immer wieder Seelenregungen bildhaft durch Körperbewegungen aus, so etwa, wenn sie von Zuneigung, Abneigung, Ablehnung, Spannung, Entgegenkommen, Hingerissensein, Zurückhaltung usw. spricht. Immer nennt sie eigentlich nur Körperbewegungen, meint aber Seelenregungen, und zwar sind diese Körperbewegungen samt und sonders der Ausdruck der zugehörigen Seelenregungen. Nach dem Gesetz vom Bewegungsausdruck erfolgt vor allem die Deutung der ersten Klasse von Schriftmerkmalen, in der die Bewegungsmerkmale zusammengefaßt sind.

Neben dem ersten Gesetz vom Bewegungsausdruck steht das gleich wichtige Gesetz vom persönlichen Leitbild: Es lautet:

> II. „Jede Spontanbewegung eines Menschen wird unbewußt mitbestimmt von seinem persönlichen Leitbild, d. h. sie wird mitgestaltet von unbewußten Erwartungen ihres wahrnehmbaren (anschaulichen) Erfolges.“[4])

Wir verstehen unter dem Leitbild jene Schriftgestaltung, die dem Schreiber unbewußt vorschwebt, so daß man mit gewissem Recht sagen könnte, beim Schreiben würden nur die schon unsichtbar vorgezeichneten Schriftformen von der Feder nachgezogen.

Die Wahlverwandtschaft zu bestimmten Formen ist der wesentliche Inhalt des Leitbildes. Wir verstehen also unter dem Leitbild jenen Rahmeneindruck, der uns gewisse Grundqualitäten des Geistes und der Vitalität vermittelt, die uns nachher sowohl bei der Analyse der Handschrift wie auch bei der Synthese des Charakterbildes leiten. Klages schreibt: „Ehe man es mit Erfolg unternimmt, die Einzelanlagen eines Charakters zu erforschen, muß man also danach trachten, den erlebbaren Gehalt einer Handschrift aufzuspüren. Man muß das Ganze haben, ehe man daran gehen kann, die Teile zu erforschen.“[5])

Die Schreibbewegung wird also unbewußt mitbestimmt vom persönlichen Raumgefühl, und zwar verbindet sich mit dem Schreiben, wie übrigens auch mit jeder anderen zweckgerichteten Bewegung, eine unbewußte Erfolgserwartung. Diese Erfolgserwartung führt zur Ausführung bestimmter Formen in der Handschrift, in denen uns dann das Leitbild erscheint.

Betraf das Gesetz vom Bewegungsausdruck die dynamische Seite des Schreibvorganges und erfolgte die Deutung so, als handele es sich um eine bewußt oder unbewußt zweckgerichtete Bewegung, so betrifft das Gesetz vom persönlichen Leitbild mehr die statische Seite. Die unbewußte Wahlverwandtschaft zu bestimmten Formqualitäten führt zu solchen Schreibimpulsen, die diese Formen erzeugen. Das unbewußte Darstellungsvermögen erscheint also im Leitbild verwirklicht.

Die Deutung der zweiten Klasse von Schriftmerkmalen, in der die Formgebungsmerkmale zusammengefaßt sind, erfolgt vorwiegend nach dem Leitbildgesetz.

Darüber lagert sich nun allerdings auch noch der Einfluß bewußter Darstellungswünsche und führt zu bewußten Schrifterwerbungen. Diese können als angemessen oder unangemessen näher unterschieden werden.

Die ersten sind solche Erwerbungen, die als widerspruchsfrei in das Schriftbild eingewachsene Besonderheiten erscheinen, die anderen sind als künstliche Erwerbungen durch ihre Widersprüchlichkeit zum Gesamtduktus kenntlich. Ausdruckshaltig sind natürlich beide Arten von Erwerbungen. Angemessene Schrifterwerbungen sind Darstellungsmittel der Selbstbeherrschung und Selbstgestaltung; unangemessene Erwerbungen dagegen lassen erkennen, daß der Schreiber etwas scheinen möchte, was er nicht ist. (Taf. VII, Fig. 11; Taf. VI, Fig. 3; Taf. VII, Fig. 18.) Wir erhalten durch sie also Einblick in die Spielarten der Selbsttäuschungen. Ob eine Erwerbung als angemessen zu bezeichnen ist oder nicht, läßt sich zwar nicht durch allgemeine Regeln festlegen, jedoch fällt einem aufmerksamen Beobachter die Entscheidung nicht schwer. Auffallende Formen, die offensichtlich eine Pose darstellen, sind nie zu verkennen. Wenn etwa der Schüchterne oder Ängstliche sich krampfhaft vergrößerte (übertriebene) Großbuchstaben angewöhnt, ohne zugleich die Mittellängen zu vergrößern, so wird bei genauer Untersuchung trotz der Größe der Großbuchstaben die Schüchternheit unverkennbar in anderen Merkmalen sichtbar werden (Abb. 37). Klages schreibt: „Jegliches Formen ist nicht minder ein Hervortreiben als ein Bändigen. Demgemäß wird auch immer beides zu erfragen sein: was vermieden und was erstrebt werden sollte. Im Lichte dieser zwiefachen Fragestellung sondern sich voneinander zwei handschriftliche Gruppen."[6]) Damit ist ausgesprochen, daß auch die Erwerbungen unter das G e s e t z d e r D o p p e l d e u t i g k e i t fallen, obwohl in etwas anderer Weise, als wir es bei den Ausdrucksmerkmalen kennen lernen werden.

III. Endlich gilt es noch, das Gesetz der Raumsymbolik zu beachten.[7])

Wir erleben die Handschrift als stehendes Gebilde. Obwohl wir fast nur auf waagerechter Fläche zu schreiben pflegen, erkennen wir z. B. an den Bezeichnungen Oberlänge, Unterlänge, Schräglage, Steilheit und vielen anderen, daß die Schrift vor uns zu stehen scheint.

Wir empfinden die obere Schriftzone als die helle Region des Geistigen, die untere als die dunkle Region des Physisch-Materiellen, und zwischen beiden vermittelt die Zone der Kurzbuchstaben, die Zone des Seelischen. Eine solche Aufteilung des Schriftfeldes ist raumsymbolische Deutung. Es ist ein Erkennen von bildbezogenen Eindruckscharakteren des Schriftganzen. (Taf. VII, Fig. 8.) Der eine Mensch bevorzugt die eine oder die andere Zone des Schriftfeldes, indem er ihr eine überragende Ausdehnung gibt oder die in ihr liegenden Schriftformen reicher gestaltet als in den anderen Zonen (Taf. VII, Fig. 11, 15), ein anderer Mensch aber vernachlässigt vielleicht eine Schriftzone, so daß es zu Verkümmerungen der in ihr liegenden Formen kommt. (Taf. IV, Fig. 7.) Die Ausdeutung auf Bevorzugung oder Verdrängung jener Erlebnisse, die diese Zone symbolisch darstellt, führt oft zu erstaunlich tiefen Einblicken in das Wesen des Menschen. Auch eine „zeitliche Symbolik“ verdient Beachtung insofern, als alles „Rechts“ auf die Zukunft, alles „Links“ auf die Vergangenheit bezogen werden kann. Insbesondere bei der Beurteilung der Rechts- und Linksränder der Schrift wird uns das wichtig. So bedeutet ein sehr ungleicher Rechtsrand Zurückweichen vor dem Leben (= Zukunft), Ängstlichkeit, Scheu, Schwäche, aber auch unbekümmertes, selbstsicheres Drauflosleben; ein sehr ungleicher Linksrand — Verantwortungslosigkeit, Pflichtvergessenheit (= Vergessen der Vergangenheit), mangelnde Beherrschung, aber auch lebhaftes Temperament, Eifer, „leichten“ Sinn. (Vgl. Seite . . .)

Die dritte Klasse der Merkmale, die Raumverteilungsmerkmale, kann nächst leitbildlicher Deutung auch raumsymbolisch betrachtet werden. Endlich sind noch vier wichtige Allgemeinmerkmale als vierte Klasse der Merkmale, die Ordnungsmerkmale, zusammengefaßt.

In der Praxis der Deutungsarbeit müssen diese Gesetze ständig neben- und miteinander angewendet werden, weil jedes Merkmal nach Bewegung, Form und Raumverteilung gedeutet werden kann. Diese Komponenten greifen oft ineinander und beeinflussen sich gegenseitig mehr oder weniger.

In unseren Tabellen kommt das deutlich zum Ausdruck: viele von ihnen erscheinen gewissermaßen doppelt. So finden wir einmal Schriftgröße, dann Schrifthöhe, einmal Schriftweite, dann Schriftbreite, einmal Strichbildung, dann Strichart, einmal Strichführung, dann Bindungsform, einmal Verbundenheitsgrad, dann Verknüpfung, einmal Regelmäßigkeit, dann Gleichförmigkeit. Obwohl natürlich jede Form die ihr zugrunde liegende Bewegung „spiegelt“, ist es doch für die Deutung ein Unterschied, ob das Ergebnis (Form) oder der Vorgang (Bewegung) gedeutet wird. Durch diese Aufteilung der Tabellen wird erstmalig versucht, der Praxis bessere Hinweise und Möglichkeiten zu geben.

III. DIE DOPPELDEUTIGKEIT

Das einzelne Schriftmerkmal als solches ist eindeutig. Eine Schrift ist entweder groß oder klein, weit oder eng, steil oder schräg usw. Jedoch liegt hier eine prinzipielle Doppeldeutigkeit vor, deren Aufdeckung das entscheidende Verdienst von Klages ist und die Grundlegung der wissenschaftlichen Graphologie bedeutete.

Jede menschliche Handlung oder Unterlassung kann auf zweierlei Art gedeutet werden: man kann etwas tun aus Antrieb oder etwas lassen aus einer Hemmung heraus; man kann aber auch etwas tun aus Hemmungslosigkeit oder etwas lassen aus Antriebsschwäche. In den beiden ersten Fällen handelt es sich um das Vorhandensein einer Kraft, genauer um ein Überwiegen der Antriebs- bzw. Hemmkraft im betreffenden Charakter. In den beiden anderen Fällen handelt es sich gerade entgegengesetzt um das Fehlen solcher Antriebs- oder Hemmkräfte.

Es kann jemand ruhig sein aus starker Selbstbeherrschung oder auch aus Gefühlskälte, er kann eifrig sein aus Leistungswillen oder aus oberflächlicher Geschäftigkeit, er kann erregbar sein aus Feingefühl oder aus Empfindlichkeit, er kann beeinflußbar sein aus Bildsamkeit oder aus Ablenkbarkeit.

Wir werden nicht zögern, in jedem dieser Beispiele den einen Fall vor dem anderen dadurch ausgezeichnet zu finden, daß er einen größeren Lebensreichtum seines Trägers verrät. Lebensreicher ist der Beherrschte, der Leistungswillige, der Feinfühlige, der Bildsame. Lebensärmer ist der Gefühlskalte, der Geschäftige, der Empfindliche, der Ablenkbare.

Damit ist kein unmittelbar moralisches Urteil ausgesprochen, denn weder der Geschäftige, noch der Ablenkbare, noch der Empfindliche, noch der Gefühlskalte sind an sich schon sozial oder moralisch gering zu schätzen. Dennoch aber liegt eine vitale Wertunterschiedlichkeit vor, und darum prägt sich auch im Bewegungsausdruck, im Leitbilde und in der Raumsymbolik des Schriftfeldes dieser Unterschied im Lebensgehalt aus.

Wir begegnen hier erstmalig einem Tatbestand, für den wir den Begriff des Rhythmus einführen.

„D a s Prinzip . . . das im Reiche organischen Lebens die Gestaltung s o w o h l der Formen a l s a u c h der Vorgänge durchwaltet und demgemäß das Prinzip des Lebensausdrucks zu heißen verdient ... ist Rhythmus in Form und Erscheinungenfolge" (= Ursprünglichkeit = Eigenart).[8])

Ohne uns in metaphysische Gedankengänge einzulassen, sei noch angemerkt, daß Störungen des Rhythmus (des Lebensausdrucks), wenn nicht durch ungebändigte und übermäßige Triebe, so ausschließlich durch den Geist erfolgen, der auf Regelung und Bewältigung des Lebens abzielt. Die auf diese Weise manchmal erreichte gesteigerte Regelmäßigkeit, die bereits einer Stilisierung nahe kommt, jedoch wohl zu unterscheiden ist von einer eintönigen, schablonenhaften Regelmäßigkeit, wird als Takt bezeichnet. Der Takt steht zum Rhythmus in einer ständigen Gegnerschaft. Er zeigt uns die Wachheit des gesetzgeberischen Geistes an. Ist es das Wesen des Rhythmus, in ähnlichen Zeiten ähnliche Bilder hervorzubringen, so ist das Wesen des Taktes die gleiche Gestaltung der Formen. Die Wachheit des Geistes, die sich im Takt ausprägt, ist zu bewerten als das Vorhandensein einer Kraft, die Gesetzlichkeit des Taktes also ist eine Steigerungsform der Regelmäßigkeit: Regelt der Wille die Bewegungsrichtung auf das Ziel (Regelmäßigkeit), so schafft der Geist gesetzgeberisch an den Formen selbst (Takt). Der Takt strebt darum zur Stilisierung, aber eine stilisierte Schrift wird sich von einer schablonenmäßigen durchaus unterscheiden, weil in ihr auch Regel und Schranke noch vibrieren werden unter der Wirkung der vom Geist beherrschten Lebendigkeit. Dadurch aber unterscheidet sich erfüllte von toter Gesetzlichkeit. Es ist noch wesentlich zu bemerken, daß die Gewecktheit (Wachheit des Geistes) sich auch in Störungen des Rhythmus äußern kann, ohne zu einer Stilisierung zu führen. Allerdings handelt es sich dann um eine mehr problematische Geistigkeit. (Abb. 2, 3, 21, 34.)

Selten nur gelingt eine wahre „Vergeistigung des Lebens" oder eine „Verlebendigung des Geistes", selten nur gibt es einen „Takt", unter dem der „Rhythmus" noch schwingt, oder einen Rhythmus, der den Takt ganz in sich aufnahm. Für alle Ausdruckstatsachen entscheidet also die Ermittlung dieses „Rhythmus in Form und Erscheinungenfolge", wie wir die prinzipielle Doppeldeutigkeit zu verstehen haben.

Klages hat dafür den Begriff des Formniveaus, von hier ab Formhöhe genannt, eingeführt.

IV. DIE FORMHÖHE

Eine Handschrift hat gute Formhöhe, wenn gestaltende Lebenskräfte stark in Erscheinung treten, sei es im Bewegungsausdruck, sei es in der Formgebung. Sie hat geringe Formhöhe, wenn solche Auswirkungen fehlen. Wieviel Grade der Formhöhe unterschieden werden, ist Sache der Übung. Grundsätzlich wäre bereits die Unterscheidung einer übermittleren bzw. untermittleren Formhöhe ausreichend. Jedoch empfiehlt sich für die Praxis die nachfolgende Aufteilung:

Formhöhe 1 = sehr gut
Formhöhe 2 = gut
Formhöhe 3a = etwas über mittel
Formhöhe 3b = etwas unter mittel
Formhöhe 4 = gering
Formhöhe 5 = sehr gering[9])

Immer wieder ist versucht worden, die Formhöhe als ein irrationales Moment aus der Graphologie auszuschalten. Klages selbst empfiehlt die Fragestellung: wirkt die Schrift reich oder arm, voll oder leer, tief oder flach, warm oder kalt usw. und scheint damit die Frage nach Stärke- und Störungsgraden des Rhythmus für den Anfänger leichter verständlich fassen zu wollen. Auch die Unterscheidung nach „persönlich und natürlich" strebt eine solche Erleichterung an, ebenso der versuchte „Ersatz" der Formhöhe durch „Gesamteindruck" oder durch das Bilden von „Merkmalgruppen" besonderer Art.[10])

Nicht darin aber liegt die Schwierigkeit, daß die Formhöhe keine meßbare, sondern nur eine erlebbare Qualität der Handschrift — wie im übrigen auch jeder anderen Ausdrucksbewegung — ist, denn die Irrationalität einer Person macht es vielmehr wahrscheinlich, daß auch in der Deutungstechnik ein irrationales Moment erscheint, sondern die Schwierigkeit liegt darin, daß die allgemein erschlossene Formhöhe für a l l e Ausdrucksmerkmale die Entscheidungshilfe im Hinblick auf deren Doppeldeutigkeit abgeben soll. Bei guter Formhöhe mußte also der Theorie nach die positive Seite aller Tabellenmerkmale in Betracht gezogen werden (also Vorhandensein einer Hemm- oder Antriebskraft), bei geringer Formhöhe — ihre negative Seite (also Mangel einer Hemm- oder Antriebskraft).

Da ein großer Teil der Handschriften aber von mittlerer Formhöhe ist, konnten dann eigentlich beide Seiten der Tabelle in Frage kommen. Daraus ergab sich eine große Unsicherheit der Tabellenbenutzung.

Nun haben wir aber im Rhythmus der Formen und der Bewegungsfolgen den letztlich entscheidenden Ausdruck des Lebendigkeitsgrades (Ursprünglichkeit) erkannt, und es ist eine Erfahrungstatsache, daß die verschiedenen Ausdrucksbewegungen eines Menschen große Unterschiede ihrer rhythmischen Ungestörtheit erkennen lassen. In jeder Bewegungsweise prägt sich die Eigenart des Menschen aus, aber nicht jede Bewegung ist in gleichem Maße rhythmisch ungestört.

So kann der sprachliche Ausdruck eines Menschen aufgeschlossen und warm wirken, aber starr und maskenhaft kann seine Mimik dabei bleiben. Wie oft aber kann umgekehrt ein verbindliches Lächeln nicht über die Kälte und Härte der dabei gesprochenen Worte hinwegtäuschen.

Ein vorzüglicher Pianist von größter musikalischer Ausdrucksbegabung kann gehemmt, ungelenk und schablonenhaft in Auftreten und Rede sein.

Ein guter Redner, also ein vorzüglicher Könner im Hinblick auf seine sprachliche Äußerungsfähigkeit, kann eine schlechte Gebärdensprache haben.

Ein bedeutender Schriftsteller, also ein Mensch von außergewöhnlicher Begabung im schriftlichen Ausdruck, kann ein schlechter Redner sein.

Niemals pflegt die Darstellungskraft a l l e Äußerungen und Leistungen eines Menschen in der gleichen Weise mit Lebensgehalt zu erfüllen, ihnen Form zu geben, in ihnen den Eigenrhythmus gleich stark erscheinen zu lassen. Wir gehen noch einen Schritt weiter:

Besitzt die H a n d s c h r i f t als fixierte Ausdrucksbewegung einen besonders hohen Grad von Kompliziertheit und größte individuelle Verschiedenheit, wirken bei ihrem Zustandekommen Bewegungs- u n d Formgebungsimpulse mit, so müssen in ihr bis in Einzelheiten und Feinheiten hinein weitgehende Unterschiede im Rhythmus erkennbar sein.

Jede Handschrift muß daher, unabhängig von ihrer mehr oder weniger guten „Gesamtformhöhe", noch im Hinblick auf den Rhythmus der Allgemein- und Einzelmerkmale überprüft werden, um jedesmal zu entscheiden, ob dieses Merkmal als ursprünglich und echt erlebt werden kann, oder ob es durch Übermaß (zu groß, zu klein, zu weit usw.), (Abbildungen 6, 28, 36, 42; zu niedrig, zu klein, zu eng, zu voll), durch Unangemessenheit (Erworbenheit), mit einem Wort durch rhythmische Gestörtheit aus dem Gesamtduktus herausfällt. Tatsächlich sagt schon Klages, man dürfe „sich selbst durch das Formniveau 1 nicht verführen lassen, dem Schrifturheber n u r positive Charaktereigenschaften oder sogenannte Tugenden beizumessen, durch das Formniveau 5 nicht, bloß von Charaktermängeln zu reden".[11])

Wir fassen diesen Satz wesentlich schärfer: In einer Handschrift kann jedes Merkmal unabhängig von der Gesamtformhöhe positiv (lebensstark) oder negativ (lebensschwach) gewertet werden.[12])

Eine im ganzen also ursprüngliche und echte Schrift kann trotzdem einige dazu im Widerspruch stehende Erscheinungen zeigen, etwa unrhythmische Teigigkeit oder übertriebene Schleifenbildung (gleich Übermaß der Völle) oder Übermaß der Unterlängen u. a. m. Es können also Störungen des Bewegungsflusses, des Leitbildes oder des raumsymbolischen Eindrucks vorliegen. (Abb. 33, 13, 2.) Sinnentsprechend kann eine im ganzen wenig ursprüngliche Schrift dennoch Erscheinungen zeigen, die durch ihre rhythmische Ungestörtheit für sich allein (oder in der Regel für eine Merkmals k l a s s e) eine Deutung nach der positiven (lebensstarken) Tabellenseite erfordern.

Unter rhythmischer Gestörtheit verstehen wir nicht eine besondere Unregelmäßigkeit (Schwankungsbreite) der Merkmale, denn Unregelmäßigkeit ist nicht mit rhythmischer Störung gleichzusetzen. Unregelmäßige Schriften können sogar von hoher rhythmischer Ungestörtheit sein (Abb. 12), regelmäßige Schriften können jeden Rhythmus vermissen lassen. Abr jedes Übermaß eines Zuges, jede auffällige Störung eines rhythmischen Grundcharakters, derart, daß man auf die Störungsstelle den Finger legen kann", zwingt zur negativen Deutung.

Unter Störungen des Bewegungsausdrucks verstehen wir unrhythmische Stauungen oder Dehnungen des Bewegungsflusses. Sie beeinträchtigen nicht nur die Gesamtformhöhe, sondern verlangen selbst ebenfalls eine negative Ausdeutung. (Abb. 5, 28.)

Unter Störungen leitbildlicher Bemühungen verstehen wir vor allem unangemessene Erwerbungen. Sie drücken nicht nur die Gesamtformhöhe, sondern verlangen für sich selbst unter allen Umständen eine negative Ausdeutung. (Abb. 13.)

Da im negativ bewerteten Merkmal ein Mangel an Trieb- oder Hemmkräften gemeint ist, bezeichnen wir von hier ab diese Gruppen der Tabellen mit: meist lebensschwach (unrhythmisch), während die positiv bewerteten Merkmale als Hinweise auf festgestelltes Vorhandensein von Trieb oder Hemmkräften unter der Gruppe: meist lebensstark (rhythmisch) in den Tabellen zu finden sind.

Die Kraft, die in den Lebensfunktionen erscheint, entspricht grundsätzlich nicht der Stärke des Antriebs allein, sondern dem Verhältnis von Stärke des Antriebs und Stärke des Widerstandes. Damit wird ausgesprochen, daß es sich nicht nur um ein quantitatives, sondern auch um ein q u a l i t a t i v e s M a ß handelt.[13])

V. DER RHYTHMUS

Wir wiederholen noch einmal die schon mitgeteilten wichtigen Erkenntnisse, um sie weiter auszubauen. Der Rhythmus ist das unterscheidende Merkmal alles Lebendigen. Alle Lebensvorgänge verlaufen rhythmisch, kennen Steigerungen und Dämpfungen, die nicht in mathematisch gleichen, sondern nur in ähnlichen Zeitabständen aufeinanderfolgen. Aber auch in den gewachsenen Formen, von Blattformen aufwärts bis zu den Tierkörpern, finden wir eine „rhythmische Seitlichkeit", deren feine Abweichungen von der mathematischen Symmetrie gerade ihre Lebendigkeit erweisen.

„Das Leben steht immer im schöpferischen Anbeginn, trinkt stets aus einer und der ersten Quelle und ist heute so urgewachsen, wie es vor Jahrzehntausenden war."[14])

Rhythmus ist Erneuerung des Ähnlichen in ähnlichen Zeiten. So weicht zwar jede Wasserwelle — für uns besonders vollkommenes Bild des Rhythmischen — von jeder vorhergehenden — wenn auch oft nur unmerklich — ab, doch aber erneuert sie deren Bild! „Keine Wasserwelle bildet die vorherige nach, kein Jungbaum den Mutterbaum, kein Jungtier das Muttertier, kein Baumblatt ein anderes Blatt, kein Haar des tierischen Felles ein anderes Haar. Der Weltlauf bringt Neues und immer wieder Neues hervor, aber die unterscheidbaren Einzelglieder seiner zahllosen Reihen ä h n e l n einander."[15])

Davon müssen wir den T a k t unterscheiden, der in der Wiederholung des Gleichen besteht. Er ist uns Hinweis auf die Herrschaft der strengen Regel und Gesetzlichkeit.

„Das Gleiche ist ein Gedankending, das, wenn auch niemals exakt genau, so doch annähernd genau im Anschauungsstoff verwirklicht wird durch menschliches M a c h e n; das Ähnliche ist ein unabhängig von der Tätigkeit unseres Geistes stattfindender Erlebnisinhalt, auf den unser Denken nur hinweist, ohne jemals imstande zu sein, ihn sich anzueignen durch Begreifen und Messen."[16])

„Rhythmisch äußert sich und erscheint das Leben, mit dem Takt dagegen zwingt den rhythmischen Lebenspulsschlag unter das nur ihm eigentümliche Gesetz der Geist."[17])

Diese Worte aus Klages' Werk kennzeichnen am besten das Wesen dieses von ihm erstmalig in solcher Tiefe und Allgemeingültigkeit erkannten Lebensprinzips, des Rhythmus.

Der Rhythmus ist ein Urphänomen, das nicht begrifflich gefaßt, sondern nur erlebt und erschaut werden kann, er ist das Prinzip des Lebensausdrucks. „Man mag es der Handlichkeit halber anders für Formen, anders für Vorgänge fassen; es ist darum nicht weniger e i n Prinzip, wenn auch dargeboten in verschiedener Beleuchtung. In Bezug auf die Formen können wir negativ betonen: keine hat den Charakter der Kopie, positiv: jede ist von voller U r s p r ü n g l i c h k e i t ; in

Bezug auf Vorgänge, eingerechnet die Fristen ihrer Wiederkehr, negativ: sie sind einander nie kongruent, positiv: sie ähneln einander. Allein die Rhythmik, die wir solcherart für diese in Anspruch nehmen, ist nur in anderer „Sicht“ die Ursprünglichkeit jener; räumlich: sofern die Gestaltverschiedenheit des einen Blattes am Baum vom anderen, der einen Blatthälfte von der anderen, der linken Körperseite aller zur Mittelebene symmetrischen Tiere von der rechten Körperseite innerhalb enger Grenzen bleibt; zeitlich: sofern dasselbe gilt für die Verschiedenheit der Jungpflanze von der Mutterpflanze, der des Jungtieres vom Muttertier. Mit der Wendung „Rhythmus in Form und Erscheinungsfolge“ wird nur auseinandergefaltet der Bedeutungsgehalt des Wortes Ursprünglichkeit.“[18])

Wenn wir nun für die graphologische Praxis die Unterscheidung von drei rhythmischen Qualitäten einführen, so bedeutet das niemals eine „Aufspaltung“ des Urphänomens — was mit seiner Preisgabe gleichzusetzen wäre — sondern es bedeutet nur den Versuch, einen leichteren Zugang zum Rhythmus an und für sich zu eröffnen, ihn aus verschiedener „Sicht“ zu erfassen: einmal den Bewegungsablauf durchforschend nach rhythmischen Antrieben, dann in den Formen die gestaltenden Impulse des Rhythmus suchend, dann wieder in der Verteilung der Schriftformen die rhythmische Gliederung erfassend. Es ist immer ein und derselbe Rhythmus, der uns aber in verschiedener Stärke und Ungestörtheit erscheint.

Klages schreibt selbst: „Die Erneuerung der lebendigen Form, die aus der Schöpferkraft des natürlichen Wachstums quillt, liegt ja keineswegs nur in der Anordnungsweise der Glieder, sondern bereits auch im einzelnen Gliede, ja noch gleichsam in dessen Splittern und beprägt mit demselben Siegel den winzigen Federzug, der den Aufstrich des kleinen „i“ zurückläßt, wie das Gesamtbild der schriftüberzogenen Folioseite.“[19])

In diesen Worten ist die Unterscheidung von Ablaufsrhythmus (= natürliches Wachstum), Formenrhythmus (= im einzelnen Gliede), Grundrhythmus (= winziger Federzug) und Verteilungsrhythmus (= Anordnungsweise, Gesamtbild) bereits mittelbar ausgesprochen.

Wir unterscheiden drei rhythmische Qualitäten:

1. Der Ablaufsrhythmus erscheint in der gefühlsmäßig zu erfassenden rhythmischen Ungestörtheit der Bewegungenfolge, also vor allem in der rhythmischen Verbindung der Hin- und Herbewegung und der Links-Rechtsbewegung. R. Wieser hat als den wichtigsten und aufschlußreichsten Bestandteil des Ablaufsrhythmus den sogenannten Grundrhythmus erkannt. Er ist „der Pulsschlag der Handschrift“ und erscheint vornehmlich an dem zwischen oberem und unterem Punkt aufeinanderfolgender Grundstriche ausgeführten Linienbruchstück. Wir können uns der von R. Wieser vertretenen Gleichsetzung von Grundrhythmus-Formhöhe nicht anschließen, verwerten aber ihre wertvollen

Erkenntnisse im wesentlichen in unserer Tabelle zur Strichführung (Tabelle VII).

2. Der Formenrhythmus erscheint in der Echtheit und Ursprünglichkeit der Buchstabenformen selbst. Gliedert der Ablaufsrhythmus mehr die Schreibbewegung als solche (zeitliche Komponente), so greift der Formenrhythmus gestaltend hinein bis in die Einzelformen selbst (räumliche Komponente). Wir können, ohne dem Wort Zwang anzutun, von einer rhythmischen Seitlichkeit aller Naturgebilde sprechen und darunter die Ähnlichkeit des Rechts und Links verstehen, wie wir sie vom einfachen Blatt bis hinauf zu den Tierkörpern finden.

In allen Naturvorgängen, wie auch in den Bewegungen freier Tiere, erkennen wir den Ablaufsrhythmus; in den stets ganz ursprünglichen Naturformen prägt sich der Formenrhythmus aus. Wieder haben wir uns zu erinnern, daß Rhythmus — Erneuerung des Ähnlichen in ähnlichen Zeiten ist.

Auf die Handschrift bezogen wäre demnach Formenrhythmus nichts anderes als Ursprünglichkeit, Natürlichkeit, Gewachsenheit der einzelnen Formen, die in ihrem gegenseitigen Abgestimmtsein harmonisch wirken.[20])

3. Der Verteilungsrhythmus wird erlebt am optischen Gleichgewicht der beschriebenen Seite. Er wird insbesondere durch ein jedes Übermaß der Formen (besonders der Längenteilung), auch durch Zeilenverhäkelung und ausfahrende Einzelzüge usw.) beeinträchtigt.

Findet sich in einer Schrift eine einzelne Formgestaltung oder Bewegungenfolge, die noch warm, lebendig, tief, d. h. rhythmisch erfüllt wirkt, so muß dieses Merkmal nach der lebensstarken Seite gedeutet werden.

Findet sich ein durch Übermaß oder durch Mangel an Rhythmus gekennzeichnetes Merkmal, so ist die zugehörige Eigenschaft der lebensschwachen Seite zu nehmen.

Der Rhythmus jeder einzelnen Bewegung und Formgebung entscheidet also über die Doppeldeutigkeit und zwar bestimmt im allgemeinen der Ablaufsrhythmus die Auswertung aller Bewegungsmerkmale, der Formenrhythmus die Auswertung der Formgebungsmerkmale, der Verteilungsrhythmus die Auswertung aller Raumverteilungsmerkmale. Die Gesamtformhöhe die Auswertung der Ordnungsmerkmale.

So neuartig diese Auffassung auch ist, so läßt sie sich aus der Praxis heraus leicht bestätigen. Nehmen wir z. B. bei Klages selbst die Schriftprobe Nr. 31 in „Handschrift und Charakter". Er schreibt ihr etwas untermittlere Formhöhe zu, trotzdem kommt er bei Ausdeutung der Eile zu den Eigenschaften: Strebsamkeit, Rührigkeit, Betriebsamkeit, also zu lauter Eigenschaften der positiven Tabellenseite, statt etwa zu Hast, Ungeduld, Unbeständigkeit, die wir auf der negativen Tabellenseite finden würden.

Das Recht zu diesem Vorgehen gegen sein eigenes Gesetz nimmt er sich aus der „Mitbeachtung der Nebenzüge, abgesehen vom Formniveau" (!), also durch gewisse Bewertungshilfen, die vor allem der charakterkundlichen Kombination verschiedener Merkmale entstammen.

Nach unseren Tabellen aber würde sich aus dem in der oben erwähnten Probe unzweifelhaft vorhandenen Ablaufsrhythmus ohne weiteres die Wahl der lebensstarken Tabellenseite der Bewegungsmerkmale ergeben. Dann aber fänden wir: für die Größe — Schwärmerei, Begeisterungsvermögen; für die Eile — beweglich, rührig, strebsam, und das alles trotz der etwas untermittleren Gesamtformhöhe! Bei allen anderen von uns überprüften Beispielen (Graphologisches Lesebuch) bestätigte es sich ebenfalls, daß immer Mangel an Rhythmus gerade jene Merkmale belastete, die, trotz vielleicht guter Gesamtformhöhe als lebensschwach gedeutet wurden, oder daß jene Merkmale, die rhythmisch ungestört waren, auch nach der lebensstarken Tabellenseite ausgedeutet worden waren.

Wir kommen zu folgenden grundlegenden Ergebnissen:

1. Im Gesamteindruck der Schrift erleben wir die Gesamtformhöhe als charakterologischen Wertmaßstab dafür, ob ein Charakter im ganzen mehr aus dem Vorhandensein antreibender bzw. hemmender Kräfte zu verstehen ist oder aber mehr aus Schwäche der Antriebskräfte bzw. aus Mangel an Hemmkräften. Dadurch erhalten wir die bestimmenden Hinweise für den Aufbau des Gutachtens. Die Gesamtformhöhe kann nur dann gut sein, wenn wenigstens eine der drei rhythmischen Qualitäten gut ist; sie muß gut sein, wenn alle drei gut sind.

   Die Gesamtformhöhe kann nur dann gering sein, wenn wenigstens eine der drei rhythmischen Qualitäten gestört ist. Sie muß gering sein, wenn alle drei gestört sind.

2. Durch Analyse des rhythmischen Charakters der Allgemein- und Einzelmerkmale erhalten wir die bestimmenden Hinweise für die Doppeldeutigkeit der Merkmale jeder der drei Merkmalsklassen.

3. Durch Beachtung leitbildlicher oder raumsymbolischer Überwertigkeiten erfahren wir, welche Merkmale im Gegensatz zu den anderen gewertet werden müssen.

Im allgemeinen wird fehlender Ablaufsrhythmus die lebensschwache Tabellenseite für alle Bewegungsmerkmale erfordern, fehlender Formenrhythmus dasselbe für die Formgebungsmerkmale, fehlender Verteilungsrhythmus dasselbe für die Raumverteilungsmerkmale.

Der Geübtere wird später in der Lage sein, durch Beachtung z. B. des sogenannten Übermaßes, auch noch feinere Unterschiede zu machen (vgl. S. 25).

Unterrichtliche Erfahrung und praktische Deutungsarbeit haben bestätigt, daß das Erfassen dieser drei rhythmischen Qualitäten keine Erschwerung, sondern eine Erleichterung bedeutet. Der Blick für den Ablaufsrhythmus, den Formenrhythmus und den Verteilungsrhythmus ist bald geschult genug, um genau zu unterscheiden. Wir begnügen uns hier allerdings mit der nur sehr groben Abgrenzung der mehr rhythmusstarken von den mehr rhythmusschwachen Schriften, wobei wir die aufschlußreichen Störungen nicht näher untersuchen können. Grundsätzlich weisen alle Rhythmusstörungen auf Unausgeglichenheiten und Konflikte. Störungen des Ablaufsrhythmus weisen auf Störungen der tiefen, vitalen Schicht, Störungen des Formenrhythmus weisen zumeist auf Schwächen des Selbstgefühls, Störungen des Verteilungsrhythmus endlich weisen auf Konflikte mit der Umwelt. Bei gestörtem Rhythmus erscheint das Zeichen (+) unter den Schriftbeispielen.

Das Auffinden der rhythmischen Qualitäten kann aber noch auf einem anderen Wege etwas erleichtert werden, nämlich durch Untersuchung der Schrift auf Spannungs- und Lösungsmerkmale. Jede Bewegung der Schreibfeder nach unten, links unten oder links erscheint als eine auf das Ich zurückführende Bewegung, sie versinnbildlicht das Ergreifen, Heranziehen, aber auch das Bewahren, Sichabschließen. Wir bezeichnen den zugehörigen Bewegungsvorgang als einen solchen der Spannung (Gespanntheit).

Jede Bewegung der Schreibfeder nach oben, oben rechts oder rechts erscheint als eine vom Ich fortstrebende Bewegung, sie versinnbildlicht das Aussichherausgehen, das Verschenken, Sichöffnen, aber auch die Angriffslust, den Tätigkeitsdrang. Wir bezeichnen den zugehörigen Bewegungsvorgang als Lösung (Gelöstheit).

Wir wissen, daß keine menschliche Tätigkeit in ununterbrochenem Fluß verläuft, sondern stets zwischen den Grenzzuständen der Gespanntheit und Gelöstheit wechselt. Der mehr oder weniger gute (harmonische) Ausgleich zwischen diesen beiden ist aber nichts anderes als der mehr oder weniger ungestörte Rhythmus. In jeder Handschrift werden wir Merkmale der Spannung und Lösung in irgendeiner Mischungsverteilung finden. Dabei kann grundsätzlich jedes Merkmal je nach seiner Ausführungsart verschieden gewertet werden: Ein Drucktypen-„E" wäre gespannt, ein ebensolches „E" in Form etwa einer Klammer — gelöst. Rhythmische Druckstellen können Lösung anzeigen, plötzliche Druckschwellungen weisen auf Spannung. In der Unterscheidung von festem und weichem Winkel, straffer und schlaffer Girlande usw. ist diese Erkenntnis schon lange Besitz der Praxis. So würde die schlaffe Girlande auf widerstandsarme Nachgiebigkeit weisen, die gespannte Girlande aber auf echtes Mitgefühl.[21]) (Abb. 15 und 23.)

Ganz allgemein gestattet uns die Entscheidung über mehr Spannung oder mehr Lösung in der Ausführung eines Schriftmerkmals eine weitere Präzisierung des geeignetsten Eigenschaftsbegriffes innerhalb der gleichen Tabellengruppe.[22])

Aber nicht in jedem Falle ist ein Merkmal der Lösungsseite auch ein echtes Lösungsmerkmal. So kann z. B. sehr große Gelöstheit bereits auf Hemmungslosigkeit weisen. Ebenso ist nicht immer ein Merkmal der Spannungsseite ein echtes Spannungsmerkmal. Es kann sich z. B. in eintöniger Regelmäßigkeit bereits eine Erstarrung, eine Verkrampfung ausdrücken. Werden wir im nacherlebenden Verstehen der Ausdrucksbewegung dazu genötigt, statt Lösung — Hemmungslosigkeit, statt Spannung — Erstarrtheit zu empfinden, so müssen wir die Deutung unter allen Umständen nach der lebensschwachen Tabellenseite vornehmen. Wir haben damit aber nur auf einem Umwege nichts anderes aufgedeckt als den in dem betreffenden Merkmale fehlenden Rhythmus, und zwar unabhängig von der Gesamtformhöhe, ja u. U. auch noch vom bestimmenden Rhythmus der betreffenden Merkmalsklasse.

Damit haben wir schon erläutert, wie der Geübtere auch noch feinere Unterschiede zu machen in der Lage ist (vgl. S. 26).

Endlich sei erwähnt, daß bei fehlendem Rhythmus einer Merkmalklasse grundsätzlich dennoch ein Merkmal so günstig und rhythmisch ungestört erscheinen kann, daß es — abweichend von den anderen — noch „positiv“ gewertet werden darf. Auch hierauf wird der Geübtere achten müssen. Ist jedes Übermaß Grund zu „negativer“ Deutung, so kann solche „herausfallende“ Ungestörtheit eine „positive“ Deutung rechtfertigen. Als wichtige Faustregel für den Praktiker kann folgendes gelten: Erkennen wir Störungen im Ablaufs-, Formen- oder im Verteilungsrhythmus, so liegt das daran, daß einzelne zugehörige Bestimmungsmerkmale in ihrer rhythmischen Ungestörtheit oder auch in besonderer Gestörtheit sich von den anderen unterscheiden. Es gilt nun, diese herauszufinden und sie nach den obenentwickelten Grundsätzen zu deuten. Erkennt man den Rhythmus nicht als gestört, so muß man alle Merkmale der betreffenden Merkmalsklasse nach derselben Tabellenseite auswerten, d. h. alle entweder als meist lebensstark oder alle als meist lebensschwach.

Hier könnte man einwerfen, fehlender Rhythmus wäre einfach die Folge geringer Schreibgeübtheit. Dieser Einwand widerlegt sich aber dadurch, daß häufig genug ungewandte Schreiber schöne rhythmische Formen hervorbringen, während schreibgewandte Personen völlig rhythmusschwache Handschriften haben. (Abb. 2.). Allerdings gilt im allgemeinen, daß dem Gebildeten der schriftliche Ausdruck geläufiger ist als dem Ungebildeten, so daß dieser in der Regel eine Schrift geringerer Formhöhe hat.

Klages schreibt dazu: „Zur Bestimmung der Formstufe handschriftlicher Erzeugnisse von Kindern oder selten schreibenden Schwerarbeitern und Bauern können wir unmöglich d e n Maßstab anlegen, den wir anlegen würden bei viel schreibenden Beamten oder Gelehrten. Zwar auch durch die Schriftzüge jener leuchten persönliche Charaktere hindurch, aber nicht eben anders als etwa das Tageslicht durch einen schweren Wolkenhimmel, der uns im Ungewissen läßt, wie hoch die Sonne gestiegen sei."[23])

Wer eine Bewegung nicht vollkommen erlernte, ist nicht in der Lage, in ihr seinen Ausdruck zu entfalten, aber auch wer sie vollkommen beherrscht, findet seine persönliche Leistungsgrenze, die er niemals überschreiten kann, während ein anderer spielend zu größeren Leistungen imstande ist. Die persönlichen Unterschiede der Leistungsvollkommenheit sind zuletzt nicht mehr Unterschiede der Übung, sondern solche der Begabung.

Oft genug finden wir, daß die Formhöhe einer menschlichen Fertigkeit weit hinter derjenigen einer anderen Fertigkeit zurückbleibt. So kann beispielsweise die Formhöhe einer Handschrift zurückbleiben hinter vielleicht der Formhöhe seiner Gebärdensprache. Damit ist der unterschiedliche Grad der Lebenserfülltheit beider Ausdrucksbewegungen gemeint. Das Wesen der Begabung ist darin zu sehen, daß der Begabte in besonderem Maße in der Lage ist, „irgendein Tun bis an den Rand mit Ausdruck zu füllen".

„Zwischen dem Lebensgehalt der Person und dem Formniveau ihres ‚Tun und Lassens' steht demgemäß die Begabung, die ein und dasselbe ist . . . mit der Fähigkeit, jenen Gehalt zum Ausdruck zu bringen und darum . . . die Gestaltungskraft zu heißen verdient."[24])

Wieder können wir im Sinne unserer Beweisführung einen Schritt weitergehen und folgern, daß auch innerhalb der Schreibbewegung die Gestaltungskraft sich ungleich verteilen kann: dem einen gelingt ein guter rhythmischer Bewegungsablauf (= federnde Strichführung), doch mißlingen ihm die Einzelformen der Großbuchstaben (Abb. 9), dem anderen gelingt eine rhythmische Verteilung des Schriftganzen (= Verteilungsrhythmus), doch mißlingen ihm vielleicht die Bindungen der Buchstaben miteinander (Abb. 33), einem dritten gelingt eine hervorhebende Gliederung, Betonung (= Leitbild, Raumsymbolik), es mißlingt ihm die Druckverteilung (Abb. 43).

Wer erst einmal darauf gewiesen und aufmerksam wurde, dem fällt es nicht schwer, in jeder Schrift, unabhängig von der Gesamtformhöhe, Einzelstörungen durch Rhythmusschwäche, durch Übermaß oder durch künstliche, unangemessene Erwerbungen aufzuspüren.

Eine Frage grundsätzlicher Bedeutung bleibt noch zu entscheiden: Unterliegt etwa auch der Rhythmus der Doppeldeutigkeit? Wäre das nämlich der Fall, so könnte er zur Entscheidung zwischen lebensstark oder lebensschwach nicht verwendet werden.

Der Rhythmus der Schreibbewegung liegt aber als eine Naturtatsache, als leib-seelische Gegebenheit jedes einzelnen Menschen nicht mehr in der Linie auf den Willen rückbezüglicher Deutfähigkeit. Das Ausdrucksgesetz versagt ebenso wie das Gesetz vom Leitbild.[25])

Alle rhythmischen Vorgänge sind als Naturtatsachen nicht so deutbar wie auf den Willen zurückführbare Handlungen. Rhythmische Tatbestände können nur erlebt werden, sie müssen in der Seele des Mit- und Nachempfindenden anklingen, eine Resonanz finden und dadurch jenes Verstehen ermöglichen, von dem Klages sagt, man müsse zuerst das Ganze haben, ehe man mit Erfolg die Teile zu erforschen vermöge. Der Grad äußerer rhythmischer Ungestörtheit im Schriftbild entspricht unmittelbar dem Grad innerer Ungestörtheit des Erlebens.

Niemals unterliegt der Rhythmus der Doppeldeutigkeit. Nie könnte er ja auch sonst Schlüsselmerkmal für die Entscheidung zwischen lebensstarken und lebensschwachen Anlagen sein.

Die Auffindung des Rhythmus im Gesamtbilde, im Bewegungsablauf sowohl als auch in der Formgebung, in der Verteilung, die Feststellung jener Merkmale, in denen eine besondere Störungsfreiheit oder umgekehrt eine besondere Gestörtheit des Rhythmus bemerkbar wird, führt zur Aufdeckung der seelischen Hintergründe und gibt zugleich den Schlüssel für die Auswertung auch jener Merkmale, die zur Gesamtformhöhe nach der lebensstarken oder lebensschwachen Seite hin im Gegensatz stehen.

Damit ist das von Klages aufgestellte Prinzip der Doppeldeutigkeit erst voll anwendbar geworden. Bisher ergab sich für den Praktiker aus den Regeln über Mitbeachtung der Nebenzüge, über charakterkundliche Kombination usw., denen „neben“ der Formhöhenbestimmung ein selbständiger Wert zukäme, eine erhebliche Unsicherheit in der Tabellenbenutzung. Oft schien jeder beliebigen Verwendung Tür und Tor geöffnet, wenn nur Nebenzüge und Kombination es rechtfertigten. Viele Irrtümer waren darum möglich; besonders der Anfänger stand der Aufgabe fast hilflos gegenüber. Erst die drei von uns unterschiedenen rhythmischen Qualitäten geben die Möglichkeit, den Rhythmus als Schlüsselmerkmal der Doppeldeutigkeit für jede Merkmalsklasse gesondert zu bestimmen, ohne, wie bisher, Gefahr zu laufen, bei guter Gesamtformhöhe nur Licht, bei geringer — nur Schatten zu finden.

Wir fassen unsere grundlegenden Ergebnisse noch einmal zusammen:

1. Die G e s a m t f o r m h ö h e bestimmt vor allem den Aufbau des Gutachtens. Entweder liegt die Betonung auf vorhandenen Antriebs- oder Hemmkräften oder aber auf dem Fehlen solcher Kräfte. Jedes Übermaß beeinträchtigt die Gesamtformhöhe.

2. Der R h y t h m u s der einzelnen Formgebungen und Bewegungen bestimmt die Wahl der lebensschwachen oder lebensstarken Tabellenseite, unabhängig von der Gesamtformhöhe. Der Rhythmus entscheidet also in jeder Merkmalsklasse über die Doppeldeutigkeit.

3. Die **Spannung** oder **Lösung** ermöglicht eine engere Wahl innerhalb der betreffenden Tabellengruppe, berechtigt u. U. sogar zu einem Wechsel von der lebensstarken zur lebensschwachen Tabellenseite (und umgekehrt), wenn Übermaß oder besondere rhythmische Ungestörtheit eines Einzelmerkmals festgestellt werden kann.

VI. MÖGLICHKEITEN UND GRENZEN DER GRAPHOLOGIE

Der Zusammenhang zwischen Handschrift und Charakter ist kein Kausalzusammenhang, der Charakter ist nicht die Ursache einer individuellen Schrift, sondern er „erscheint" in ihr. Der Deuter muß der Wesensart des Schreibers inne werden und dieses Innewerden ist ein Vorgang, der nur z. T. rational erfaßbar ist. Der rationale Teilvorgang besteht in der wissenschaftlichen Analyse der Schriftmerkmale nach Besonderheit und Schwankungsbreite. Aber schon die Abschätzung des Rhythmus setzt eine Fähigkeit zum Mitschwingen voraus und erst recht ist die Synthese, die Gutachtenerstattung, kein rationaler Vorgang mehr.

Das Gutachten darf nicht eine Aneinanderreihung von Charaktereigenschaften sein, denn die Charaktereigenschaften sind nicht Teile, deren Summe den Charakter ergibt. Ein wirkliches Charakterbild ist viel mehr als eine Aufzählung, nämlich eine entwickelnde Darlegung des Zusammenspiels und Gegeneinanderwirkens der bestimmenden Charaktereigenschaften. Wenn also die graphologische Analyse in recht weiten Grenzen erlernbar ist, so setzt die Synthese zweifellos eine besondere Begabung voraus. Die erste Grenze der Graphologie ist also durch die verschieden große Befähigung des Graphologen zum Nacherleben und Gestalten eines Charakters gezogen.

Der Charakter als solcher ist geschlechtslos, es gibt männliche Frauen und weibische Männer. Nur bei Kenntnis des wirklichen Geschlechts eines Schreibers kann eine sinnvolle Bewertung seiner Eigenschaften erfolgen.

Die seelische Reife und das physische Alter stimmen oft nicht überein. Es gibt Menschen, die seelisch schneller reifen, bei denen also die Handschrift einen überwundenen Entwicklungszustand spiegelt und umgekehrt. Für eine Beurteilung ist aus diesem Grunde die Kenntnis des wahren Alters unentbehrlich. Die Beurteilung von Kinderschriften unterliegt besonderen, einschränkenden Deutungsgesetzen.

Nicht alle Handschriften sind im gleichen Maße ausdruckshaltig (expressiv). Sie sind es um so weniger, je weniger das Schreiben dem betreffenden Menschen eine gewohnte Tätigkeit ist. Es ist verständlich, daß schreibungewandte Personen unvollkommener in ihrer Handschrift „erscheinen" als Vertreter geistiger Berufe. Klages spricht daher in

Fällen offensichtlich geringer Schreibgeübtheit von einem „verborgenen Formniveau", d. h. er verlangt eine mildere Bewertung des Lebendigkeitsgrades. Die graphologische Auswertung von Handschriften gebildeter Personen erscheint daher leichter als die von Schreibungeübten.

Jeder Mensch unterliegt ferner in gewissem Maße einer Hemmung des natürlichen Ausdrucksdranges durch die Gebote der Sitte, des Standes, der Höflichkeit. Jeder neigt dazu, gewisse Eigenschaften vor anderen zu verbergen, andere Eigenschaften besonders hervorzukehren. „Wer hat nicht für seinen guten Ruf einmal sich selbst geopfert?" fragt Nietzsche und meint damit, daß der persönliche Charakter häufig hinter einer Maske verschwindet, die der Erwachsene seinem Namen und seinem Geltungsbedürfnis zuliebe trägt. Zwar wird die Handschrift von diesen bewußten Maskierungen weniger betroffen als andere Wesenszüge, insbesondere Betragen und Haltung, ja es kommt sogar vor, daß sich in der Handschrift Wesenszüge ausprägen, die für gewöhnlich auch nahen Bekannten des Schreibers verborgen blieben.

Obwohl es feststeht, daß durch verschiedene Erkrankungen Schriftveränderungen hervorgerufen werden können (Zitterformen, ausfahrende Züge, Druckschwellungen, Verschmierungen, wechselnde Bindungsform und Verbundenheit, spitze Winkel und Strichunterbrechungen besonderer Art sowie Überwertigkeiten), lassen sich graphologische Krankheitsdiagnosen heute noch nicht und auch in Zukunft wohl kaum mit einiger Sicherheit stellen. Nur Störungen des motorischen Systems können direkt oder auch über seelische Veränderungen die Schrift beeinflussen. Es gibt aber keine Zeichen für bestimmte Krankheiten. Vor allen Dingen kann eine Krankheit vorliegen, ohne daß das Schriftbild das geringste davon verrät. Der geübte Graphologe wird aber manchmal aus feinen Störungen der rhythmischen Komponenten das Vorhandensein seelischer oder geistiger Erkrankung vermuten können.

Endlich gibt aber jede Schriftprobe nicht nur ein Momentbild des Charakters, sondern ist oft noch durch die besondere Schreibabsicht oder durch den Gedanken an den Empfänger des Schreibens verändert oder „gezwungen".

Im strengen Sinn des Wortes „zwanglose" Schriften sind schwer zu beschaffen. Der besondere Mitteilungszweck eines Schreibens hat fast immer nachweisbaren Einfluß auf die Gestaltung des Schriftganzen. Einem vertrauten Freunde schreibt man anders als einem Vorgesetzten. Tagebuchnotizen sehen anders aus als eine Stellenbewerbung oder ein Lebenslauf usw.

So kann nur reiches Schriftmaterial aus verschiedener Zeit und zu verschiedenem Zweck abgefaßt die Forderung nach Zwanglosigkeit mittelbar erfüllen, insofern als der Deuter aus den Abweichungen derartiger Schriftproben untereinander die „wahre Handschrift" zu ermitteln vermag.

Ein besonderes Kapitel ist die Frage der Richtigkeit eines graphologischen Gutachtens. Nicht immer ist z. B. die Zustimmung des Beurteilten oder seiner Bekannten schon ein Beweis für Übereinstimmung von Charakterbild und Charakter. Ebenso braucht eine Ablehnung kein Gegenbeweis gegen eine Übereinstimmung zu sein.

Goethe sagt einmal unter Bezugnahme auf die Tätigkeit eines Porträtmalers: „Man ist niemals mit einem Porträt zufrieden von Personen, die man kennt. Deswegen habe ich die Porträtmaler immer bedauert. Man verlangt so selten von den Leuten das Unmögliche und gerade von diesen fordert man's. Sie sollen einem jeden s e i n Verhältnis zu den Personen, s e i n e Neigung und Abneigung mit in ihr Bild aufnehmen; sie sollen nicht bloß darstellen wie s i e einen Menschen fassen, sondern wie j e d e r ihn fassen würde."[26]) Diese Bemerkungen lassen sich voll und ganz auf das graphologische Charakterbild anwenden.

Es ließen sich also aus der Erkenntnis dieser mannigfachen Grenzen der Graphologie Forderungen für die besondere Begabung aufstellen, die ein Graphologe haben müßte! Dazu müßten gehören: Eindrucksempfänglichkeit, Beobachtungsgabe, Kombinationsfähigkeit, natürliches Verständnis für seelische Zusammenhänge, psychologischer Spürsinn in Verbindung mit Geübtheit in charakterkundlichem Denken und gutes sprachliches Darstellungsvermögen. „Weniger wohlwollend bejahend als kritisch verneinend, weniger harmonisch als vielmehr zwiespältig erscheint die Begabung des Menschenkenners" (Klages).

Der Graphologe muß imstande sein, sich in das Seelenleben auch solcher Menschen hineinzuversetzen, deren Charakter keine Ähnlichkeiten und unmittelbaren Berührungspunkte mit dem eigenen Wesen hat. Hier gibt es für jeden Deuter unüberschreitbare persönliche Grenzen.[27])

Das wichtigste Anwendungsgebiet der Graphologie ist und bleibt die Charakterdarstellung zum Zwecke einer Persönlichkeitsbewertung. Alle anderen Anwendungsmöglichkeiten werden davon abgeleitet. Ob das graphologische Charakterbild dem Einsender K l a r h e i t ü b e r s i c h s e l b s t geben soll, ob es aus erzieherischen Gründen von den E l t e r n o d e r L e h r e r n eingefordert wird, ob es zur B e r u f s b e r a t u n g dienen soll, ob es für P e r s o n a l a u s l e s e vom Betriebsleiter verlangt wird, es ändert sich dadurch allenfalls die Art der Darstellung, der Aufbau des Gutachtens, nicht aber irgend etwas in der Analyse.

Häufig wird der Rat des Graphologen im Hinblick auf eine geplante E h e s c h l i e ß u n g erbeten. Die Schwierigkeiten einer Eheberatung sind außerordentlich groß. Hier spielen nicht nur die Charakteranlagen, sondern auch soziale, gesellschaftliche und weltanschauliche Überlegungen eine oft entscheidende Rolle. Außerdem ist der Bindung, die durch das Erwachen der Liebe zwischen zwei Menschen entsteht, mit psychologischen Untersuchungen niemals beizukommen. Darum erfordert eine graphologische Eheberatung den größten Takt und die größte Zurückhaltung. Mehr als einige Hinweise über vermutliches Zusammenstimmen oder Gegeneinanderstehen wichtiger Charakteranlagen wird man kaum geben dürfen. Immerhin können Fälle vorkommen, in denen die zu erwartenden Schwierigkeiten beim Zusammenleben infolge entscheidender Differenzen beider Charaktere so groß sind, daß vor einer Ehe gewarnt werden muß.

Die Untersuchung von Kinder- und Schülerschriften hat mittlerweile eine Reihe von beachtlichen Arbeiten gezeitigt. Die allgemeinen Gesetze gelten auch hier, wenngleich mit einigen Einschränkungen.[27a])

Eine neuartige und bedeutsame Anwendungsmöglichkeit begründet und entwickelt Meinert.[28]) Er zeigt, daß die Graphologie bei der Zeugenbefragung einen besonderen Wert dadurch gewinnen kann, daß sie für die beste Führung des Untersuchungsgespräches und des Verhörs wichtige Hinweise gibt. Seine Arbeit führt zu den Begriffen der Widerstandsenergie, des Widerstandswillens und der Widerstandsintelligenz, die aus dem Schriftbild erschlossen werden können. Weiter weist er auf die Bedeutung hin, die dem Erkennen der Gefühlsveranlagung und von Besonderheiten des Charakters zukommt, aus deren Befund der verhörende Beamte Richtlinien für die Art der Befragung und Behandlung gewinnen kann.

Eine der wichtigsten Anwendungen wird im zweiten Teil dieses Buches ausführlich behandelt: Die Bedeutung der Handschrift im Rechtsleben.

Die besonders wichtige Aufgabe einer graphologischen Diagnostizierung verbrecherischer Anlagen ist jedoch erst im Stadium der wissenschaftlichen Erforschung. Schnelle Ergebnisse sind kaum zu erwarten. Immerhin kann auf R. Wieser's Arbeiten hingewiesen werden, die einen Zusammenhang zwischen Grundrhythmusschwäche und Verbrechertum nachweisen.

Klages hat betont, daß der Verbrecher selten aus einem Zuviel an Triebkräften, dagegen meist aus einem Zuwenig an Hemmkräften zu verstehen sei. Das würde ebenfalls eine geringe Gesamtformhöhe ergeben.

Übermaß und Unterwertigkeiten, vor allem aber alle die zahlreichen Unwahrhaftigkeitsmerkmale, auf die wir noch zu sprechen kommen, lassen einen Charakter als gefährdet erscheinen.

In der Vererbungslehre und in der Zwillingsforschung hat die Anwendung der Graphologie zu manchen interessanten Ergebnissen geführt.

Es sei noch darauf hingewiesen, daß der Anwendung der Graphologie in vielen Fällen dadurch Schwierigkeiten erwachsen, daß es an den erforderlichen charakterkundlichen Erkenntnissen noch fehlt. So ist insbesondere eine **Berufsberatung** darum so schwierig, weil nur für sehr wenige Berufe die charakterlichen Voraussetzungen und Anforderungen einigermaßen festliegen. Endlich gilt für alle graphologischen Gutachten, daß die in weiten Kreisen herrschende Unkenntnis im Hinblick auf psychologische Zusammenhänge das richtige Verständnis für Charakterbilder erschwert.

Besonders besteht Unkenntnis über jene Eigenschaften, die als sogen. Folgeeigenschaften nicht direkt auffindbar, sondern nur durch Kombination erschließbar sind. Zu diesen gehören z. B. die viel gefragten Eigenschaften: Ehrlichkeit, Zuverlässigkeit, Pünktlichkeit und viele andere. Auch besteht eine besondere Schwierigkeit im Hinblick auf die Feststellung der sogen. Charakterfehler, weil diese fast immer nur Mangeleigenschaften sind, d. h. nicht als Antriebskräfte im Schriftbild erscheinen, sondern ebenfalls nur durch charakterkundliche Kombination erschlossen werden können.

VII. DIE MERKMALSKLASSEN

Für eine theoretische Graphologie erscheint die Klassifikation der Schriftmerkmale als Voraussetzung ihrer systematischen Untersuchung. Versuche in dieser Richtung unternahmen Preyer und Meyer, jedoch blieben diese ohne Abschluß.[29]) Auch Versuche von Sylvus und Saudek können nicht als befriedigend bezeichnet werden.[30])

Die von Müller[31]) versuchte Klasseneinteilung blieb hinsichtlich der Zuordnung der Merkmale zu den Klassen unbefriedigend. Klages selbst hat keine Systematik der Merkmale durchgeführt. Die Aufstellung eines natürlichen Systems der graphischen Allgemeinmerkmale hat Gross[32]) vorgenommen.

Wir schließen uns im nachfolgenden diesem System an, das wir völlig durchgeführt haben und das nun, wie wir meinen, geeignet ist, die Deutungspraxis grundlegend zu verbessern.

Am Zustandekommen der persönlichen Handschrift sind beteiligt:

1. Einflüsse der individuellen Motorik,
2. Vorschriften des jeweiligen Buchstabensystems (Nationalalphabeth),
3. Einflüsse der Schreibfläche (des Schriftraumes).

Die Deutung muß daher ebenfalls unterscheiden zwischen:

1. dynamischen,
2. statischen,
3. räumlichen Eigenschaften.

Am Beispiel des einfachsten Schriftbestandteiles, eines i-Punktes, kann gezeigt werden, daß sowohl dynamische wie formale und räumliche Eigenschaften bei seiner Deutung berücksichtigt werden müssen. Er kann druckstark oder druckschwach sein (dynamische Unterschiede), er kann verschiedene Gestalt haben (formale Unterschiede), und er kann der Anordnung nach hoch oder tief, links oder rechts stehen (räumliche Unterschiede). Es gibt keine Schreibbewegung, die sich nicht gleichzeitig in einer Form ausprägt und eine Raumverteilung erkennen läßt. Alle drei Komponenten greifen ineinander und beeinflussen sich gegenseitig. Zu einer wissenschaftlichen Untersuchung aber ist es erforderlich, die Merkmale voneinander abzuheben und jede der Merkmalsklassen besonders zu betrachten.

„Die Feststellung, in welche Gruppe ein Merkmal primär gehört, ist von ausschlaggebender Bedeutung für die Ermittlung seines Sinnes. Das Kriterium dafür, ob es sich bei den sogen. Bewegungsmerkmalen um echte Bewegungsmerkmale handelt, ist in der Natürlichkeit und inneren Einheitlichkeit der gesamten Bewegungsführung zu sehen, die nicht nur dem gesamten Schrifthabitus das Gepräge gibt, sondern insbesondere auch an den Nebenzügen und unauffälligen Buchstabenteilen zu prüfen ist."[33])

A. Die erste Merkmalsklasse umfaßt die Bewegungsmerkmale im engeren Sinne des Wortes.

I. Schriftgröße (groß oder klein),
II. Schreibeile (eilig, nicht eilig),
III. Schreibdruck (druckstark, druckschwach),
IV. Schriftweite (weit, eng),
V. Strichbildung (teigig, scharf),
VI. Verbundenheitsgrad (verbunden, unverbunden),
VII. Strichführung (schlaff, starr, schwingend, federnd, glatt, gestört).

Jedes dieser Merkmale tritt in der Regel in Verbindung mit einer bestimmten Regelmäßigkeit (oder Unregelmäßigkeit) auf, zugleich bevorzugt der Schreiber eine mehr geradlinige (oder mehr bogenförmige) Formgebung. In den Tabellen ist die häufigste Kombination jedes Mal angegeben.

Über die Doppeldeutigkeit der Bewegungsmerkmale entscheidet der Ablaufsrhythmus. Auch das ist aus der Tabellenanordnung zu ersehen, die auf der linken Seite die rhythmusstarken (lebensstarken) Eigenschaften und auf der rechten Seite die rhythmusschwachen (lebensschwachen) Eigenschaften bringt.

B. Die zweite Merkmalsklasse umfaßt die Formgebungsmerkmale.

VIII. Verknüpfung (gewandt, ungewandt),
IX. Bindungsform (Girlande, Arkade, Faden, Winkel, Doppelbogen, gestützte Nebenrichtung, schulmäßige Form, stilisierte Form),

X. Reichhaltigkeit (voll, mager, bereichert, vereinfacht, verschnörkelt, vernachlässigt und Nachbesserungen),
XI. Strichart (farbig, blaß).

Bei jedem dieser Merkmale ist wiederum der Grad der Regelmäßigkeit festzustellen, wobei hier zutreffender von Einheitlichkeit oder Uneinheitlichkeit gesprochen werden kann. Auch die Bevorzugung von Bogen oder gerader Linie in der Formgebung ist zu beachten. Über die Doppeldeutigkeit entscheidet der Formenrhythmus. In vielen Fällen ist leitbildliche Ausdeutung möglich.

C. Die dritte Merkmalsklasse umfaßt die Raumverteilungsmerkmale. Es handelt sich hier durchweg um Verhältniseigenschaften verschiedener Schriftbestandteile.

XII. Schriftlage (schräg, steil, übersteil),
XIII. Schrifthöhe (hoch, niedrig),
XIV. Schriftbreite (breit, schmal),
XV. Richtungscharakter (rechtsläufig, linksläufig),
XVI. Längenunterschiedlichkeit (LU groß, LU klein),
XVII. Längenteilung (oberlängenbetont, unterlängenbetont, verkümmerte UL, verkümmerte OL),
XVIII. Anfangszüge (betont, unterbetont),
XIX. Endzüge (betont, unterbetont),
XX. Oberzeichen (hoch und leicht, tief und schwer, hoch und verkümmert, tief und verkümmert).

Auch hier muß jedes Merkmal nach dem Grade der Regelmäßigkeit und im Hinblick auf die Bevorzugung des Bogens oder der geraden Linie betrachtet werden. Über die Doppeldeutigkeit entscheidet der Verteilungsrhythmus (= Ebenmaß). Das Leitbild, raumsymbolische Momente und bewußte Gliederungstendenzen machen sich in dieser Merkmalsklasse bemerkbar.

D. Die vierte Merkmalsklasse umfaßt die Ordnungsmerkmale. Wir behandeln als solche die Gliederung in der Tabelle XXI, die Regelmäßigkeit des Gesamtbildes in der Tabelle XXII und die Gleichförmigkeit in der Tabelle XXIII. Tabelle XXIV endlich bringt die Auswertung des Griffdruckes. Da er aber nun in seinen extremen Ausprägungen sicher erkannt werden kann, haben wir ihn nicht auch in die Merkmalslinie aufgenommen. Für die Bewertung der Doppeldeutigkeit ist in diesen vier Tabellen die Gesamtformhöhe maßgebend.

Die von uns als erstes verstärkendes Merkmal in den Tabellen verwertete Regelmäßigkeit oder Unregelmäßigkeit bezieht sich auf die Schwankungen sämtlicher Merkmale, insbesondere wird die Schrift unregelmäßig, wenn die Schriftlage, die Grundstrichlänge, die Schriftweite, der Verbundenheitsgrad und die Bindungsform unregelmäßig sind.

Ausdruckskundliche Untersuchung hat den Sinn der Regelmäßigkeit in der Vorherrschaft des Willens gegenüber dem Gefühl erkannt. Diese Vorherrschaft kann aber entweder auf Willensstärke oder auf Gefühlskälte zurückgeführt werden, denn nicht nur derjenige schreibt regelmäßig, dessen vielleicht leidenschaftliches Gefühl von seinem noch stärkeren Willen gebändigt wird, sondern auch jener, dessen nüchterne Alltäglichkeit von keinerlei Beunruhigung durch das Gefühl weiß.

In ähnlicher Weise unterliegt auch die Unregelmäßigkeit einer Doppeldeutigkeit, und zwar kann sie aus Willensschwäche oder aus Gefühlslebhaftigkeit verstanden werden. So gilt also für die Regelmäßigkeit, sofern sie vorherrscht, also dominantes Merkmal ist und sich auf das Gesamtbild der Schrift bezieht, eine Tabelle, die ähnlich den anderen Tabellen aufgebaut ist. Da der Schreibunterricht auf regelmäßige Schrift abzielt, ist Regelmäßigkeit nur dann ausdruckskundlich verwertbar, wenn sie die Forderung der Vorlage in gewisser Weise übertrifft.

Das zweite verstärkende Merkmal sehen wir in der Bevorzugung von Bogen oder gerader Linie im Schriftbilde.

Die Gerade und der Bogen sind Erscheinungsformen der uns umgebenden Natur, die zugleich etwas vom „Charakter“ im Sinne von „Wesensart“ dieser Naturgebilde verraten. Klages weist darauf hin, daß die geradlinige Form das Harte, Feste, Beständige, oder wieder Zielstrebige, Rasche kennzeichnet. So wirkt der Baumstamm in seiner geraden Linie fest und dauerhaft, der geradlinig niederstürzende Regen aber wirkt rasch und von der Erde mächtig und zielgerade angezogen. Bogig dagegen sind die Formen der meisten Blätter, bogig schlingen sich die Gewächse an Mauern und Stützen empor. Bogig sind Wolken und Wellen, bogig schlängelt sich der Bach, während der künstliche Graben die Gerade zeigt. Bogig läuft der Fußpfad durch Feld und Wald, während der gebahnte Weg wiederum mehr gerade verläuft.

Aber diese Unterschiede lassen sich immer weiter verfolgen und bis auf die Individuen anwenden: so ist die eine Form und Gestalt bogiger oder wieder eckiger als die verwandte andere. So sind aber auch verschiedene Baumarten unterschieden: die Eiche geradliniger als die Linde, die Tanne geradliniger als die Birke. Und ebenso der Mann „geradliniger“ als das Weib, das Kind „bogiger“ als der Greis. Bis in die Erzeugnisse menschlicher Handfertigkeit hinein und im Großen in den Stilarten finden wir diesen Erscheinungsunterschied wieder: geradlinig wirkt der gotische Bau, bogig der romanische.

In der bogigen Form erscheint uns daher unmittelbar der Charakter der Nachgiebigkeit, der Weichheit, des Sich-anschmiegenkönnens. Wem wäre es nicht auch schon aufgefallen, daß selbst die Bewegungen verschiedener Personen diesen mehr geradlinigen oder mehr bogigen Charakter erkennen lassen? Wer kennte nicht den „geraden“, zielsicher von Gegenstand zu Gegenstand wechselnden Blick des unternehmenden, willensstarken Mannes und den „bogigen“ Blick eines verlegenen oder auch vielleicht koketten Mädchens?

Meist besteht zwischen einem Schriftmerkmal und der Bogenform oder aber der Geraden eine besondere Verwandtschaft, derart, daß diese Verbindung sich häufig findet. Diese wahrscheinlichste Verbindung ist ebenfalls in den Tabellen angegeben worden. Es bleibt noch zu betonen, daß Bogen und Gerade sich nicht auf die Bindungsform als solche beziehen, sondern die einzelne Linie selbst in ihrer mehr bogigen oder geradlinigen Gestalt kennzeichnen sollen.

VIII. DEUTUNGSTECHNIK

Wir beantworten zuerst die Frage nach den Anforderungen, die an Schriftproben zu stellen sind, um für Charaktergutachten verwendbar zu sein.

Für Charaktergutachten ist jede zwanglose Schriftprobe zu verwenden.

Zwanglos ist eine Probe dann, wenn sie zu einem reinen Mitteilungszweck geschrieben wurde (etwa Briefe an Gleichgestellte, schriftliche Aussagen zu einem Tatbestand, Wiedergabe eines verständlichen Textes, der vorgelesen wurde). Weniger geeignet sind Schreiben an Vorgesetzte, Lebenslauf, Gesuche u. ä., weil hier die Bemühung, „schön“ zu schreiben, charakteristische Eigentümlichkeiten der natürlichen Schrift überdecken kann.

Der Umfang einer solchen Probe kann nie zu groß sein; das oft als Mindestmaß angegebene Schreiben von 20 bis 30 Zeilen genügt zwar zumeist, kann aber u. U. zu Vorbehalten zwingen. Jeder Mensch schreibt nämlich je nach Stimmungs- und Ermüdungszustand etwas verschieden. Oft sind die Unterschiede sogar dem Laien augenfällig, und er meint daraus einen Einwand gegen die Möglichkeit einer Charakterdeutung aus der Schrift ableiten zu können. Gerade das Gegenteil ist der Fall. Die Schrift spiegelt eben auch diese Schwankungen, und zwar prägt sich dieser Schwankungsspielraum schon in der „natürlichen“ Schrift aus, wenn ausreichendes Material vorliegt. Es ist so, als wenn man an dem „ruhigen“ Gesicht eines Menschen, an den feinen Falten und Fältchen, doch schon seine Geneigtheit zum freundlichen Lächeln oder zum konzentrierten Nachdenken oder zu aufflammendem Zorn erkennen kann. Aber um soviel mehr, als etwa eine zweite und dritte Aufnahme eines Menschen, die ihn uns auch einmal fröhlich oder in Erregung zeigt, uns tieferen Aufschluß über sein Wesen vermittelt als die nur erschlossene Geneigtheit zu Affekten oder Stimmungen, um soviel mehr auch wird das Charakterbild nach der Handschrift sicherer, — vielleicht auch reicher, wenn neben der „natürlichen“ Schrift auch noch der „schön geschriebene“ Lebenslauf oder ein Gesuch und endlich auch sogen. „Kladdeschriften“ und rasche Notizen für den eigenen Gebrauch eingereicht werden können.

Die wichtigste Frage, die bei der Analyse einer Handschrift auftritt, ist die nach der Sicherheit der erschlossenen Charakteranlagen. Immer wieder ist daher versucht worden, die graphologische Analyse so auszugestalten, daß sie zu einem wirklich sicheren Charakterbilde verarbeitet werden kann. Wir erwähnen nur kurz die Theorie der Merkmalsgruppen (Junge), die Dominantenlehre (Crepieux-Jamin) und ähnliche Versuche von Saudek und Müller.

Trotz all dieser Bemühungen bleibt aber das irrationale Moment erhalten und der Satz von Klages: „Man muß das Ganze haben, ehe man es mit Erfolg unternehmen kann, die Teile zu erforschen“, behält seine Gültigkeit. Es wird sich also immer wieder darum handeln, daß der Beurteiler nach dem Gesamteindruck einer Schrift den Wesensgehalt des Schreibers erstmalig in sich anklingen läßt, daß er ein Urteil über die Gesamtformhöhe, den Ursprünglichkeitsgrad der Handschrift gewinnt und damit etwas tatsächlich Vorhandenes feststellt, das ihn bei der weiteren Analyse und Synthese leitet.[34])

Mit der Bestimmung der Gesamtformhöhe darf aber kein subjektives Werturteil oder eine Vorliebe des persönlichen Geschmacks verbunden sein, sondern lediglich die Ursprünglichkeit, der Lebendigkeitsgrad, unabhängig von ethischen und sozialen Forderungen, wird so bestimmt.

Wir können das als den e r s t e n S c h r i t t des Analysenganges bezeichnen: die Handschrift hat dem Deuter den erlebbaren Gehalt offenbart, sie muß ihm durch und durch vertraut geworden sein. Man kann die Forderung aufstellen, daß die Handschrift dem Beurteiler mindestens für einen Augenblick so vertraut erscheint, wie seine eigene Schrift, daß ihr besonderer Rhythmus in ihm anklingt, in ihm Resonanz findet.

Aus diesem Erlebnis der rhythmischen Besonderheit der fremden Schrift heraus und nur durch ein solches Erlebnis, kann der Deuter den Zugang zum Kern der fremden Persönlichkeit finden, nur dann wird er in der Lage sein, die Besonderheit eines Charakters, die niemals durch Messungen und Aufzählungen erschöpft werden kann, als Charakterbild zu entwickeln. Auf jedem anderen Wege besteht die Gefahr, daß aus der Schrift nur eine Summe von Eigenschaften abgelesen wird. Der Charakter ist aber nicht eine Summe von Eigenschaften, denn Eigenschaften sind überhaupt nicht Teile, sondern Seiten des Charakters, die ihren Sinn erst aus dem Ganzen des Charakters empfangen.

Diese grundlegende Erkenntnis führt notwendig zur Ablehnung der sogen. „festen Zeichen“ (Signes fixes) der französischen Graphologie.

Dennoch muß hier etwas eingeschaltet werden. Überprüft man die Erfolge der französischen Schule, so läßt sich nicht bestreiten, daß aus ihr bedeutende Praktiker hervorgegangen sind und auch manche theoretische Erkenntnis stammt. Es liegt unseres Erachtens daran, daß auch der Graphologe dieser Schule ein festes Zeichen niemals unabhängig vom Gesamteindruck gedeutet hat, daß also auch er von der Vieldeutigkeit eines Merkmals — unbewußt — überzeugt war.

Auch der Graphologe aus der deutschen Schule wird über einen mehr oder weniger großen Erfahrungsschatz an „festen Zeichen" (= Besonderheiten) verfügen, auf die er unter keinen Umständen wird verzichten wollen.[35]) In einigen Fällen ist eine Deutung dieser Besonderheiten nach dem Ausdrucksgesetz oder leitbildlich, häufig auch raumsymbolisch, möglich geworden. In vielen Fällen steht eine solche Begründung noch aus. Dennoch gilt allgemein, daß eine Besonderheit nur dann ausgewertet werden darf, wenn dieses mit dem Gesamteindruck der Schrift vereinbar ist. Wir kommen auf die Besonderheiten bei allen Tabellen wieder zurück.

Der zweite Schritt des Analysenganges besteht in der streng sachlichen Beobachtung, in der Feststellung der Allgemeinmerkmale (Tabellen) in registrierender Kleinarbeit, in gewissenhafter Aufzählung der im gegebenen Zusammenhang gültigen Besonderheiten.

Der dritte Schritt ist dann die charakterkundliche Auswertung der gewonnenen Einzelergebnisse. Es handelt sich also um die Auswertung des in der Handschrift als einer Bewegungsspur erscheinenden individuellen Bewegungscharakters. Leitbildliche und raumsymbolische Überlegungen treten hinzu, darstellerische Komponenten bei der Schriftgestaltung müssen als solche erkannt werden, Erwerbungen sind als angemessene oder unangemessene zu bestimmen und in jedem einzelnen Falle ist die Doppeldeutigkeit zu entscheiden.

Diese letzte Entscheidung gewinnen wir durch das Aufspüren des Rhythmus in den Bewegungsfolgen und Formgebungen. Bei jeder Merkmalsklasse ist der Rhythmus festzustellen. Finden wir ihn ausgeprägt, so werden wir auf die Charakteranlagen der lebensstarken Tabellenseite gewiesen, fehlt er aber, so auf die Eigenschaften der lebensschwachen Gegenseite.

Wir haben uns hierbei völlig davon zu lösen, ob die Gesamtformhöhe als gut oder als gering angesetzt wurde. Das nämlich wird uns erst beim vierten Schritt — der Synthese — der Eigenschaften bestimmen und leiten müssen, also für den Aufbau des Charakterbildes maßgebend sein.

Die Bestimmung des rhythmischen Gehalts wird zweckmäßig gleich nach der Gesamtformhöhe im einzelnen vorgenommen, und zwar so, daß der Ablaufs-, Formen- und Verteilungsrhythmus abgeschätzt und notiert wird. Die Erfahrung hat gezeigt — was auch theoretisch zu erwarten ist — daß das Fehlen des Ablaufsrhythmus sich zumeist auf alle Merkmale der Bewegungsklasse erstreckt, so daß alle zugehörigen Tabellen nach ihrer lebensschwachen Seite zu nehmen sind und umgekehrt. Dasselbe gilt natürlich auch für den Formen- und für den Verteilungsrhythmus. Haben wir etwa in einer Schrift guten Ablaufsrhythmus, geringen Formenrhythmus und wieder guten Verteilungsrhythmus erkannt, so wählen wir die lebensstarke Tabellenseite der Bewegungsmerkmale und der Raumverteilungsmerkmale, aber die lebensschwache Tabellenseite der Formgebungsmerkmale.

Der Geübtere wird auch innerhalb der Merkmalsklassen noch Unterschiede zu machen wissen, worauf wir schon hinwiesen (vgl. S. 25). Nachdrücklich sei nochmals darauf hingewiesen, daß mit solcher Wahl der Tabellenseite nicht a l l g e m e i n etwas über die „V i t a l i t ä t" des Schreibers ausgesagt wird, sondern eben nur über die betreffende Anlage. Erst die Kombination ergibt die Möglichkeit, auch über die gesamte Vitalität zu urteilen.

Es versteht sich von selbst, daß jede der Tabellen nur dann benutzt werden darf, wenn das entsprechende Allgemeinmerkmal (Größe, Weite, Druck usw.) auch wirklich ausgeprägt ist.

Für alle Tabellen durchgehend ist angemerkt, ob Regelmäßigkeit oder Unregelmäßigkeit, mehr bogige oder mehr geradlinige Form der Bewegungsführung (unabhängig von der Bindungsform!) die Bedeutung dieser Tabellengruppe unterstreicht.

Auch hier gilt vorerst wieder, daß die Regelmäßigkeit, Unregelmäßigkeit, Bogigkeit oder Geradlinigkeit aus dem Gesamtbild der Schrift zu erschließen sind, während der Geübtere feinere Unterschiede zu machen wissen wird, also z. B. in einer regelmäßigen Schrift die Unregelmäßigkeit e i n e s Merkmals erkennen und auswerten kann.

Finden sich die unterstützenden Merkmale nicht oder nur zum Teil, so wird zu erwägen sein, ob die gefundenen Charaktereigenschaften nicht mit einigem Vorbehalt oder abschwächend zu bringen sind. Das wird davon abhängen, ob die charakterkundliche Kombination sie bestätigt oder nicht.

Die charakterkundliche Kombination ist letzten Endes das Wichtigste. Gelingt es einem Deuter, zwei an und für sich widersprüchliche Anlagen in der Darstellung zwingend aufeinander zu beziehen und aus der Gesamtveranlagung zu entwickeln, so kann er vielleicht damit das Kernproblem des Charakters treffen. Stellt er aber diese widersprüchlichen Anlagen nur nebeneinander, so bleibt das Bild unbefriedigend oder gar widersprüchlich in sich selbst.

Wenn also die Einzelfeststellungen n i c h t von einer auswählenden und nach Stärke sowie nach Bedeutungsgraden wertenden Einsicht in das Kräfteverhältnis des untersuchten Charakters gelenkt wurden, so wird sich aus der längeren oder kürzeren Reihe der durch die Analyse erschlossenen Eigenschaften n i e m a l s ein wirkliches Charakterbild entwickeln lassen.

Außer der Bogigkeit oder Geradlinigkeit des Gesamtduktus besteht noch durch Hinzunahme der größeren oder geringeren Spannung oder

Lösung der Schrift eine Möglichkeit zu weiterer Differenzierung der Befunde.

Innerhalb jeder Tabellengruppe läßt sich so eine engere Auswahl treffen, je nach dem, ob mehr Gespanntheit oder Gelöstheit „erfühlt" wird (vgl. S. 24).

In den Bindungsformen erscheint dieses unmittelbar: Wir sprechen von einem festen oder weichen Winkel, von einer festen oder schlaffen Girlande, und für die anderen Merkmale gilt das gleiche sinngemäß.

Jedes Übermaß (oder jede „Unterwertigkeit") endlich verlangt für dieses Merkmal unter allen Umständen die Deutung nach der lebensschwachen Tabellenseite; in den meisten Fällen wird auch die Gesamtformhöhe dadurch entscheidend gedrückt.

Es ist hier wichtig, darauf hinzuweisen, daß es auch ein Übermaß der Regelmäßigkeit gibt, die sich dann zu leerer Eintönigkeit wandelt; der durch „Wachheit des Geistes" entstandene Takt dagegen erscheint als Gleichförmigkeit (gesteigerte Regelmäßigkeit der Formbildung) (vgl. S. 61).

Erst wenn auf diesem Wege die Einzelergebnisse gewonnen, ausgewertet und aufeinander abgestimmt worden sind, wenn — wie es sich empfiehlt — verwandte Eigenschaften zu Gruppen zusammengefaßt und möglichst auch nach beherrschenden Eigenschaften (Dominanten) geordnet wurden, kann man dazu schreiten, das so geordnete Material mit den etwa noch übrigbleibenden Befunden, die nicht unmittelbar mit den anderen zusammenstimmen, zu einem Charakterbild zu vereinigen.

Es sei nachdrücklich darauf hingewiesen, daß die Berücksichtigung sogenannter „Gegenmerkmale" durchaus auch zu erfolgen hat. Entweder wird dadurch eine Störung des Rhythmus herbeigeführt, also eine Berücksichtigung auch der Gegenseite der Tabelle möglich, oder doch zum mindesten werden wir unter den jeweiligen Besonderheiten im ersten Punkt — der starken Wechsel des Merkmals betrifft — wichtige Hinweise finden.

Es gibt verschiedene Wege, auf denen das geschehen kann.

Man kann mit der Dominante beginnen, den Charakter also von der auffälligsten Eigenschaftsgruppe aus zeichnen, man kann ihn von außen nach innen oder von innen nach außen durchqueren, man kann ihn vielleicht von seinen inneren Konflikten aus zeichnen oder von seiner sozialen Tauglichkeit her darstellen usw. Das wird sich danach richten müssen, für w e n das Gutachten bestimmt ist.

Bei der Beurteilung von Schriften Jugendlicher wird grundsätzlich das erzieherische Moment zu berücksichtigen sein, denn immer handelt es sich dann um die Aufgabe, wünschenswerte Anlagen zu entwickeln und erwünschte Hemmkräfte aufzurufen oder zu stärken, um einen leistungsfähigen und in die Gemeinschaft eingefügten jungen Menschen zu bilden.[36])

Das Gutachten in seiner gelungensten Form ist einem Kunstwerk vergleichbar: Die gründlichste Kenntnis der Deutungsgesetze, die sorgfältigste Analyse und die beste Vorarbeit — sie schaffen nicht mehr als die Voraussetzungen für ein Gutachten. Wenn nicht die Fähigkeit zum anschaulichen Erleben einer Fremdpersönlichkeit, gute Darstellungsgabe und ausgezeichnete Sprachbeherrschung hinzutreten, so bleibt das Gutachten blaß, ohne deswegen schon unrichtig sein zu müssen. Oft ist das „Wie" der Darstellung gleich wichtig, oft sogar wichtiger als das „Was" an und für sich. Keinen Augenblick sollte der Deuter vergessen, daß das Charakterbild wesentlich mehr Entwicklung als Beschreibung zu sein hat.[37])

Man hat das Insgesamt des Charakters treffend einem gläsernen Fächerwerk verglichen, das wir von verschiedensten Seiten her betrachten und schildern können, aber wo wir auch beginnen, immer scheinen die anderen Seiten alle hindurch.[38])

Diese Darstellung ist auf rationalem Wege allein nicht zu erlernen, es spielt hier „künstlerische Begabung" hinein. Ja auch schon der analytische Vorgang enthält solche „irrationalen" Momente und „intuitiven" Erkenntnisse! Dennoch bleibt dadurch die Wissenschaftlichkeit der graphologischen Methode unangefochten. E s g i b t s t r e n g s a c h l i c h e , ü b e r p e r s ö n l i c h e G e f ü h l s e n t s c h e i d e. Die Ängstlichkeit, mit der verschiedene Forscher dieses „intuitive Element" der Graphologie ableugnen und zu umgehen suchen, als ginge dadurch Sicherheit und Wissenschaftlichkeit verloren, zeigt uns nur, wie sie über das obige Gesetz nicht klar geworden sind. Überpersönliche, sachliche Gefühlsentscheide sind im Grunde nämlich an j e d e r Wissenschaft beteiligt. Für jeden leicht faßbar bilden sie die Grundlage der hochentwickelten Kunstwissenschaft, ebenso baut sich die Geschichtswissenschaft auf ihnen auf und selbst die „abstrakte und reinste" Wissenschaft der Mathematik enthält sie noch in ihren Axiomen!

Auf dem Wege einer rein rationalen Analyse gelangen wir lediglich zu einer immer feineren Aufspaltung des Charakters, entfernen uns also im Grunde immer mehr vom Charakter b i l d , das aufzubauen und darzustellen doch unser Anliegen und unsere Aufgabe ist. Wenn wir von einem Menschen sagen, er sei ein Geizhals, so haben wir ein solches Bild anklingen lassen, — vielleicht nicht immer ein ganz zutreffendes, aber doch ein das Wesen kennzeichnendes Bild. Zählen wir aber — analytisch — Eigenschaften auf wie: äußerste Sparsamkeit, Eigensucht, Unzugänglichkeit, Kälte usw., so ist die Bestimmung zwar konkreter, aber doch viel blasser geworden und ermangelt jedes Bildcharakters. Dieser könnte erst durch einen, dem künstlerischen Schaffen verwandten Darstellungsvorgang wieder gewonnen werden.

Die Analyse erfaßt niemals den „lebendigen Menschen", sondern sie gibt die Einzeleigenschaften des „rationalen Menschen" an, d. h. eines Wesens, „das vernünftig zu denken und nützlich zu handeln vermag".

Die Sicherung der Befunde einer graphologischen Arbeit kann auf dreierlei Weise erfolgen:

1. Wissenschaftliche Grundlegung der Graphologie durch empirische, experimentelle und ausdruckskundliche Forschungsarbeit;
2. konsequent „rationale“ Technik der Analyse neben „irrationalen“, aber dennoch streng sachlichen, überpersönlichen Gefühlsentscheiden. Merkmalsgruppen- und Dominantenbildung usw.;
3. charakterkundliche und kritische Verarbeitung der Befunde, u. U. auch durchaus „widersprüchlicher“, zu einem sinnvollen Charakterbilde.

Es gibt keine nur rationalen Möglichkeiten einer Eigenschaftenauswahl und Stärkebewertung nach Stärkegraden bestimmter Schrifteigentümlichkeiten. Es hat jemand nicht darum große Anpassungsgabe, um es an einem einfachen Beispiele zu erläutern, weil sich in seiner Schrift wiederholte Bewegungsweisen und Formen finden, aus denen wir diese Eigenschaft ableiten können. Erst das „Miteinander der Eigenschaften“ bestimmt den Wert jeder einzelnen von ihnen! Nur die sogenannten Begabungseigenschaften sind objektiv meßbar, können verglichen werden „von Mensch zu Mensch“, während Triebfedern und erst recht alle anderen Anlagen ihren Maßstab im Menschen selbst haben, d. h. nach ihrem jeweiligen Vorherrschen oder Zurücktreten im Hinblick auf andere Anlagen desselben Menschen bewertet werden müssen. Es können also überhaupt niemals „isolierte Eigenschaften“ bewertet werden, sondern immer nur Eigenschaften eines bestimmten Menschen in ihrem Verhältnis zueinander. Mit dieser Feststellung meinen wir Wert und zugleich Begrenzung jeder nur rationalen Methode deutlich gekennzeichnet zu haben.

Überdies wäre — nach rationaler Methode — jede Eigenschaft grundsätzlich zum mindesten auch noch auf ihre Gültigkeit im Bereiche sowohl des Fühlens, als des Denkens und des Wollens durchzuprüfen. Ein Mensch, der im Denken vielleicht außerordentlich lernwillig, aufnahmebereit und anpassungsfähig ist, kann gleichzeitig ein Gefühlsegoist und ein Haustyrann sein. Keine rationale Methode vermag dazu zu verhelfen, daß wir das sicher entscheiden. Es wäre eine bis zur völligen Unübersichtlichkeit treibende Anforderung, jede unserer Tabellen nun etwa zu dritteilen oder umgekehrt vielleicht ein „graphologisches Vokabularium“ für alle aufzusuchenden Charaktereigenschaften und ihre „Schriftmerkmalsgruppen“ zusammenzustellen. Dem Praktiker wäre damit nicht gedient.

Dennoch steht wohl so viel fest, daß bereits das Miteinander graphischer Merkmale entscheidende Hinweise für deren Deutung enthält, daß also z. B. die Weite in Verbindung mit Größe und Druck etwas anderes aussagt als in Verbindung mit Größe und Drucklosigkeit oder mit Kleinheit und Druck usw. Die überaus zahlreichen Varianten, die sich durch Kombination der Tabellen in solcher Weise ergeben würden, sind jedoch bisher wissenschaftlich noch nicht behandelt worden, sondern blieben Domäne des Praktikers. Es ist zu vermuten, daß in dieser Richtung wichtige zukünftige Entfaltungsmöglichkeiten der Graphologie liegen. Im zweiten Teil dieses Lehrbuches, bei der Merkmalskopplung für Zwecke der Schriftidentifizierung, wird uns etwas Entsprechendes begegnen. Gewisse Kopplungen sind überaus selten und ergeben daher besonders wichtige Schlußfolgerungen. In diesem ersten Teil des Lehrbuches haben wir bereits einen Versuch solcher Merkmalskopplung für charakterologische Auswertung der Tabellen gemacht: Zu jeder Tabelle findet sich der Zusatz, ob als unterstützendes Merkmal Regelmaß oder Unregelmaß, Gradlinigkeit oder Bogigkeit, ja, auch Spannung oder Lösung mitzuverwerten ist.

Wir schließen aus dieser Überlegung erneut, daß es keinen besseren Weg gibt, als den von Klages gefundenen:

„Man muß das Ganze haben, ehe man es mit Erfolg unternehmen kann, die Teile zu erforschen."

So steht der Charakterdarsteller immer wieder vor einer neuen und erstmaligen Aufgabe, weil jeder Mensch in seiner Besonderheit einmalig ist. Die Kenntnis typologischer Systeme kann zwar manche Bereicherung bringen, kann einige zusätzliche Sicherheit in der Kombination geben und sollte darum schon geübt und erweitert werden. Niemals aber darf vergessen werden, daß gerade jene Eigenschaften von entscheidender Bedeutung für die Kennzeichnung des individuellen Charakters sind, in denen er sich von dem Typus u n t e r s c h e i d e t.

IX. DIE DEUTUNGSTABELLEN

Führen wir eine Handschriftanalyse nach den Richtlinien des vorangegangenen Kapitels und an Hand der Tabellen durch, so erhalten wir eine Anzahl sicherer „Rahmeneigenschaften" für den Charakter. Aber erst die charakterkundliche Kombination, die ergänzende Berücksichtigung leitbildlicher und raumsymbolischer Antriebe, sowie die Verwertung von Besonderheiten der Schriftgestaltung bringen das Material für ein mehr oder weniger vollständiges Charakter b i l d zusammen.

Die als gesicherte Besonderheiten angeführten Einzelmerkmale gehören zum Erfahrungsschatz der praktischen Graphologen. Unzählige aufmerksame Beobachter und grübelnde Forscher haben ihn zusammengetragen. In vielen Fällen ist ihre Ausdeutung durch den Bewegungsausdruck, durch leitbildliche oder raumsymbolische Überlegungen möglich und findet sich auch in der Literatur.[39]) Es geht über den uns gesteckten Rahmen hinaus, diese Begründungen hier zu wiederholen. Ebenso müssen wir auf eine ausdruckskundliche oder leitbildliche Begründung der Tabellen verzichten. Sie findet sich in klassischer Form in den grundlegenden Werken von Klages. Wir können uns darauf beschränken, hier nur die Ergebnisse zu bringen. Als Lehrbeispiele sind unter den Tabellengruppen die Nummern derjenigen Figuren gesetzt, die das betreffende Schriftmerkmal deutlich erkennen lassen. Dabei ist folgendes zu beachten: Die angeführten Figuren enthalten zwar jedesmal das betreffende graphische Merkmal in deutlicher Ausprägung, durchaus aber nicht gilt die dazugehörige Charakteranlage auch in allen Fällen! Das ist nur der Fall beim Zusammenstimmen mit allen anderen Befunden.

Insbesondere gilt das für das Verzeichnis der Besonderheiten. Gerade bei ihnen ist überdies eine auffällige „Doppeldeutigkeit" zu beobachten. Oft genug kann ein und dasselbe Merkmal sehr verschiedene, fast gegensätzliche Charakteranlagen bezeichnen, ja das ist in der Regel der Fall. Nur charakterkundliche Kombination bewahrt vor Fehlurteilen! Der rhythmische Befund verlangt überdies in jedem Falle eine doppelte Deutbarkeit auch der Besonderheiten. Finden wir z. B. „gestützte Girlande" (Tabelle IX, f) mit gutem Formenrhythmus zusammen, so deuten wir auf: befangen, weich, Wärme; fehlt aber der Formenrhythmus, so auf — Unaufrichtigkeit — immer vorausgesetzt, daß eine Übereinstimmung mit dem Gesamtbild und den Allgemeinmerkmalen besteht, d. h. also eine sinnvolle Einordnung des Befundes in das Charakterbild möglich ist.

Fehlt bei einer Besonderheit diese „Doppeldeutigkeit", so wird man sie nur verwerten können, wenn sie — obwohl also vielleicht widersprüchlich — doch ins Charakterbild eingefügt werden kann.

Niemand kann uns verwehren, an einer z. B. vorwiegend weiten Schrift auch gelegentliche Enge aufzufassen und als Störung oder eben als starken Wechsel der Schriftweite (Besonderheit!) auszuwerten und ins Charakterbild einzuarbeiten. In den Besonderheiten steht daher fast durchweg an erster Stelle die Deutung des auffälligen Wechsels des betreffenden Merkmals. Nur so verringern wir die Gefahr, den Charakter allzu „einheitlich" in einer oder der anderen Richtung zu sehen. Das Vorkommen solcher Störungen wird sehr häufig sein. Ihre richtige Verwertung stellt dem Graphologen und Charakterforscher die schwerste Aufgabe. Oft wird dadurch eine nähere Abgrenzung oder Spezifizierung der Lebensgebiete möglich, in denen die betreffende Anlage sich auswirkt.

Aus prinzipiellen Gründen haben wir die Zuordnung zur Gesamtformhöhe ohne die sonst üblichen Zwischenstufen (1 bis 2; 2 bis 3 usw.) vorgenommen. Für Lernende sind so feine Abstufungen immer schwer zu fassen. Der „Fehler", den wir damit gelegentlich begehen müssen, beträgt aber noch nicht eine halbe Formhöhenstufe. Die Mittelstufe dagegen haben wir bereits in 3a (= gut mittel) und 3b (= schwach mittel) unterteilt, so daß dort die Zuordnung genau erfolgen kann. Etwas Ähnliches gilt für die Bestimmung der rhythmischen Qualitäten. Dem erfahrenen Graphologen wird das einfache + = Plus- oder — = Minuszeichen unbefriedigend erscheinen. Dem Lernenden aber gibt es die einfachste Möglichkeit, den gemeinten Sachverhalt überhaupt erst richtig zu erfassen. Der feineren Auffassung und Ausdeutung des Rhythmus sind im übrigen nur durch die Nacherlebensfähigkeit des Beurteilers individuelle Grenzen gezogen.

Unter den Schriftproben im beiliegenden Schriftenatlas finden wir außer der laufenden Nummer der Figuren die Angabe des Geschlechts und Alters (M oder W) und die Angabe der Gesamtformhöhe (eingeklammerte Zahl). Weiter finden wir Angaben über die rhythmischen Qualitäten: Ablaufsrhythmus, Formenrhythmus, Verteilungsrhythmus. Das Zeichen + oder — gibt an, ob die betreffende rhythmische Qualität als ausgeprägt oder unausgeprägt gilt. Gelegentlich finden wir an der zweiten Stelle ein T, womit ausgedrückt wird, daß hier der Formenrhythmus zum Takt gewandelt erscheint. Ein eingeklammertes (+) bedeutet gestörten Rhythmus. Endlich finden wir alle wesentlichen Merkmale in Gestalt der Merkmallinie aufgetragen, von der sie mit dem Merkmalsucher leicht abgelesen werden können. Die nähere Anleitung dazu bringt der Schriftenatlas.

In den Tabellen erscheinen manche Eigenschaften als Hauptwörter, andere als Beiwörter. Darin spricht sich eine besondere Bewertung aus, auf die wir im XI. Kapitel (Grundbegriffe der Charakterkunde) noch zu sprechen kommen. Hier sei soviel gesagt, daß alle Begabungs- und Richtungseigenschaften (= Interessen) als Hauptwörter, alle anderen Eigenschaften dagegen als Beiwörter erscheinen. Das befriedigt nicht nur das Sprachgefühl, sondern gibt darüber hinaus dem Deuter nützliche charakterkundliche Hinweise und Hilfen. Werden doch dadurch die den Kern der Persönlichkeit am nächsten berührenden Eigenschaften nun schon unmittelbar als Hauptwörter vor den anderen Eigenschaften ausgezeichnet. Überdies wird der Mangel einer Anlage oder Eigenschaft — bis auf wenige Ausnahmen, in denen es ungebräuchlich wäre — nicht als Hauptwort gebracht. Es ist sinnvoller zu sagen: Jener Mensch ist ungeduldig, ungezwungen, unintelligent, als ihm Ungeduld, Ungezwungenheit, Unintelligenz zuzusprechen. Wir hoffen, durch diese kleinen Hilfen dem Lernenden zu einer flüssigeren Darstellungsweise Anreiz zu geben.[40])

A. DIE BEWEGUNGSMERKMALE

Tabelle I. Schriftgröße (vgl. Tafel VI, 10)

Die absolute Größe einer Schrift wird bestimmt nach der mittleren Grundstrichlänge der Kurzbuchstaben (etwa des m und n). Wird das Maß von drei Millimetern wesentlich und beharrlich überschritten, so nennen wir die Schrift groß, im entgegengesetzten Fall — klein.

In der Neigung zu großen Bewegungen kommt (nach Klages) zum Ausdruck, daß wir ein entferntes Ziel anstreben, und daß entsprechend starke innere Antriebe uns dazu drängen (Tatendrang, Begeisterung). Die Kleinheit der Schrift weist demgemäß auf nahe Ziele.[41]) Die Eigenschaften, die zu einer großen Schrift führen, lassen sich nun noch nach der Gefühlsseite und nach der Willensseite hin auswerten, wobei hier, wie in allen folgenden Tabellen auch, die grundsätzliche Doppeldeutigkeit streng durchgeführt erscheint. Dabei ist nach unserem Lehrgang, je nach der Einschätzung der bestimmenden rhythmischen Qualität, die Deutung des Schriftmerkmals einmal auf der lebensstarken, einmal wieder auf der lebensschwachen Seite zu suchen, wie ja auch neben Anlagen der einen Art in jedem lebendigen Charakter immer Anlagen der anderen Art zu finden sind.

Die Schriftgröße ist je nach Stimmung, Inhalt des Geschriebenen und äußeren Schreibumständen starken Schwankungen unterworfen. Gelingt es nicht, mit einiger Sicherheit die h a b i t u e l l e G r ö ß e festzustellen, so ist dieses erste Allgemeinmerkmal mit Vorsicht auszuwerten.

Von der Größe der Schrift werden wir die S c h r i f t h ö h e unterscheiden lernen (Tabelle XIII) und ebenso erfordert die Größe der Anfangszüge besondere Betrachtung (Tabelle XVIII).

Tabelle II. Schreibeile

Die absolute Schreib g e s c h w i n d i g k e i t kann aus der Schrift nicht sicher erkannt, sondern nur erschlossen werden, indem man den Ausdruck der Schreib e i l e zu erkennen sucht. Als Kennzeichen der eiligen bzw. der nicht eiligen Schrift[42]) sind zu nennen:

Merkmale der eiligen Schrift:	Merkmale der nicht eiligen Schrift:
1. Zügige Strichführung.	Unzügige Strichführung.
2. Wachsende Langlängenschrägheit.	Gleichbleibende Langlängenschrägheit.
3. Kürzung des Schreibweges.	Keine Wegekürzung.
4. Strichförmige Oberzeichen.	Vorschriftsmäßige Oberzeichen.
5. Richtungsungenaue Oberzeichen.	Richtungsgenaue Oberzeichen.
6. Eher kurvige Schrift.	Eher winklige Schrift.
7. Oft Eilefaden.	Kein Eilefaden.
8. Mehr Verbindungen.	Mehr Unterbrechungen.
9. Eher Weite.	Eher Enge.
10. Zurückkippende Kurzlängen am Wortende.[43])	

Es kann zwar eine Schrift durchaus eilig wirken, ohne besonders schnell entstanden zu sein, oder sie kann nicht eilig wirken, obwohl sehr schnell entstanden. In der Regel gehen jedoch die Merkmale eilig und schnell oder nicht eilig und langsam zusammen.

Genau genommen müßten wir die schnelle oder langsame Schrift dem Bewegungsausdruck nach deuten, die eilige oder nicht eilige aber leitbildlich. Da aber die Geschwindigkeit mit der Eile fast immer gleichzeitig auftritt, erscheint die Schreibeile nur unter den Bewegungsmerkmalen, für die sie mit das wichtigste Merkmal darstellt.

Der Sinn der Eile ist darin zu sehen, daß der Gedanke an den zu erreichenden Zweck den Schreiber mehr beherrscht als die Vorstellung der Hindernisse. Die innere Zweckgerichtetheit erscheint in der Eile, somit der Zustand eines strebenden Fortschreitens oder der Aktivität. Wir unterscheiden dabei die wegekürzende Rechtstendenz und die Raschheit des Striches. Die wegekürzende Rechtstendenz weist uns auf das bewußte oder unbewußte Streben nach einem Ziel. Sie ist also vorwiegend auf Willenseigenschaften zu deuten.

Die Raschheit des Striches (Zügigkeit) weist auf leichte innere Ansprechbarkeit, die sowohl auf den Verstand als auch auf den Willen oder das Gefühl bezogen werden kann.

Verbindet sich in einer Schrift mit raschem Strich auch die wegekürzende Rechtstendenz, so schließen wir auf echte Willenserregbarkeit, in der Klages das Schlüsselmerkmal des sogenannten Temperaments nachgewiesen hat.[44])

Tabelle III. Schreibdruck

Der Schreibdruck (als Reibungsdruck) wird vorwiegend ermittelt an dem regelmäßigen Wechsel von Haar- und Grundstrichen. Jedoch stößt das auf erhebliche Schwierigkeiten. So kann eine scharf und „fein" aussehende Schrift durchaus mit Druck geschrieben worden sein, aber eben mit einer wenig spreizfähigen, spitzen Feder. Umgekehrt kann eine Schrift mit deutlichen Strichbreitenunterschieden durchaus ohne Druck entstanden sein, nämlich ebenfalls infolge einer diesesmal besonders nachgiebigen, vielleicht auch noch breiten Feder.

Hier kann nur die Erfahrung und ständige Übung mehr und mehr Sicherheit geben. Hingegen ist der Druck oft in den Querstrichen deutlich erkennbar (t-Striche, Überstreichungen u. a.) insbesondere dann, wenn er sonst in einer anderen „Richtung" lag, also nicht durch die Federbreite und Federhaltung allein zu erklären wäre. Vor allem weisen aber alle keulenförmigen Züge, Verdickungen usw. mit Sicherheit auf Schreibdruck. In manchen Fällen lassen sich unter der Lupe die sogenannten Schriftrinnen feststellen, das sind die Federfurchen, die von den beiden Spitzen der Feder ins Papier geschnitten werden. Darin erscheint der Druck unmittelbar! Bei anderen Schreibwerkzeugen (Bleistift, Griffel, Tintenkuli, Glasfeder, Kugelfüllhalter u. a.) wird die

Druckermittlung wieder sehr schwierig; manchmal sind die Eindrücke auf der anderen Seite des beschriebenen Blattes noch zu erkennen.

Wieder anders sind die Schwierigkeiten bei den üblichen Füllhaltern; der Tintenfluß dieser meist sehr weichen Federn hat etwas sehr Gleichmäßiges, vom Schreibdruck Unabhängigeres als bei den Stahlfedern. Auch hier kann nur die Erfahrung helfen.

Endlich muß noch angemerkt werden, daß jeder Mensch oft genug genötigt ist, mit einem Schreibwerkzeug zu schreiben, das ihm gar nicht liegt. Wie erheblich sich dadurch der allgemeine Eindruck und insbesondere die „Druckstärke" (bzw. Teigigkeit oder Farbigkeit) ändern kann, wird jeder aus eigener Erfahrung kennen.

Alle diese Umstände machen eine absolut sichere Druckermittlung fast unmöglich. Auch der Strichbreitenunterschied sagt über den absoluten Druck nicht immer etwas aus, denn es gibt Personen, die auch den Haarstrich druckbetont ausführen.[45])

In der Druckstärke erscheint die Kraft der Vitalität. Pophal hat außer dem Reibungsdruck auch auf die Bedeutung des Griffdrucks hingewiesen, und Klages hat darin den Formungswillen erkannt und in einer Tabelle auseinandergefaltet.

Es besteht eine grundsätzliche Entstehungsgegensätzlichkeit von Griffdruck und Reibungsdruck, derart, daß mit starkem Griffdruck schwacher Reibungsdruck und umgekehrt auftritt. Aber das schließt nicht aus, daß beide auch häufig zusammen auftreten und daß insbesondere absichtlich gesteigerter Griffdruck begleitet zu werden pflegt von unabsichtlich gesteigertem Reibungsdruck, wovon man sich durch einen eigenen Versuch jederzeit leicht überzeugen kann. Aus schwachem Griffdruck kann man keine Folgerungen auf den Grad des zugehörigen Reibungsdruckes ziehen, aus starkem Griffdruck jedoch in der Regel die Zusammengehörigkeit mit schwachem Reibungsdruck folgern. Da aus der Schrift zwar häufig der Reibungsdruck, aber nur in Ausnahmefällen der Griffdruck sicher zu ermitteln ist, handelt es sich hier um eine „Besonderheit". (cf. Tab. XXIV.)

Klages weist darauf hin, daß moderne Handschriften zumeist viel Griffdruck haben, daß lockere Haltung der Feder heute selten ist, daß sie aber natürlich auch heute im Übermaß auftreten *kann*, als sogenannte „schlampige" Federführung, aus der wir Mangel an Halt, Mangel an Ordnung ableiten müssen.

Durch Wahl einer Breitkantfeder entsteht eine Schrift, die unechten Druck vortäuscht.[46])

Wir bezeichnen eine solche Schrift als farbig (Tabelle XI — Strichart). Sie wird leitbildlich gedeutet; außerdem werden wir noch die bewegungsmäßig zu deutende Strichbildung (Tabelle V) zu behandeln haben.

Tabelle IV. **Schriftweite** (Tafel V, 8)

Eine Schrift ist weit, wenn die Buchstabenabstände weiter erscheinen, als dies nach der Breite der Buchstaben selbst zu erwarten wäre. Eine Schrift ist eng, wenn die Buchstaben näher aneinandergerückt sind, als das nach ihrer Breite „richtig" (d. h. also vorlagegemäß) erscheint.

Als Ausgangswert wird in der Regel das „n" angegeben, bei dem die Grundstrichlänge etwa gleich der Basisbreite sein soll. Wir weichen davon hier grundsätzlich ab, indem wir dieses Verhältnis unter der Schriftbreite kennenlernen werden. Jedoch gilt nach der Schreibvorlage auch etwa die Grundstrichlänge als das Maß für den „normalen" Buchstabenabstand.

In der Schriftweite erscheint der persönliche Eifer (oder Mangel an Selbstbeherrschung). Die Richtung nach rechts ist auch raumsymbolisch die Richtung zur Zukunft.

Tabelle V. Strichbildung

Die Strichbreite ist nicht lediglich ein Resultat verschiedener Druckstärke, sondern eine Schrift mit breiten, farbigen Strichführungen geht häufig auf flache Federhaltung zurück, die ein leichteres Abfließen der Tinte und ein Verfließen der Schleifen oder auch der Auf- und Abstriche zur Folge hat. Wir nennen eine solche Schrift teigig. Benutzt der Schreibende aber eine Spitzfeder und hält diese ähnlich unter einem sehr flachen Winkel zur Schreibfläche, so entsteht zwar eine „zarte" Schrift ohne deutliche Unterschiede zwischen Haar- und Grundstrichen, die aber doch auch als teigig bezeichnet werden muß. Jede Schrift dagegen mit sauberen Schleifen und Feinheiten der Buchstabenform sowie deutlichen Unterschieden zwischen Haar- und Grundstrichen heißt scharf. Zur Ausführung scharfer Schrift gehört Willensanspannung, während die teigige Schrift wie über das Papier gewischt erscheint, worin wir den Ausdruck allgemeiner Zwanglosigkeit sehen müssen.

Von der Strichbildung muß die Strichart (farbig, blaß) unterschieden werden, die eine leitbildliche Deutung verlangt und nicht auf die Flachhaltung der Feder, sondern vor allem auf die Federwahl zurückgeht (Tabelle XI). Es ist wichtig, darauf hinzuweisen, daß Schärfe oder Teigigkeit sowohl mit farbig als auch mit blaß kombiniert auftreten können.[47])

Wir stehen vor einer besonderen Schwierigkeit hinsichtlich der klaren Unterscheidung von Druck und Teigigkeit. Oft genug täuscht Teigigkeit zugleich Druckstärke vor und umgekehrt. Selbstverständlich kommt Druckstärke ebenso mit Teigigkeit wie mit Schärfe zusammen vor, wie Druckschwäche auch zugleich Teigigkeit oder Schärfe zuläßt. Gelingt es aber, aus dem Schriftbild zu erkennen, daß die Schrift mit sehr flacher Federhaltung zustandekam, finden sich zusammengeflossene Schleifen, „fleckige" Druckstellen, Verklecksungen auch geringen Grades, finden sich jene bereits anmerkungsweise erwähnten „ausgefransten Rechtsränder", oder erscheint die Strichbeschaffenheit weichlich, „gewischt", so darf wohl mit Sicherheit auf Teigigkeit geschlossen werden.

Die „ausgefransten Rechtsränder" der Druckstriche entstehen dadurch, daß bei Flachhaltung der Feder der an ihr haftende Tintentropfen mit seiner „rechten" Seite über das Papier „wischt" und eine ungleichmäßige Spur zurückläßt, während der linke Strichrand durch die Federspitze scharf begrenzt wird.

Daß nicht jede Schärfe nun aber schon Druckstärke bedeutet, sondern ebensogut durch Wahl einer harten Feder erklärt werden kann, muß nach dem Voranstehenden klar geworden sein.

Die durch die Federwahl entstehende Farbigkeit des Striches behandeln wir gesondert (Tabelle XI).

In der Strichbildung erscheint die Selbstdisziplin (oder Triebhaftigkeit).

Tabelle VI. Verbundenheitsgrad

Eine Schrift gilt als stark verbunden, wenn im Durchschnitt mehr als fünf Buchstaben in einem Zuge geschrieben werden, als mittelverbunden, wenn drei bis fünf, als unverbunden, wenn weniger als drei Buchstaben in einem Zuge geschrieben werden. Beim Zählen der Lücken zwecks Feststellung der unverbundenen Buchstaben dürfen solche Lükken nicht gezählt werden, bei denen eine Verbindung schwierig ist, z. B. zwischen D, F, P, S, T und W und dem nachfolgenden Buchstaben. Dagegen wird es als besondere Unverbundenheit gewertet, wenn die Wörter zerstückelt werden, und wenn Schriftunterbrechungen in sehr kurzen Wörtern (wie „ich" oder „in") auftreten, und zwar auch dann, wenn dies zur Anbringung der Oberzeichen geschieht. Die stilisierte Unverbundenheit ist nicht als solche zu werten.

Die Verbundenheit wächst mit der Eile, verliert dann aber von ihrem Ausdruckswert. Auf diese Einschränkung ist genau zu achten; schnell hingeworfene Notizen, Nachschriften dürfen uns durch ihre große Verbundenheit nicht täuschen: es handelt sich u. U. nur um ein Begleitmerkmal der Eile.

In der Verbundenheit erscheint die Tätigkeit des geistigen Beziehens. Wir unterscheiden sie von der leitbildlich zu deutenden Verknüpfung (Tabelle VIII).

Tabelle VII. Strichführung[49])

Unter der Strichführung verstehen wir den besonderen Bewegungscharakter, der bereits in den einzelnen Zügen erscheint. Über den Ausdrucksgehalt von Bogen und Gerade erfuhren wir alles Wesentliche schon bei Behandlung des „zweiten verstärkenden Merkmals" (S. 35). Die gerade Linie erkannten wir als den Ausdruck der zielenden und treffenden, die gebogene als den Ausdruck einer umfassenden Seelenbewegung. Der Ablaufsrhythmus ist hier besonders wirksam, entziehen sich doch die Besonderheiten der Strichführung in den meisten Fällen fast völlig der bewußten Kontrolle, werden also kaum noch von bewußten Darstellungswünschen beeinflußt.

Wir unterscheiden nun bei gutem Ablaufsrhythmus die schwingende (zugleich meist mehr bogige) Strichführung von der schlaffen (ebenfalls bogigen), die nur bei fehlendem Ablaufsrhythmus erscheint; oder aber die elastisch federnde (zugleich mehr geradlinige) Strichführung, die wieder nur bei gutem Ablaufsrhythmus auftritt und die starre (ebenfalls geradlinige), die nur bei fehlendem Ablaufsrhythmus auftritt. Außerdem kann jeweils noch zwischen glatter oder gestörter Strichführung unterschieden werden.

Wir können also eine Schrift als mit glätter Strichführung und dazu schwingend oder federnd bestimmen, wir können sie auch als gestört in der Strichführung und dazu schwingend oder federnd bestimmen. Wir können aber ebensogut nur von schwingend oder federnd, oder auch einfach nur von glatt oder gestört sprechen.

Nur schwingend oder federnd nennen wir eine Strichführung dann. wenn dieser Eindruck überwiegt. In der schwingenden Strichführung, die zugleich mehr bogig sein wird, erscheint jene rhythmische Auf- und Abbewegung wieder, die der Schreibende bei der Niederschrift ausführte. Es dürfen keine rhythmischen Störungen erheblicheren Ausmaßes vorliegen. In der federnden Strichführung erkennen wir das elastische Abspringen der Feder an den Umkehrpunkten der meist geradlinigen Buchstabenteile wieder, es darf hier keine Starrheit vorliegen.

Läßt sich weder „schwingend" noch „federnd" auf die Strichführung anwenden, so ist zwischen „glatt" oder „gestört" zu wählen; vorausgesetzt ist dabei, daß der Ablaufsrhythmus übermittel ist.

Ist nun aber der Ablaufsrhythmus untermittel, so kann die Strichführung nur als schlaff oder starr gekennzeichnet werden, oder wieder einfach als glatt oder gestört. Schlaff ist sie dann, wenn die Einzelbewegung deutlich ein Mattwerden, ein Absinken, ein Erlahmen zeigt, starr dann, wenn der Einzelstrich nicht mehr als federnd sondern nur noch als krampfhaft, gezwungen, erstarrt gesehen werden kann. Trifft weder die Kennzeichnung schlaff oder starr zu, so haben wir noch zwischen glatt oder gestört die Wahl.

Wir ordnen alle unsere Schriftbeispiele nun nach ihrer Strichführung ein und bieten damit ein ausreichendes Anschauungsmaterial, um diesen wichtigen Tatbestand sicher aufzufassen.

Schwingende Strichführung: 9, 10, 14, 23, 30, 35, 41, 44, 45.
Federnde Strichführung: 1, 16, 17, 27, 38, 39, 40.
Schlaffe Strichführung: 5, 8, 15, 19, 20, 28, 33, 37, 46, 47.
Starre Strichführung: 2, 6, 11, 18, 21, 24, 29, 34, 36, 42.
Glatte Strichführung: 1, 9, 15, 23, 25, 29, 35, 48.
Gestörte Strichführung: 3, 4, 6, 7, 11, 12, 13, 18, 19, 22, 26, 28, 31, 32, 43, 45.

Bei Störung der Strichführung ist nach den störenden Ursachen zu suchen, oft gelangt man dadurch zu einem Schlüsselpunkt für das Verständnis des betreffenden Charakters. Als Störungen sind zu bewerten: Unterbrechungen, Knickungen, rechte Winkel, Doppelwinkel, Wellenlinien, Zitterformen, Höhlungen, Wölbungen, Richtungs- und unrhythmische Druckwechsel. Die Art und der Ort des Auftretens dieser Störungen ergibt oft Hinweise für die durch charakterkundliche Kombination dann auszubauende Erkenntnis hinsichtlich der „störenden" Anlagen.

Das noch wenig geklärte Gebiet des graphischen Ausdrucks physischer und psychischer Krankheiten wird vornehmlich auf dem Studium der Strichführung beruhen. Es hat sich vielfach bestätigt, daß physische Erkrankungen sich mehr in Störungen der Strichführung der Grundstriche (sofern sie zugleich druckbetont sind) zeigen, während geistige Erkrankungen mehr in Störungen der Strichführung der Haarstriche (sofern diese zugleich druckschwach sind) erscheinen.

Diese Störungen sind aber in der Regel sehr fein und nur dem geübten Auge erkennbar. Es gehört zudem viel Erfahrung dazu, hier zwischen unwichtigen Schreibstörungen, die durch Rauheit des Papiers, schlechte Beschaffenheit der Feder oder der Schreibunterlage u. a. entstehen, ohne also charakterliche oder physische Zustände erkennen zu lassen, und wirklich wesentlichen, durch krankhafte Zustände bedingten Störungen zu unterscheiden.

Ferner gilt hier die wichtige Regel, daß vorhandene Störungen zwar immer einen entsprechenden Rückschluß auf den Charakter oder den Gesundheitszustand zulassen, daß aber durchaus auch bei ausgeprägter Krankheit die Störungen f e h l e n können. Diese Einschränkung müssen wir anerkennen, auch wenn wir sie bedauern. Es ist zugleich eine Einschränkung, die ganz allgemein für die Deutungspraxis gilt: vorhandene Besonderheiten lassen zwar jedesmal Rückschlüsse auf die Wesensart zu, jedoch kann man niemals, auch bei genauester Kenntnis einer menschlichen Veranlagung und Wesensart sichere Schlüsse auf das Bild seiner Handschrift ziehen!

Die Strichführung spiegelt in besonderem Maße die Zone des Unbewußten.

B. DIE FORMGEBUNGSMERKMALE

Tabelle VIII. Verknüpfung [50])

Unabhängig vom Verbundenheitsgrad, der einer zählenden Beobachtung zugänglich ist, können wir noch die eindrucksmäßig gewandt verknüpfte Schrift von der ungewandt verknüpften unterscheiden.

In den meisten Fällen wird Verbundenheit und Verknüpfung gleich ausgeprägt sein. Um so bedeutsamer ist es aber, wenn sie nicht miteinander übereinstimmen.

Die „spielende Leichtigkeit", mit der einzelne Schriften zustande gekommen scheinen, die elastische Hin- und Herbewegung, gibt ihnen das Bild besonders gewandter Verknüpfung, während Schriften mit einer „mühsamen Aneinanderheftung" der einzelnen Buchstaben als ungewandt verknüpft bezeichnet werden müssen. Manche starre Winkelformen und Übergangsformen vom Winkel zur Arkade oder Girlande, die gestützte Nebenrichtung und die sogen. Lötschriften machen oft diesen Eindruck. Unter Lötschriften versteht man solche, bei denen der Anstrich des neuen Buchstabens an den Endstrich des vorhergehenden so angefügt ist wie zwei miteinander verlötete Drahtenden.

Schon Klages schreibt unter Bezugnahme auf zwei Schriftbeispiele[51]): „Der uns vertraute Unterschied offenbarer (manifester) von verborgenen (latenter) Erscheinungszügen findet gelegentlich Anwendung auch auf den Verbundenheitsgrad. Nach ihrer offenbaren Erscheinung fällt beispielsweise Figur 96 auf die Seite des weitgehend unverbundenen Duktus. Genauere Betrachtung macht jedoch knapp mittleren Verbundenheitsgrad wahrscheinlich . . . ein treffliches Gegenbeispiel bietet Figur 75, deren Kurzbuchstaben weit überwiegend aus e i n z e l n e n Auf- und Abbewegungen bestehen, die nicht ohne Anstrengung aneinander gebunden sind." Nach unserer Bezeichnungsweise handelt es sich bei der Figur 96 um eine unverbundene, aber gewandt verknüpfte Schrift, bei der Figur 75 um eine zwar verbundene, aber doch ungewandt verknüpfte Schrift.

Unter unseren Beispielen wäre zu nennen: unverbunden, aber gegewandt verknüpft Abb. 6, 33, 43; verbunden, aber ungewandt verknüpft Abb. 18, 20, 42, 48.

Nicht die Buchstabenverknüpfung allein ist für die leitbildliche Deutung wichtig, sondern alle Einbindungen von Oberzeichen, zu denen die i-Punkte, die Umlautzeichen, die t-Querstriche u. a. gehören, vereinfachende Buchstabenverknüpfungen sogen. Ligaturen u. ä., aber auch die in dieser Linie aufeinanderweisenden Endzüge und Anfangszüge, also die gewissermaßen in der Luft weitergleitende Linie,[52]) so daß die Federspitze die verlassene Richtung beibehält und in die neue Richtung einmündet, ist ein Zeichen für gewandte Verknüpfung. Oft ist sie deutlich an kleinen Häkchen und Biegungen beim Abheben und Neuansetzen der Linien zu erkennen.

In der Verknüpfung erscheint die mehr schweifende (folgernde) oder die mehr haftende (beobachtende) Geistesart.

Es sei hier ausnahmsweise einmal eine kurze Begründung gebracht.

Jeder Buchstabe stellt so etwas wie einen selbständigen Gedanken dar, ist eine „Leistung an und für sich". Beim Kinde, das schreiben lernt, ist diese „Selbständigkeit" jedes einzelnen Buchstabens sowohl beim Schreibvorgang wie auch nachher am Schriftbild unverkennbar. Je gedrängter, konzentrierter die Gedankenfolge ist, desto dichter, enger schließen sich dann die Buchstaben aneinander, desto gewandter sind sie miteinander verknüpft; je mehr Zeit verstreicht, bis ein Gedanke dem anderen folgt desto ungewandter wird die Verknüpfung. Wir wollen hier daran erinnern, daß wir bereits die Schriftbreite (= breite Buchstaben) von der Schriftweite (= weite Abstände der Buchstaben) unterschieden haben. Schmale Schrift (= schmale Buchstaben) bei weiter Buchstabenverbindung findet sich jedoch nicht nur in den Handschriften solcher Personen, die nicht imstande sind, ihre Gedanken in geordneter Folge auszudrücken. Auch starke ethische Tendenzen, Selbsterziehung und Klarheitsstreben können sich so ausdrücken. Man bezeichnet diese Art von Schriften als solche mit „sekundärer Enge". Das entgegengesetzte Merkmal, also breite (oder normale) Schrift mit sehr enger Buchstabenverbindung („sekundäre Breite"), so daß schon die Leserlichkeit darunter leidet, weist zumeist auf geistige Minderwertigkeit oder nervöse Überreizung.

Tabelle IX. Bindungsformen. Abb. 49

Wir unterscheiden grundsätzlich folgende Bindungsformen: Winkel, Girlande, Arkade, Faden, schulmäßige Bindung, gestützte Nebenrichtung, stilisierte Formen, unausgesprochene Bindung (Doppelbogen) und haben davon ausgehend zahlreiche Misch- und Übergangsformen. Vergleiche hierzu Tafel II, 2 im Schriftenatlas. Auf den sogenannten „Charakter" der Bindungsformen, der für die Identifizierung bedeutsam ist, gehen wir hier nicht näher ein. Tafel. II, 3.

Der W i n k e l (eckiger, spitzer Ansatz des Haarstriches an den Grundstrich) ist bewegungsmäßig als plötzlicher Richtungswechsel anzusehen, der am Umkehrpunkt außerdem eine Bremsung der Bewegung erfordert. In ihm erscheint die Willenskraft und Entschlußfähigkeit. Die G i r l a n d e (bogiger Übergang, unten gerundet, wie beim „u") entsteht durch den allmählichen Richtungswechsel vom abwärtsgehenden Grundstrich zum wiederhinaufführenden Haarstrich. In ihr erscheint die Natürlichkeit und Teilnahmefähigkeit.[53]) Die A r k a d e (oben bogiger Übergang vom aufwärtsgehenden Haarstrich zum Grundstrich) entsteht ebenfalls durch einen allmählichen Richtungswechsel, jedoch spielen bei ihrem Zustandekommen wohl mehr leitbildliche Momente mit.

Pophal weist darauf hin, daß bei der Girlande die Betonung im abwärtsgehenden Zuge liegt und leitet daraus ein Übergewicht der beugenden über die streckenden Muskeln ab. Das nun führt wieder zu bewegungsphysiologischen Folgerungen, die die charakterkundliche Deutung der Girlande befestigen. Seiner ähnlich durchgeführten Deutung der Arkade, die also ein Übergewicht der streckenden Muskeln beweisen würde und die Betonung der nach oben gehenden Bewegung enthält, widerspricht Klages[54]). Er will die Arkade rein leitbildlich gedeutet sehen.

Pophals Untersuchungen der Bindungsformen auf Grund bewegungsphysiologischer Ableitungen bringen Wichtiges und Neues im Hinblick auf die Unterscheidung von betonten oder unbetonten Hin- und Herbewegungen und Einzelbewegungen, aus denen er die verschiedenen Bindungsformen ableitet. Während, nach seiner Ansicht, bei den Hin- und Herbewegungen die Deutung mehr nach dem Ausdrucksgesetz zu erfolgen hat, ist bei den Einzelbewegungen für alle Bindungsformen eine leitbildliche Deutung zulässig.

Der Winkel macht leitbildlich gewertet den Eindruck des Festen, Entschiedenen, Harten — die Girlande den des Fließenden, Weichen, Gleitenden, Verbindenden — die Arkade den des Verdeckenden, Überwölbenden.

Die Deutung der Arkade in lebensschwachen Schriften auf Mangel an Offenheit, Unaufrichtigkeit, mißtrauische Verschlossenheit und oft auch auf Lügenhaftigkeit gehört zu den am besten gesicherten Deutungen.

Es gibt noch eine Reihe von Übergangsformen, so z. B. die sogenannte Winkelarkade, die Winkelgirlande, das arkadenähnliche Zusammenfließen des Aufstrichs mit dem letzten Grundstrich, endlich die der Arkade verwandte gestützte Nebenrichtung (ein Musterbeispiel bietet Abb. 18).

Der D o p p e l b o g e n — nach Pophal Ergebnis einer unbetonten Hin- und Herbewegung — spiegelt in seiner lavierenden Unbestimmtheit die Bindungslosigkeit des gewandten aber unaufrichtigen Menschen. Ebenso erkennen wir an dem „gewundenen" Haarstrich zwischen zwei Grundstrichen bei der gestützten Nebenrichtung fast immer anlagemäßige Unaufrichtigkeit des Schreibers. Eine Ausnahme bilden die Fälle, wo deutliche Stilisierung vorliegt. Die schulmäßige Form bedarf keiner besonderen Erläuterung.

Der F a d e n erscheint einmal als „Eilefaden", d. h. meist in abgeschliffenen, fadenförmig auslaufenden Wortenden. Er hat dann lediglich die Bedeutung eines Begleitmerkmals der Eile. Der echte Faden hingegen (als unbetonte Hin- und Herbewegung) weist uns auf eine Vielseitigkeit und Gewandtheit, aber auch auf schillernde Undurchsichtigkeit des Schreibers.

Die obengenannten Übergangsformen verlangen Kombination der Einzelbedeutungen, der ausgesprochene Doppelwinkel verstärkt die Bedeutung des Winkels.[54a])

In den Bindungsformen erscheint allgemein das Verhältnis der Triebe zur Selbsterhaltung.

Tabelle X. Reichhaltigkeit

Unter der Reichhaltigkeit verstehen wir die Flächigkeit der Schrift (Völle), die wir an der runden Form aller Schleifen und Bogen erkennen, insbesondere an den Schleifen der Großbuchstaben, aber ebenso an denen des l, f, h, b, g, a, o. In der Flächigkeit erscheint die Phantasie, in der Magerkeit der Schrift — die Verstandesstärke. Die Steigerungsformen nennen wir Bereicherung und Vereinfachung, denen als rein negativ zu wertende Merkmale die Verschnörkelung und Vernachlässigung anzufügen sind.

Tabelle XI. Strichart [55])

Unter Strichart verstehen wir den Federstrich selbst, unabhängig von dem aufgewendeten Druck, d. h. also vornehmlich im Hinblick auf die bevorzugte Federwahl. Der uns geläufige Ausruf: „Mit dieser Feder kann ich aber nicht schreiben!", betrifft außer der Härte der Feder (Spreizbarkeit) vor allem ihre Breite, also das dadurch zwangsläufig gegebene Bild größerer oder geringerer Farbigkeit (Blaßheit). Es ist bekannt, daß Menschen, die lieber blaß schreiben, eine breite Feder, die unechten Druck erzeugt, nach allen Richtungen auf die Kante und Seite drehen und wenden, um eine ihnen erträgliche Strichart herauszubekommen.

In der Strichart erscheint das Ausdrucksvermögen und Feingefühl. Als Besonderheit wäre hier vielleicht auch die Tintenfarbe zu beachten, die ja im engsten Sinne des Wortes die „Farbigkeit" ergibt. Es gibt da ausgesprochene Liebhabereien, wobei die Vorliebe zu grüner und violetter Tinte meist weibliche Schreiberinnen verrät, oft auch wohl eine gewisse Selbstgefälligkeit und Selbstbetonung erkennen läßt. Sehr helle, blaue Tinte benutzen erfahrungsgemäß oft sensible, etwas geistige Naturen, während tiefschwarze Tinte dem selbstbewußten und sachlichen Mann gemäß sein mag, der jedes Schriftstück von seiner Hand als Dokument gewertet wissen möchte. Von unseren Proben waren grün Abb. 21 und 36 (W. u. M.), hellblau 3 und 23 (W. u. W.), violett 13 und 43 (M. u. W.), schwarz 6, 12 und 34 (M., M. u. M.).

C. DIE RAUMVERTEILUNGSMERKMALE

Tabelle XII. Schriftlage (Abb. 50a)

Unter der Schriftlage verstehen wir das Verhältnis der Lage der Grundstriche zur Zeilenrichtung. Ein Winkel von 70 bis 90 Grad gilt als normal oder steil, über 90 Grad als übersteil, unter 70 Grad als schräg bzw. als sehr schräg.

Während man diesem Merkmal früher erhebliche Bedeutung zulegte, ja, es sogar durch besondere Winkelmesser (Graphometer) zu bestimmen suchte, wissen wir heute, daß die Schriftlage nicht allein in stärkstem Maße vom Schulunterricht, von Zeit- und Volkscharakter, von der Mode abhängt, sondern auch starken individuellen Schwankungen unterworfen ist. Das beeinträchtigt zwar nicht den Ausdrucksgehalt der Schriftlage, wohl aber ihren Wert für die Kennzeichnung eines Charakters, es sei denn, daß uns reiches Schriftmaterial aus verschiedener Abfassungszeit und aus verschiedenem Anlaß verfaßt zur Verfügung steht.

In der Schriftlage erscheint die Beherrschungsfähigkeit und Umwelteinstellung.

Tabelle XIII. Schrifthöhe [56])

Unter der Schrifthöhe verstehen wir das Verhältnis der Kurzlängen zu den Mittelbuchstaben in einer an und für sich großen Schrift. Überragen die Oberlängen der Mittelbuchstaben die Kurzlängen nur wenig, so wirkt die Schrift hoch (meist große Schrift mit geringer Längenunterschiedlichkeit). Umgekehrt nennen wir eine Schrift niedrig, wenn die Kurzbuchstaben beträchtlich von den Oberlängen der Mittelbuchstaben überragt werden (= meist kleine Schrift mit großer Längenunterschiedlichkeit). Über die Unterlängen ist damit noch nichts näheres ausgesagt.

In der Schrifthöhe erscheint das Selbstgefühl. (Vergleiche auch Tabelle I und XVIII.)

Tabelle XIV. Schriftbreite [57])

Unter der Schriftbreite verstehen wir das Verhältnis der Basisbreite etwa des „n" und „u" zur Grundstrichhöhe. Etwas Ähnliches gilt sinngemäß von den anderen Buchstaben. Ist die Basisbreite größer als die Grundstrichhöhe, so wirkt eine Schrift breit und umgekehrt. Insbesondere aber wirkt die Schrift dann breit, wenn außerdem noch der Buchstabenabstand kleiner ist, als man nach der Buchstabenbreite erwarten müßte und sie wirkt besonders schmal, wenn der Buchstabenabstand größer ist, als es die Buchstabenbreite erfordert. Dieses Merkmal war in der Graphologie schon als sekundäre Enge bekannt, man könnte daher auch im ersten Fall die Breite als „sekundäre Weite" bezeichnen (vgl. S. 83). Da wir aber die Verbindung der Buchstaben miteinander nach „weit oder eng" unterscheiden, so haben wir für den wichtigen Tatbestand der Buchstabenbreite die neue Bezeichnung „breit oder schmal" eingeführt. (Abb. 17, 22.)

In der Schriftbreite erscheint das Verhalten zur Außenwelt im Sinne von Betragen und Auftreten. Auf die sogenannte „sekundäre Enge" und „sekundäre Breite" haben wir schon bei Tabelle VIII (S. 54) hingewiesen.

Tabelle XV. Richtungscharakter

Unter dem Richtungscharakter verstehen wir das Verhältnis der Rechts- und Linkskomponente zueinander, also entweder die Bevorzugung der nach rechts oder der nach links führenden Federbewegung. Da die Schrift das Ergebnis einer vorwiegend nach rechts gerichteten Bewegung ist, so kann man nur dann von Rechtsläufigkeit sprechen, wenn diese Rechtsbewegung wesentlich betont erscheint. Das Fortlassen von Zügen eines bestimmten Richtungscharakters kann in der Regel als Merkmal der entgegengesetzten Tendenz gewertet werden.

Es ist aufschlußreich, zwischen leitbildlicher und bewegungsmäßiger Rechts- oder Linksläufigkeit zu unterscheiden. Verlagert sich der „Schwerpunkt" eines Buchstabens, durch Schleifenvergrößerung oder zusätzliche Striche bzw. durch Fortlassungen nach rechts oder links von der gedachten Mittelachse, so haben wir leitbildliche, ohne solche Verlagerung, bei Überbetonung der einen Bewegungsrichtung bewegungsmäßige Rechts- oder Linksläufigkeit vor uns. Verminderte Bewegungsrichtung kann als gegenteilige Bewegungsverstärkung gerechnet werden. Es wird oft beides nebeneinander auftreten, also leitbildliche und bewegungsmäßige Rechts- oder Linksläufigkeit, aber auch bewegungsmäßige Rechtsläufigkeit mit leitbildlicher Linksläufigkeit und vice versa. Die Erfahrung lehrt, daß oft gerade die letzterwähnten „Überschneidungen" auftreten. Sie weisen auf wichtige Inkongruenzen der Veranlagung.

Aber auch die Rechtswendigkeit eines Zuges (= mit dem Uhrzeiger) oder seine Linkswendigkeit (= gegen den Uhrzeiger) sind wichtig und zeigen überaus aufschlußreiche Beziehungen u. a. zur vorherrschenden Bindungsform. So ist die Girlande linkswendig, die Arkade rechtswendig. Es gibt Schriften, die fast nur rechtswendige oder linkswendige Züge haben und andere, die gewaltsame Umformungen zeigen, um einen einheitlichen Richtungssinn durchführen zu können. Endlich gibt es überaus auffällige Mischformen. Auch dieses Gebiet steht noch im Stadium der Erforschung. Leitbildliche und bewegungsmäßige Ausdeutung werden gemeinsam herangezogen werden müssen. In jedem Fall zeigen starke widersprüchliche Richtungssinne, daß im Charakter Spannungen und Widersprüchlichkeiten bestehen.

Wir finden hier besonders Hinweise auf das „Streben und Bewahren". In manchen Büchern wird unter R. L. jeder Federzug verstanden, der im Sinne des Uhrzeigers verläuft, unter L. L. jeder Gegenzug. Insbesondere Ivanovicz-Brotz haben darauf eine detailreiche Tabelle aufgebaut, die alle nur erdenklichen Formen und Kombinationen enthält. Wir bringen das Wesentliche, Gesicherte unter den Besonderheiten. Im Richtungscharakter erscheint besonders das „Nach-außen-" oder „Nach-innen-gekehrt-sein" des Menschen.

Tabelle XVI. Längenunterschiedlichkeit

Die Längenunterschiedlichkeit wird bestimmt nach dem Verhältnis der Langbuchstaben zu den Mittel- und Kurzbuchstaben. Als Durchschnitt gilt für die Lateinschrift heute das Verhältnis 3:2:1, während für die deutsche Schrift 5:3:1 das übliche Verhältnis angibt.

Die Gespanntheit, die sich in großen Längenunterschieden augenfällig ausdrückt, ist ein Zeichen für Strebsamkeit (Streberei).

Tabelle XVII. Längenteilung (Abb. 50a)

Unter der Längenteilung verstehen wir das Verhältnis der Oberlängen zu den Unterlängen.

Im Normalalphabet haben Ober- und Unterlänge die gleiche Ausdehnung, sie können aber in einer Handschrift so auffallend verschiedene Längen haben, daß eine Schrift mit betonten Oberlängen „leicht, schwebend geistig" erscheint, während eine Schrift mit betonten Unterlängen den Eindruck des Schweren, Lastenden, Müden oder Materiellen macht.

Nicht immer trifft die Bezeichnung: Vorherrschen der Oberlängen (bzw. der Unterlängen) genau das Richtige, es gibt Fälle, in denen wir besser von einer Verkümmerung der einen oder anderen sprechen müßten! Darauf ist bei der Deutung genau zu achten.

In der Längenteilung erscheint die Geistigkeit (oder Nüchternheit).

Tabelle XVIII. Anfangszüge; Tabelle XIX. Endzüge

Die Anfangsbuchstaben oder Endbuchstaben können durch besonders auffallende Gestaltung oder durch Unterbetonung gekennzeichnet erscheinen. Wir sehen in der Anfangsbetonung das Verhältnis der Anfangsbuchstaben zum übrigen Wort. Genau in derselben Weise verstehen wir unter Endbetonung das Verhältnis der Endbuchstaben zum übrigen Wort. Während die Anfangsbetonung aus einem Bedürfnis nach persönlicher Geltung stammt, drückt die Endbetonung den persönlichen Durchsetzungswillen aus. Beide Merkmale kommen mit jedem Grad der Längenunterschiedlichkeit vor.

Tabelle XX. Oberzeichen

Das Verhältnis der Höhe der Oberzeichen zur Buchstabengröße, insbesondere ihre leichte oder schwere Ausführung, weist uns auf Begeisterungsvermögen oder Wirklichkeitssinn. Zu den Oberzeichen zählt man auch alle Überstreichungen, t-Querstriche und Umlautzeichen.

D. DIE ORDNUNGSMERKMALE

Die vier letzten Tabellen beziehen sich auf das Gesamtbild der Schrift. Für sie muß die Doppeldeutigkeit nach der Gesamtformhöhe bestimmt werden.

Tabelle XXI. Gliederung [58])

Unter Gliederung verstehen wir das Verhältnis der horizontalen zur vertikalen Komponente auf der beschriebenen Seite.

Wir haben im Verteilungsrhythmus (Ebenmaß) bereits das „optische Gleichgewicht" einer Schriftseite kennengelernt; darunter verstanden wir den unbewußten Antrieb zur harmonischen Schriftverteilung, einen rhythmischen Wechsel ähnlicher Bewegungswellen. Davon nun müssen wir die Gliederung als das Ergebnis bewußter Antriebe unterscheiden.

Die Gliederung erscheint nämlich gerade in den Unterbrechungen des Bewegungsablaufs, es kommen in der nach jedem Wort eingeschalteten Bewegungspause deutliche Selbstbehauptungstendenzen dem immer wechselnden Erleben gegenüber zum Ausdruck.

„In jeder Gliederung zeigt sich das ich-behauptende Bestreben des Schreibers, das Leben mit Hilfe seiner persönlichen Auffassungstätigkeit zu ordnen."[58])

In der Gliederung erscheint also nicht eine Begabungseigenschaft, etwa die Denkbegabung an und für sich, sondern eine Triebfeder, ein gerichtetets Streben, nämlich der „Wille zur Begreiflichkeit der Welt", der Unterscheidungswille.

Das persönliche Leitbild des Schreibers wird in der Gliederung wirksam.

Wenn wir uns bemühen müssen, zuerst das Ganze zu haben, ehe wir die Teile erforschen, so empfiehlt es sich, den von einer Handschrift empfangenen ersten Eindruck möglichst treffend zu charakterisieren.

Diese Arbeit nennen wir Feststellung des Eindruckscharakters. Es darf sich dabei nur um Bewegungs- oder Formbesonderheiten handeln und keinesfalls auch schon um Charaktereigenschaften des Schreibers. Wenn nämlich eine Schrift die Eindruckscharaktere starr, kalt, eckig hat, so ist deswegen der Schreiber nicht selbst starr, kalt und eckig, sondern sehr verschiedene Anlagen können zu dieser Bewegung und Formgebung treiben. So könnte Nüchternheit oder Grundsätzlichkeit — zur Starrheit, Stolz oder Egoismus — zur Kälte, Unduldsamkeit oder Willenshärte — zur Eckigkeit führen.

Auch kann eine Schrift niemals höflich, bescheiden, großmütig oder verlogen wirken, d. h. also Charaktereigenschaften sind niemals unmittelbar auf die Schrift zu übertragen.

Beachtet man dieses auf das Genaueste, so kann man aus der Feststellung der Eindruckscharaktere großen Gewinn für die praktische Deutungsarbeit ziehen.[59])

In der Zeilenrichtung erscheint die allgemeine Stimmungslage des Menschen, im Zeilenabstand — das Verhältnis des Schreibers zum Mitmenschen und zur Umwelt.

Auch Randbehandlung und Anschriftverteilung müssen als Bestandteile der Gliederung bewertet werden, jedoch ist hier noch mehr als bei den obigen Besonderheiten Vorsicht geboten, da Gewöhnung, Erziehung, Standesgewohnheiten, Mode und Zeitcharakter einen starken Einfluß darauf haben. Auch bestehen auffällige Unterschiede in den verschiedenen Ländern. Das gilt insbesondere für die Anschriftsanordnung. Wir übergehen diese daher und führen nur einige Besonderheiten der Randbehandlung an. In ihr erscheint die äußere Umwelteinpassung.

Tabelle XXII. Regelmäßigkeit

In der Regelmäßigkeit des Gesamtbildes erscheint die Willensvorherrschaft. Die Doppeldeutigkeit wird wieder durch die Gesamtformhöhe entschieden. So weist regelmäßige Schrift entweder auf Vorherrschaft des Willens (lebensstark) oder auf Gefühlskälte (lebensschwach); eine unregelmäßige Schrift weist entweder auf Gefühlsstärke (lebensstark) oder auf Willensschwäche (lebensschwach).

Bestimmt wird der Grad der allgemeinen Regelmäßigkeit in erster Linie nach der Schwankungsbreite der Schriftlage, der Grundstrichhöhe, der Weite, der Bindungsform, des Verbundenheitsgrades und des Druckes.

Da der Schreibunterricht auf regelmäßige Schrift abzielt, ist Regelmäßigkeit nur dann ausdruckskundlich bedeutsam, wenn sie die Schreibvorlage deutlich übertrifft.

Tabelle XXIII. Gleichförmigkeit

Es gibt Schriften, in denen uns über die Regelmäßigkeit hinaus eine besondere Gleichförmigkeit der Buchstaben oder Buchstabenteile auffällt. Dafür hat Gerstner eine Tabelle zusammengestellt, die wir nur wenig verändert bringen wollen.[60])

Die bewußten Erwerbungen werden uns hier besonders deutlich, da sie, sofern sie als „unangemessen" n i c h t zum Gesamtduktus passen, zu einer auffallenden Ungleichförmigkeit führen. (Abb. 42.) Sind sie dagegen „angemessene" Erwerbungen, so besteht meist Gleichförmigkeit, der allerdings häufig eine gewisse Künstlichkeit anhaftet. (Abb. 43.)

Jedoch auch unbewußte Gestaltungstendenzen bestimmen den Grad der Gleichförmigkeit. Durch sie wird keine Künstlichkeit hervorgebracht, sondern es bleibt in der Regel Natürlichkeit und Echtheit bestehen. (Abb. 3.)

Stilisierte Schriften zeigen meist hohe Gleichförmigkeit. Sehr wertvolle und an Einzelheiten reiche Ausführungen zum sogenannten Formbild einer Handschrift gibt Heiß. Er unterscheidet: Formfestigkeit, -beweglichkeit, -eigenart, -reichtum, und leitet daraus Schlüsse über Echtheit und Persönlichkeitswert ab, die sehr beachtlich sind.

Wir haben unsere Tabellen durch Einführung der Bezeichnungen. formfest, formbeweglich, formstarr, formlabil, diesen neuen Erkenntnissen angepaßt.

In jedem Schriftbild müssen wir die echten von den maskenhaften Formen, das Gewachsene von dem Dargestellten, zu unterscheiden trachten. Oft werden wir nur so zu den tiefen Konfliktlagen im Persönlichkeitsaufbau geführt. Die Deutung erfolgt leitbildlich.

Die Doppeldeutigkeit wird auch hier durch die Gesamtformhöhe bestimmt.

Tabelle XXIV bringt die Auswertung des Griffdrucks, kann jedoch nur in solchen Fällen angewandt werden, wo dessen extreme Ausprägung nach stark oder schwach erschlossen wurde. (cf. S. 48.)

Klages schreibt (H. u. Ch. 1940): „Die Wichtigkeit des persönlichen Griffdrucks steht schon seit Jahrzehnten fest und schon 1905 hat W. Urban ... einen pneumatischen Schreibstift konstruiert, um die Größe der Pressung zu messen. Dagegen schien der Versuch, sie auf Grund des fertigen Schriftstückes zu veranschlagen, aussichtslos zu sein, und erst Pophals Untersuchungen lassen uns hoffen, daß die Schwierigkeiten doch nicht unüberwindlich sind." Für starken Griffdruck spricht „folgende Merkmalsgruppe: Geringer oder unregelmäßig verteilter Reibungsdruck, mehr kleine Schrift, ungenügende Zusammenordnung (Koordination), zerstückter Duktus oder zum Eilefaden zerstörter, Oberzeichen mit rückläufigen Endzügen; für schwachen Griffdruck (lockere Fassung): durchweg wenigstens mittlere Größe, im allgemeinen gute Koordination, Neigung zu kurvigen oder mindestens weichen Bindungsformen, Oberzeichen ohne rückläufige Endzüge ... Nur verhältnismäßig extreme Fälle lassen sich nach vorstehenden und sonstigen Angaben einigermaßen abschätzen."

Aus diesem Grunde haben wir ihn in den Merkmalsucher nicht aufgenommen.

Die in der letzten Gruppe als Ordnungsmerkmale untersuchten Schrifteigentümlichkeiten lassen sich noch folgendermaßen zu den vorher behandelten Merkmalsklassen in Beziehung setzen: Die Gliederung gehört zu den Raumverteilungsmerkmalen, die Regelmäßigkeit — zu den Bewegungsmerkmalen, die Gleichförmigkeit — zu den Formgebungsmerkmalen.

ÜBERSICHT

A. Bewegungsmerkmale

Tabelle:

I.	Schriftgröße	groß	klein
II.	Schreibeile	eilig	nicht eilig
III.	Schreibdruck	druckstark	druckschwach
IV.	Schriftweite	weit	eng
V.	Strichbildung	teigig	scharf
VI.	Verbundenheitsgrad	verbunden	unverbunden
VII.	Strichführung	schwingend	schlaff
		federnd	starr
		glatt	gestört

B. Formgebungsmerkmale

Tabelle:

VIII.	Verknüpfung	gewandt	ungewandt
IX.	Bindungsform	Girlande	Arkade
		Faden	Winkel
		stilisiert	schulmäßig
X.	Reichhaltigkeit	voll	mager
		bereichert	vereinfacht
		verschnörkelt	vernachlässigt
		Nachbesserungen	
XI.	Strichart	farbig	blaß

C. Raumverteilungsmerkmale

Tabelle:

XII.	Schriftlage	schräg	steil
		überschräg	übersteil
XIII.	Schrifthöhe	hoch	niedrig
XIV.	Schriftbreite	breit	schmal
XV.	Richtungscharakter	rechtsläufig	linksläufig
XVI.	Längenunterschiedlichkeit	LU. groß	LU klein
XVII.	Längenteilung	oberlängenbetont	unterlängenbetont
		verkümmerte UL	verkümmerte OL
XVIII.	Anfangszüge	betont	unterbetont
XIX.	Endzüge	betont	unterbetont
XX.	Oberzeichen	hoch und leicht	tief und schwer
		hoch und verkümmert	tief und verkümmert

D. Ordnungsmerkmale

Tabelle:

XXI.	Gliederung	Wortabstände	
		groß	klein
		Zeilenabstände	
		groß	klein
XXII.	Regelmäßigkeit	regelmäßig	unregelmäßig
XXIII.	Gleichförmigkeit	gleichförmig	ungleichförmig
XXIV.	Griffdruck	stark	schwach

Kurze Gebrauchsanweisung für die Tabellen

1. Die Gesamtformhöhe (= Ursprünglichkeitsgrad, Lebendigkeit, Tiefe, Natürlichkeit) der Schrift. Sie ist maßgebend für den Aufbau des Gutachtens (Darstellung aus dem Vorhandensein von starken Trieb- oder Hemmkräften bzw. aus deren Mangel heraus) und für die Bewertung der Doppeldeutigkeit der Ordnungsmerkmale.
2. Die Regelmäßigkeit. Sie wird im Hinblick auf das Gesamtbild bestimmt und in der Tabelle XXI bewertet, überdies dient sie als „unterstützendes Merkmal", das in jeder Tabelle die Auswahl der Eigenschaften sichert.
3. Die Bogigkeit oder Gradlinigkeit der Schrift (nicht etwa zu verwechseln mit der Bindungs**form**) als der mehr strichartige oder mehr bogige Charakter insbesondere der Langlängen usw. dient als zweites „unterstützendes" Merkmal.
4. Der Ablaufsrhythmus — zu erkennen in der ungestörten Bewegungenfolge, die im nachziehenden Schreiben am besten erfühlt wird. Für alle Rhythmusarten gelten die Zeichen „+" = vorhanden; „minus" = nicht vorhanden oder (+) = gestört.
5. Der Formenrhythmus — zu erkennen in der „Gewachsenheit", Echtheit der Formen. Ebenso abgestuft wie oben, oft leitbildlich zu deuten.
6. Der Verteilungsrhythmus — zu erkennen im optischen Gleichgewicht, wichtigster Bestandteil des Klages'schen Ebenmaßes.
7. Bestimmung des eventuell gestörten Rhythmus und Festlegung, in welchen Tabellen diese Störung zu beachten ist. Dort ist dann abweichend von der übrigen Bewertung die „negative" Tabellenseite zu nehmen. In seltenen Fällen bei im ganzen fehlenden Rhythmus kann für ein Merkmal, das rhythmisch ungestört erscheint, entsprechend auch die positive Seite gelten.
8. Eine Schrift hat gute Gesamtformhöhe, wenn sie wenigstens in **einem** rhythmischen Merkmal gut beurteilt wird.

9. Sie hat geringe Formhöhe, wenn sie wenigstens in e i n e m rhythmischen Merkmal ungünstig beurteilt wird.

10. Sie muß gute Formhöhe haben, wenn sie in allen drei rhythmischen Merkmalen gut beurteilt wird.

11. Sie muß geringe Formhöhe haben, wenn sie in allen drei rhythmischen Merkmalen ungünstig beurteilt wird.

12. Wir bestimmen außerdem den sogenannten Eindruckscharakter der Schrift, der uns beim Gutachtenaufbau und bei der Bestimmung der Stammbegriffe: Empfinden, Auffassen, Wollen, Triebantrieb, Schauen, Gestalten leiten muß.

13. Wir entscheiden über vorherrschende Gespanntheit oder Gelöstheit, wodurch uns die engere Auswahl der Eigenschaften innerhalb der Tabellengruppe ermöglicht wird.

14. Wir überprüfen die Besonderheiten und berücksichtigen grundsätzlich auch die Gegenmerkmale, die zumeist als Störungen erscheinen werden, deren Einbau ins Charakterbild aber versucht werden muß, da die meisten Menschen solche Widersprüche in sich tragen.

Abkürzungen: **M. a.** = Mangel an, R = regelmäßig, U = unregelmäßig, B = Bogen, G = Gerade, E = einheitlich, Un = uneinheitlich.

A. BEWEGUNGSMERKMALE

Mit Ablaufrhythmus — **Ohne Ablaufrhythmus**

I. GRÖSSE (Tatendrang, Begeisterung, Pathos des Willens und des Gefühls)

a) Gefühlsseite

groß (UB)	**klein** (UG)	**groß** (UB)	**klein** (UG)
Begeisterungsvermögen	Wirklichkeitssinn	M. a. Wirklichkeitssinn	M. a. Begeisterungsvermögen
Schwärmerei	gründlich, sachlich	parteilich	Scheinsachlichkeit
Idealismus	besonnen, Beobachtungsgabe	kritiklos	nüchtern
Gefühlstiefe	duldsam	überspannt	trocken
	Feingefühl		streng
Abb. 30. 45	38. 39. 41. 44	20. 32	5. 8. 23. 37

b) Willensseite

(RB)	(RG)	(RB)	(RG)
Tatendrang	Konzentrationsvermögen	M. a. Konzentrationsvermögen	Pedanterie
Freiheitsdrang	Pflichtgefühl	leichtsinnig	Ichsucht
großzügig	Mäßigung	gewissenlos	M. a. Leistungskraft
	Kritikfähigkeit	flüchtig	beschränkt
	philosoph. Geist	unvorsichtig	kleinlich
	Sinn f. engen Wirkungskreis		engherzig
Abb. 1. 2	7. 16. 17. 27. 40	24. 36	3. 6

II. EILE (innere Ansprechbarkeit)

a) Gefühlsseite

vorherrschende Raschheit des Striches

eilig (UG)	**nicht eilig** (UB)	**eilig** (UB)	**nicht eilig** (UG)
lebhaft	beschaulich	aufgeregt	stumpf
beweglich	gleichmütig	verführbar	furchtsam
leichtblütig	gelassen	Haltlosigkeit	unbeweglich
impulsiv	schwerblütig	wankelmütig	befangen
	Gestaltungskraft		
Abb. 9. 12. 30. 38. 45	10	4. 5. 2. 46	7. 15. 18. 29. 42

b) Willensseite (bewußtes und unbewußtes Zielstreben)

vorherrschende Rechtstendenz

(UG)	(UG)	(UB)	(UB)
Tätigkeitsdrang	Konzentrationsvermögen	unbeständig	Willensschwäche
Initiative	besonnen	planlos, wankelmütig	Unentschlossenheit
Kombinationsgabe	ruhig	oberflächlich	untätig
strebsam	bedächtig	ablenkbar	träge
beweglich, rastlos	zuverlässig	unruhig, aufgeregt	
fleißig		hastig	
Abb. 1. 16. 17. 40	2. 26	6. 31	3. 21. 37

Raschheit des Striches **und** Rechtstendenz = echte Willenserregbarkeit

III. DRUCK (Kraft der Vitalität)

a) Gefühlsseite

(„Erleiden von Widerständen")

(UB) **druckstark**	(UB) **druckschwach**	(UG) **druckstark**	(UG) **druckschwach**
Triebstärke	Zartgefühl	reizbar	Triebschwäche
Kampflust, Mut	Feingefühl	hitzig	empfindlich
Gemütstiefe	erregbar	Unverträglichkeit	furchtsam
Güte	Geistigkeit	aggressiv	ermüdbar
Wärme		streitsüchtig	labil
Vitalität		gestörtes seelisches Gleichgewicht	schwankendes Selbstgefühl
leidenschaftlich			
impulsiv			
Sinnlichkeit			
Abb. 25. 30. 43. 44. 46	7. 45	4. 13. 20. 32	5. 19. 22. 29. 33

b) Willensseite (Spannkraft)

(„Hervorrufen und Überwinden von Widerständen")

(RG) **spannungsstark**	(RB) **spannungsschwach**	(RG) **spannungsstark**	(RB) **spannungsschwach**
Willenskraft	Tätigkeitslust	Härte	Willensschwäche
Ernst	beweglich	befangen	M. a. Initiative
Ausdauer	anpassungsfähig	rücksichtslos	M. a. Energie
Energie	leichtblütig	schwerfällig	unbeständig
Aktivität	betriebsam	gehemmt	haltlos
entschlossen	gewandt		ziellos
selbstbeherrscht			geringe Belastbarkeit
fleißig, gewissenhaft			
Abb. 1. 16. 17. 25. 26. 48	14. 35	6. 24. 34	3. 18. 31. 47

IV. WEITE (persönlicher Eifer)

weit (RB)	**eng** (RG)	**weit** (UB)	**eng** (UG)
strebsam	Selbstbeherrschung	M. a. Selbstbeherrschung	M. a. Antrieb
freimütig	Mäßigung	nachlässig	beschränkt
frisch	Haltung	flüchtig	gehemmt
beweglich	Spannung	ungeduldig	unsachlich
eifrig	innere Stoßkraft	unausgeglichen	ängstlich
aufgeschlossen	Fanatismus	beeinflußbar	interesselos
interessiert	zurückhaltend	aufgeregt	Pedanterie
offen	aufmerksam	hemmungslos	Mißgunst
		haltlos	Bosheit
			Mißtrauen
Abb. 9. 25. 27. 31. 43. 45	2. 10. 12. 36. 48	5. 8. 22. 46	24. 34. 36

V. STRICHBILDUNG (Selbstdisziplin)

teigig (UB)	**scharf** (RG)	**teigig** (UB)	**scharf** (RG)
Lebensfreude ansprechbar triebhaft genußfähig sinnlich ungezwungen Abwechslungsliebe Anschauungs-freude	Selbstdisziplin Haltung Entschiedenheit Kritikfähigkeit Scharfsinn anspannbar	M. a. Selbstdisziplin Sichgehenlassen ausschweifend liederlich	M. a. Sinnlichkeit gezwungen asketisch
Abb. 12. 27. 30. 44	40. 43. 48	4. 5. 33. 36. 47	3. 21. 34

VI. VERBUNDENHEITSGRAD (geistig. Beziehungsvermögen)

verbunden (RG)	**unverbunden** (UB)	**verbunden** (RG)	**unverbunden** (UB)
Kombinationsgabe Logik Überlegung prakt. Tüchtigkeit	Gedankenreichtum Entdeckergabe Intuition selbst. Urteil unbeweglich ansprechbar gründlich schlagfertig witzig	Gedankenarmut M. a. Initiative unselbständiges Urteil Initiative	M. a. Logik sprunghaft unüberlegt launenhaft störbar gehemmt asozial
Abb. 12. 16. 17. 23. 38. 44. 45. 48	43	42	6. 13. 15. 33. 34

VII. STRICHFÜHRUNG (Natürlichkeit, Unbewußtes)

schwingend (RB)	**federnd** (RG)	**schlaff** (UB)	**starr** (UG)
natürlich sorglos beweglich gewandt entgegenkommend	Energie Zielstrebigkeit Klarheitsstreben Hemmbarkeit beherrscht	Willensschwäche beeinflußbar bequem ziellos	Jähzorn unduldsam zwiespältig Härte nüchtern
Abb. 9. 10. 14. 24. 30. 35. 41. 44. 45	1. 16. 17. 27. 38 39. 40	5. 8. 15. 19. 20. 28. 33. 37. 46. 47	2. 6. 11. 18. 21. 24. 29. 34. 36. 42
glatt	**gestört**	**glatt**	**gestört**
gesund normal vital lebensstark leistungsfähig widerstandsstark	Geistigkeit feinnervig nervös sensibel problematisch unsicheres Streben	M. a. Intelligenz träge stumpf primitiv	schwach ermüdbar reizbar schreibungeübt krank
Abb. 1. 9. 23. 25. 35. 48	3. 7. 12. 26. 43. 45	15. 29	4. 6. 11. 13. 18. 22. 28. 31. 32

B. FORMGEBUNGSMERKMALE

VIII. VERKNÜPFUNG (schweifender oder haftender Geist)

gewandt (Un. B)	**ungewandt** (EG)	**gewandt** (Un. B)	**ungewandt** (EG)
Abstraktionsverm. Logik Fleiß geschmeidig gewandt im Umgang syst. Denken unanschaul. Denken	Beobachtungsgabe Tatsachensinn Sammeltrieb anschauliches Denken Eindrucksgedächtnis	Gedankenflüchtigkeit Tatsachenblindheit M. a. Beobachtungsgabe gesellig ohne Tiefe unachtsam	Geiz verbohrt anpassungsunfähig ungebildet
Abb. 1. 11. 12. 17. 28. 31. 33. 38. 39. 43. 44. 45.	13. 14. 34	6. 11	4. 8. 15. 20. 29. 47

IX. BINDUNGSFORM (Verhältnis der Triebe zur Selbsterhaltung)

Girlande (EB)	**Arkade** (EG)	**Girlande** (Un. B)	**Arkade** (Un. G)
Wohlwollen Güte Ehrfürchtigkeit Mitgefühl offen versöhnlich weich, sensibel hingabefähig nachgiebig natürlich, sorglos	Vorsicht Distanz Selbstkontrolle besonnen verschlossen vornehm zurückhaltend	M. a. Initiative M. a. Halt unselbständig lässig fügsam ablenkbar beeinflußbar bequem. nachgiebig Sichgehenlassen	M. a. Offenheit Äußerlichkeit förmlich unaufrichtig lügenhaft verschlagen
Abb. 3. 12. 16. 23. 31. 23. 45. 46	14. 28. 34. 39	9. 11. 15	4. 22. 26. 29. 47

Faden	**Winkel**	**Faden**	**Winkel**
vielfältig Einfühlungsgaben produktiv „Talent" vielseitige Interessen anpassungsfähig gewandt diplomatisch undurchdringlich	Widerstandskraft Festigkeit Standhaftigkeit Entschiedenheit Tatkraft unbeirrbar sicher hemmbar nüchtern	Unbestimmtheit Unechtheit Verstellungsgabe charakterlos ermüdbar lustlos haltlos labil hemmungslos	Härte Kälte Betriebsamkeit M. a. Anpassungswillen unnachsichtig nüchtern teilnahmslos, unzugänglich reizbar jähzornig, zwiespältig
Abb. 19. 31. 37. 38	1. 2. 10. 16. 17. 44	5. 8	4. 26. 48

stilisierte Form	**schulmäß. Form**	**gestützte Nebenrichtung u. a.**	**schulmäß. Form**
Abstandsgefühl Selbstüberwindung Kühle förmlich	Pflichtgefühl Anpassungsgabe Unfertigkeit	scheinheilig Selbstbetrug Unechtheit uneingestandene Sinnlichkeit gezwungen zwiespältig	Verstellung Heuchelei Enge d. Horizonts Unreife schablonenhaft unaufrichtig „Hysterie"
Abb. 3	18		4. 2

X. REICHHALTIGKEIT (Phantasie)

voll (EB)	**mager** (EG)	**voll** (Un. B)	**mager** (Un. G)
Phantasie Einbildungskraft Vorstellungsgabe	Verstandesstärke Scharfsinn Kritik theoret. Denkbegabung geistige Klarheit	Verstandesschwäche verworren M. a. Kritik	M. a. Phantasie nüchtern Saftlosigkeit trocken
Abb. 1. 13. 32. 45. 46	2. 10. 16. 37. 38	15	5. 7. 21. 47. 48
bereichert	**vereinfacht gestaltend**	**bereichert**	**vereinfacht gestaltend**
Formensinn Schönheitssinn Bildnertrieb Darstellungsverm. Wertlegen auf Äußeres künstl. Phantasie	Zweckmäßigkeitssinn Geschmack Ordnungssinn Selbstdisziplin arbeitsgewandt **logisch:** Scharfsinn Abstraktionsgabe rasche Auffassung urteilsbestimmt	Übertriebenheit Größenideen Übersichhinauswollen Pedanterie M. a. Geschmack umständlich weitschweifig	Nützlichkeitssinn M. a. Formgefühl Schablonenhaftigkeit Vernachlässigung des Äußeren **logisch:** flüchtig sorglos ungenau
Abb. 13. 45	2. 10. 16 17. 33 39. 41	42. 47	5. 9. 22. 27
		verschnörkelt	**vernachlässigt**
		Gefallsucht eitel wichtigtuerisch selbstgefällig anspruchsvoll habsüchtig	ungenau verschlagen versteckt unzuverlässig liederlich unpünktlich
Abb.		11. 12	28. 46
Nachbesserungen		**Nachbesserungen**	
Selbstkontrolle Selbsterziehung		M. a. Konzentration M. a. Gedächtnis ablenkbar	
Abb. 84		4	

XI. STRICHART (Anschauungskraft, Feingefühl)

farbig (EB)	**blaß** (EB)	**farbig** (Un. B)	**blaß** (Un. G)
Anschauungskraft Farbensinn ursprünglich	Geistigkeit Sensibilität empfindsam	M. a. Geistigkeit Vorspiegelung von Kraft, erregbar derb unfein	M. a. Anschauungskraft Gedankenblässe Unruhe
Abb. 12. 30. 32. 44 46	19. 43	24. 25. 36. 42	7

C. RAUMVERTEILUNGSMERKMALE

Mit Verteilungsrhythmus — **Ohne Verteilungsrhythmus**

XII. LAGE (Umwelteinstellung)

schräg (UB)	**steil** (RG)	**schräg** (UB)	**steil** (RG)
triebhaft leidenschaftlich Hingebungsvermögen ansprechbar nach außen gekehrt entzündbar anpassungsfähig gesellig, gewandt gelehrig	vernünftig Disziplin verhalten Selbstkontrolle nach innen gekehrt selbstsicher unterdrückte Leidenschaft	M. a. Selbständigkeit unbesonnen maßlos zügellos äußerlich flach Unruhe, Hast mußelos	Kälte M. a. Ansprechbarkeit ungesellig bewußt fanatisch erstarrt unzugänglich herzlos
Abb. 6. 17. 43	10. 33	35. 45	2. 8. 19. 29. 48
überschräg	**übersteil**	**überschräg**	**übersteil**
seel. Beweglichkeit Begeisterungsfähigkeit Schwärmerei	Selbstüberwindung Selbstverleugnung Gespanntheit Oppositionslust „Absperrung" Pubertätsschrift tiefe, schwer beherrschte Leidenschaftlichkeit	labil haltlos charakterlos	Hochmut Selbstüberhebung Selbstunsicherheit der Entwicklungsjahre unecht gezwungen unnahbar unzugänglich
Abb. 9	46		18. 24. 42

XIII. HÖHE (Selbstgefühl)

hoch (RG)	**niedrig** (RB)	**hoch** (UG)	**niedrig** (UB)
Stolz Selbstbewußtsein ernst vornehm sicher	Ehrfürchtigkeit Demut Selbstbeschränkung bescheiden anspruchslos verträglich Selbstkritik sachlich genügsam	Größenwahn Dünkel Hochmut anmaßend eingebildet	Minderwert.-Gefühle Kleingläubigkeit Selbstzweifel Selbstquälerei ängstlich unsicher Psychopath
Abb. 20	27	2. 15. 24	6. 37. 38

XIV. BREITE (Betragen, Auftreten)

breit (UB)	**schmal** (UG)	**breit** (RB)	**schmal** (RG)
Durchsetzungsdrang	Mäßigung	Ruhmsucht	Lebensangst
Phantasie	empf. Ehrgefühl	großspurig	Pedanterie
aufgeschlossen	vorsichtig	eitel	Vorurteile
zwanglos	bescheiden	arrogant	scheu
freimütig	ethische Tendenzen		schüchtern
lernwillig	selbstbeherrscht		ängstlich
Abb. 20. 27. 46	17. 22. 39	29. 32	12

XV. RICHTUNGSCHARAKTER (Streben und Bewahren)

a) Schenktrieb; b) Aneignungstrieb; c) nach außen; d) nach innen gekehrt
a—d leitbildlich; b—c bewegungsmäßig

rechtsläufig (a) (RB)	**linksläufig** (b) (RG)	**rechtsläufig** (a) (UB)	**linksläufig** (b) (UG)
Wohlwollen	Tatkraft	Willensschwäche	Egoismus
Güte	Erwerbssinn	unentschieden	selbstsüchtig
Mitgefühl	selbständig	unselbständig	neidisch
uneigennützig	entschieden	beeinflußbar	boshaft
anpassungsfähig			unwahrhaftig
			habsüchtig
Abb. 9. 10. 22	30	14. 23. 45	6
(RG) (c)	(RB) (d)	(UG) (c)	(UB) (d)
Tätigkeitsdrang	Beschaulichkeit	M. a. Beschaulichkeit	empfindlich
gewandt	Innerlichkeit	mußelos	sentimental
unternehmend	gesammelt	eilfertig	eigenbezüglich
	phlegmatisch	ruhelos	streberhaft
		„manisch“	
Abb. 40	8. 11. 43. 44	41	13. 15. 42

XVI. LÄNGENUNTERSCHIEDLICHKEIT (Strebsamkeit)

LU groß (UG)	**LU klein** (RB)	**LU groß** (UG)	**LU klein** (RB)
S. Gef. groß *)	S. Gef. groß	S. Gef. klein	S. Gef. klein
S. sch. groß *)	S. sch. klein	S. sch. groß	S. sch. klein
strebsam	Zufriedenheit	pers. Ehrgeiz	Gleichgültigkeit
unternehmend	Sachinteresse	Mißverhältnis zw. Wollen und Können	teilnahmlos
Ehrgeiz	Insichruhen	unzufrieden	phlegmatisch
	bescheiden	zerfahren	
	anspruchslos		
Abb. 27. 31. 43	20. 46	2. 6. 36. 37. 38. 45	32. 41

*) S. Gef. = Selbstgefühl
S. sch. = Selbstschätzungsbedürfnis

XVII. LÄNGENTEILUNG (Geistigkeit)

O — betont (UG)	**U — betont** (RB)	**O — betont** (UG)	**U — betont** (RB)
Begeisterungsverm. Idealismus „Du-Bezogenheit" „Leichtigkeit des Geistes" geistige Neigungen abstraktes Denken	Gemütswärme Wirklichkeitssinn Realismus, große Fülle u. Wärme des Trieblebens „Ich-Bezogenheit" „Schwere des Geistes" prakt. Neigungen konkretes Denken schwerblütig gewissenhaft	oberflächlich überspannt wurzellos unsachlich flüchtig Gedanklichkeit	M. a. Denkgewandtheit nüchtern materiell pedantisch schwerfällig unbeweglich kränkbar
Abb. 39. 40. 41	16. 26	18	2. 13. 15. 28. 34. 47
		verkümmerte UL	**verkümmerte OL**
		M. a. Energie Triebschwäche Selbstzufriedenheit Überspanntheit ungründlich träge „intellektuell"	M. a. geistig. Aktivität empfindsam kränkbar phlegmatisch
Abb.		41	

XVIII. ANFANGSZÜGE (persönlicher Geltungswille)

betont (RG)	**unterbetont** (RG)	**betont** (UB)	**unterbetont** (UB)
Bedeutungsbedürfnis Ehrgefühl Stolz Selbstbewußtsein Überlegenheit Großmut ernst vornehm	einfach bescheiden autoritätsgläubig selbstlos anspruchslos ehrfürchtig friedfertig	Dünkel, Größenwahn Geltungsbedürfnis eitel gefallsüchtig anmaßend	Selbstunterschätzung furchtsam kleinmütig würdelos
Abb. 1. 17	22. 27	3. 6. 24	28

XIX. ENDZÜGE (persönlicher Durchsetzungswille)

betont (RG)	**unterbetont** (RB)	**betont**	**unterbetont**
Durchsetzungswille selbstbetont pers. Ehrgeiz unbeeinflußbar	„Bildung" Strebsamkeit rasch	rechthaberisch rücksichtslos eigenwillig intellekt. Mystizismus	Matt flüchtig ängstlich
Abb. 10. 39	8	4. 29. 42	31

XX. OBERZEICHEN (Begeisterungsvermögen)

hoch und leicht (UB)	**tief und schwer** (RG)	**hoch und leicht** (UB)	**tief und schwer** (RG)
Begeisterungs-verm. Planlust Phantasie	Beobachtungsgabe Wirklichkeitssinn prakt. Begabung genau	Überspanntheit Schwäche unbeherrscht	Nüchternheit Materialismus
Abb. 1. 7. 9. 30. 46	17. 17. 44	3. 23. 31 41. 45	2. 15. 21
hoch und schwer (RG)	**tief und leicht** (RB)	**hoch und verkümmert** (UB)	**tief u. verkümmert** (UG)
Energie vitalstark kraftvoll strebsam	Zartheit sensibel scheu	empfindsam zaghaft kraftlos treulos flatterhaft	M. a. Genauigkeit unpünktlich unpraktisch
Abb.		47	37
		hoch u. schwer Streberei anspruchsvoll	**tief und leicht** Schwäche gedrückt empfindlich kränkbar

D. ORDNUNGSMERKMALE

Gesamtformhöhe über mittel — **Gesamtformhöhe unter mittel**

XXI. GLIEDERUNG

betonte Gliederung Wortabstände			**unbetonte Gliederung Wortabstände**
groß	**klein**	**groß**	**klein**
Gedankenklarheit Distanz Theoretiker Folgerungskraft Reflexion besinnlich objektiv	Kontaktfähigkeit sicheres und schnelles Erfassen Praktiker gesellig geringe Reflexion	M. a. Kontakt untätig verträumt Vereinsamung denkungewandt langsam innere Leere	gedankenlos oberflächlich undifferenziert unsachlich subjektiv zudringlich taktlos
Abb. 16. 30. 40. 41	2. 35	20. 26	4. 21. 45. 48
Zeilenabstände			**Zeilenabstände**
groß	**klein**	**groß**	**klein**
Distanzgefühl Kontaktfähigkeit begriffl. Denken problem. Natur	Kontaktbedürfnis anschauliches Denken oft Hysterie	Gefahr der Neurose instinktlos	Unklarheit des Urteils distanzlos taktlos rücksichtslos
Abb. 1. 16. 17. 22. 27. 40. 41	2. 30. 41	8. 26	21. 29. 35. 36. 45

XXII. REGELMÄSSIGKEIT DES GESAMTBILDES

(Willensvorherrschaft)

Regelmäßigkeit	**Unregelmäßigkeit**	**Regelmäßigkeit**	**Unregelmäßigkeit**
Willensstärke	Gefühlsstärke	Gefühlskälte	Willensschwäche
Widerstandskraft	leidenschaftlich	nüchtern	unbeständig
Pflichtgefühl	Gemütswärme	schablonenhaft	verführbar
entschieden	seel. Intensität	gleichgültig	unberechenbar
beharrlich	impulsiv	langweilig	ablenkbar
beständig	schwankend	unbeeinflußbar	
Abb. 1. 16. 17. 26. 27. 37. 40	5. 7. 8. 9. 10. 12 22. 30. 38. 39. 41. 43. 44. 46	2. 6. 14. 18. 21. 34. 35. 42. 47. 48	4. 13. 15. 19. 28. 29. 31. 32. 33. 45

XXIII. GLEICHFÖRMIGKEIT (Gesinnungsfestigkeit)

gleichförmig (formfest)	**ungleichförmig** (formbeweglich)	**gleichförmig** (formstarr)	**ungleichförmig** (formlabil)
Gesinnungsstärke	Gewissensfreiheit	Autoritätsabhängigkeit	M. a. Beherrschung
Urteilssicherheit	Angriffslust	Gewissenszwang	Kritiklust
Mut	Verantwortungsgefühl	Angst vor dem was man sagt	Phantasielüge
Zielwille	Künstlernatur	Alltagsnatur	Psychopath
Ausdauer	furchtlos	tatenlos	seel. Labilität
Wachheit des Geistes	beweglich	unlebendig	Zerrissenheit
Selbstdisziplin	lebendig		Gesinnungsschwäche
beherrscht			
ethische Grundsätze			
beharrlich			
unbeirrbar			
Abb. 3. 43	13. 19. 44	28	42

XXIV. GRIFFDRUCK (Formungswille)

stark	**schwach**	**stark**	**schwach**
Formungswille	Zwanglosigkeit	Hochmut	nachlässig
Gestaltungsdrang	unbekümmert	Bewußtheit	faul
Haltung	ungebunden	störbar	bequem
Ethik		verlegen	M. a. Ordnung
Distanz		spröde	
		steif	
		gezwungen	
Abb. 38. 39. 41	9. 19	6. 11. 28. 33	24. 37

X. ÜBERSICHT DER BESONDERHEITEN

Alle Besonderheiten sind vieldeutig. Nur in wenigen Fällen konnte ihre Bedeutung ausdruckskundlich begründet und abgeleitet werden, zumeist sind sie empirisch bestätigt. Aber auch in solchen Fällen liegt bei ihnen, wie bei allen Ausdruckstatsachen, eine prinzipielle Doppeldeutigkeit vor. Wenn diese in den nachfolgenden Deutungen zwar sehr oft aber nicht immer erscheint, so liegt es daran, daß sie noch nicht gefunden oder noch nicht genügend gesichert wurde. Eine Besonderheit darf nur dann ausgewertet werden, wenn dieses mit dem Gesamteindruck und den Tabellenergebnissen übereinstimmt, d. h. einen sinnvollen Beitrag zu den anderen Befunden darstellt. Ein „lexikonartiger Gebrauch" dieser Zusammenstellung, im Sinne von „festen Zeichen", ist nicht möglich.

I. Größe

Abb.	
28, 43, 46	a) wechselnd: Selbstgef.störung durch Umwelteinfl., allgemeine Erregbarkt., auch Biegsamkt., Intelligenz, Lüge, Nervosität.
2, 45	b) Übermaß: Einbildg., Übertreibg., Hysterie.
27, 37, 41	c) sehr klein: Angst v. d. Wirklichkeit u. den Anforderungen des Lebens.
38, 43	d) rasch absinkend: rasches Erlahmen b. lebh. Einsatz, aber auch gewandt, diplomatisch, listig, Bildung.
4, 10, 29	e) ansteigend: hartnäckig, auch taktlos, freimütig, mitteilsam; naiv, leichtgläubig, verständnislos, überspannt.
8, 10, 43	f) verkümmerte Buchstaben: unbesonnen, ungleich, Neurose.

II. Eile.

Abb.	
32, 45	a) wechselnd: unausgeglichen, Strohfeuernatur, innere Lebendigkeit.
4, 9	b) schräger werdende Langlängen: wachsender Eifer, auch Ermüdung und Sichgehenlassen.
79	c) zusammengedrängt und absinkend am Zeilenende: M. a. Übersicht, an Einteilg., Geldverlegenheit, Überstürzg.
29, 43	d) verbreiterter Linksrand: unvorsichtig, Kritikschwäche.
9, 22	e) verengerter Linksrand: Vorsichtig, sparsam.
9, 47	f) O. Z. vorgesetzt und flüchtig: flüchtig.
3	g) O. Z. zurückgesetzt: vorsichtig, unentschlossen.

III. Druck.

Abb.

13 a) wechselnd: Geltungsbedürfnis, unbefriedigt, anspruchsvoll.

4, 43 b) Druck a. Nebenteilen: Eitelkeit, Effekthascherei

21, 28, 32 c) verlagerter Druck: verdrängtes Gefühlsleben, auch praktisch-sachliche Interessen, oft Sinn für Kunstgewerbe.

4, 46 d) spitz zulaufend: Kritikschärfe, Böswilligkeit, auch erlahmende Kraft.

1 e) punktförmiger Druck b. Anfangszügen: Liebe zum Besitz, zum Behagen, Gründlichkeit.

42, 46 f) Schwellzüge: Erregungszustände, oft sinnl. Reizbarkt. u. Genußliebe. Wenn punktförmig innerhalb eines Schreibzuges: unredlich.

4 g) sehr dicke neben sehr dünnen Strichen: Sinnlichkeit.

4, 6 h) plötzliche Druckstellen: sinnl. Erregbarkt.

3 i) regelmäßige Folge v. Druckstellen: Fleiß.

IV. Weite.

5, 28 a) wechselnd: unreif, unzuverlässig, spontane Hemmungen.

27, 46 b) weiter werdende Wortenden: Sichgehenlassen, Inkonsequenz.

22 c) enger werdende Wortenden: Vorsichtig durch Erfahrung.

12 d) eng, schmal, rund: sparsam.

10 e) eng, klein, spitz, steil: Geiz, Selbstsucht.

V. Strichbildung.

4, 42, 45 a) teigige Flecken und Einrollungen: Genußliebe, Egoismus, unaufrichtig.

4, 42, 45 b) dolchartige Zuspitzungen, teigig: Spottlust, Grausamkeit.

4 c) teigige Unterschleifen: Genußsucht, Sinnlichkeit.

27, 30 d) „Oberschleifen": verfeinerte Triebhaftigkeit.

18 e) drucklos, scharf: erregbar, sensibel, sexuelle Reizbarkeit.

3 f) Deckstriche: Materialismus, unwahrhaftig (wenn vereinzelt), anerzogene Lebensform (wenn konstant).

34 Deckstriche bei Arkade: erregbar, M. a. Offenheit.

Abb.	
15, 24, 45	Deckstriche bei Girlande: erregbar, M. a. Härte, gutartig.
4, 6	g) Grundstrich am Wortende dolchartig: schnell absinkende Energie.
10, 44	Wenn zugleich verkürzt: Vorsicht, Kritiklust, Leisetreter, Hemmung durch die Umgebung, oft unwahr.
34, 48, 66 58	h) Grundstrich keulenförmig verdickt: langsam wachsende Energie, auch Brutalität.

VI. Verbundenheitsgrad.

13, 4	a) wechselnd: große geistige Beweglichkeit. auffallender Wechsel: psychopath. Charakter, mahnt zur Vorsicht hins. Zuverlässigkeit und Ehrlichkeit.
	b) stark unverbunden bei Jugendlichen: häufig Unlogik, geringes mathemat. Verständnis, aber dabei häufig zeichnerische Begabung, speziell für menschl. u. tierische Figuren, originelle Gedanken im Aufsatz, Begabung z. Vortrag.
IX b	c) lauter einzelne Buchstaben: Idealismus, Träumerei, impulsiv, aber auch träge.

VII. Strichführung.

4, 19, 28	a) wechselnd; innere Unwahrhaftigkeit.
14, 35, 46	b) wellenförmige horizontale Doppelkurve: oft Humor, Heiterkeit.
11	c) Schwankungen im Grundstrich: seelische Komplik. d. körperl. Ursachen.
20	d) nach rechts umbiegende Langbuchstaben: trotzige Auflehng. gg. fr. Einflüsse.
18	e) nach links umbiegende Langbuchstaben: seelische Schwäche, M. a. Widerstandskraft gg. Erregungszustände.
75	f) Zitterschrift: vorwiegend auf vom Körper wegführenden Zügen: oft pathologisch, geistige Störung; an Grundstrichen: körperliche Störung.
75, 76, 77	g) Zitterschrift auf sämtlichen Zügen: physiologisch, Übermüdung, Kälte, Hunger, körperl. Krankheiten.

Abb.

VIII c — h) *Verdickung u. Unterbrechg. d. Unterl.*: oft Hysterie (meist zugleich noch Faden, grade Zeilen und „ordentlich“).

i) *„hängende“ Schrift* (mit überflüssigen Haltepunkten): oft bei Herzkranken; oft doppelte i-Punkte.

1, 44, 46 — k) *ästethische Doppelkurven*: künstlerischer Sinn.

VIII. Verknüpfung.

8, 47 — a) *sehr wechselnd*: Störungen der Denkfähigkeit, bei entsprechenden Begleitmerkm. ein wichtiges Hilfsindizium der Anlage zum Irresein, auch schillernde Geistigkeit.

13, 43 — b) *breite Störungslücken, abgetrennte Großbuchstaben u. ä.*: Individualismus, bedächtige Überlegung, Distanzbedürfnis.

20, 43 — c) *Zerstückelung einzelner Buchst.*: meist krankhafte Störungen u. äußere Hemmungen (oft Stottern), auch Gefallsucht, unaufrichtig.

42 — d) *Lötschriften*: vorsichtige Berechnung, auch das Bemühen, sich anzupassen und Hemmungen in dieser Hinsicht zu überwinden. Oft unwahr.

45 — e) *verknüpfte Wörter*: eifrig, beharrlich, betriebsam, aber auch unklar, unbekümmert, erregbar, gehetzt, Affekte, manische Psychose, psychopathische Haltlosigkeit. Ausnahmen: engl. und belg. Schriftvorlagen, die solche Wortverknüpfungen vorsehen.

8, 15 — f) *zerstückte Wortkörper*: unlogisch, launisch, oft schamlos und roh.

g) *zerfallende Schrift*: M. a. Intelligenz, Indizium für Schwachsinn.

17, 40, 41 — h) *sehr gewandt*: Bildung, Logik, auch vielseitig und problematisch.

32 — i) *verschiedenartig*: gewandt, Einfälle.

8, 12 — k) *doppelte Schlingen*: unaufrichtig.

15 — l) *Endbuchstabe einzeln*: unentschlossen.

43 — m) *immaterielle Verknüpfung*: Intelligenz, Bildg., Logik, Kombination, Gedächtnis.

12, 45, 64 — n) *ineinandergreifende Buchstabenteile*: unklar, heimlich.

16, 17, 19, 39 — o) *verknüpfte O. Z.*: Denkgeübtheit, Logik, Intelligenz, Bildung, Rechner, Psychologen, Forscher, Sophisten.

Abb.	
17	p) vorverbundene O. Z.: Kombinationsgabe, Scharfsinn, Witz.
17	r) vor- und nachverbundene O. Z.: diplomatische Undurchdringlichkeit.
	s) gut eingebundene O. Z. in unverbundener (unverknüpfter) Schrift: unpraktisch bei geistiger Beweglichkeit (Professorentyp).
43, 45	t) Strichunterbrechungen, die nicht aufeinander hinweisen: Störungen der Denkfähigkeit, oft schlechtes Erinnerungsvermögen.
8, 13, 15	u) aufeinander hinweisende Strichunterbrechungen: gutes Erinnerungsvermögen.
20, 75, 76, 87 IIIa VIIc	v) Strichunterbrechungen und Zerstückelungen der Buchstabenteile: häufig geistige Minderwertigkeit, Kritikschwäche, Kraftlosigkt., schwere seelische Konflikte, auch körperliche Leiden.
42, (A, M)	w) „Strich durchs Leben“: enttäuschte Lebenserwartungen.

IX. Bindungsformen.

28	a) wechselnd: große Lebendigkeit, Gefahr geist. Erkrankung.
38	b) schlaffer Faden: lustlos, ermüdbar.
5, 38	c) Endfaden: psychol. Spürsinn, diplom. Geschick.
5, 38	d) Binnenfaden: Verdacht auf Hysterie.
9, 13	Eilefaden: Eifer, Temperament, Strebsamkeit.
13	e) weicher Winkel: äußerl. Festigkeit, bei tatsächl. Weichheit, nachgiebig.
16, 44	f) Winkel und Girlande: äußere Liebenswürdigkeit, bei innerl. Härte.
24 VIc	g) gestützte Girlande: befangen, weich, warm, Affektverdrängung, auch Unaufrichtigkeit.
15, 24, 30	h) durchgeschleifte Girlande: übertriebene Liebenswürdigkeit aus Berechnung, Gemütsegoismus.
20, 46, VIb	i) tiefdurchhängende, schlaffe Girlande: Widerstandslosigkeit gegen Gefühlseindrücke, Bedrückung, Schwermut.
23	k) gespannte Girlande: Offenheit, Wohlwollen.
3, 79 a, b, c	l) Endgirlande: liebenswürdig, entgegenkommend.
2	m) Arkade und Winkel: Härte, Verschlossenheit.
34	n) Arkade und Girlande: Ungewandtheit, Lebendigkeit.
4	o) Anfangsarkade: Reserviert, förmlich.

Abb.

34 p) gestützte Arkade: Härte, Vorsicht, verschlossen, geringe Hemmungsfähigkeit.

VIII c 7. q) eingekrümmte Schlußarkade: bei unsicherer Ausführung — Verlegenheit, bei sicherer druckstarker Ausführung — Rücksichtslosigkeit, Unaufrichtigkeit, Selbstüberwindung, Scheinheiligkeit.

34 r) durchgeschleifte Arkade: konziliant, lässig.

18 s) gestützte Nebenrichtung: oft Lügenhaftigkeit, auch Betrug, Diebstahl, „Wolf im Schafspelz".

t) unbestimmte Bindungsform: Urteilsschwäche, oft Lüge.

3 u) horizontal gebundene Züge: Beherrschung bei leidenschaftlicher Veranlagung, Gerechtigkeitsgefühl.

33 v) im rechten Winkel sich schneidende Züge: Ernst, Grundsätzlichkeit.

19 33 w) Doppelbogen: Unechtheit, „Liberalismus".

X. Reichhaltigkeit.

6 45 a) wechselnd: kompliziert, unruhige Phantasie, reiche Anlagen.

3 24 b) Kurzlängen voller als Langlängen: seelische Lebendigkeit, warm, herzlich, aber auch Gefühlsübertreibung, einseitig.

43 c) Kurzlängen magerer als Langlängen: geringe seelische Lebendigkeit, sachliche Interessen, aber auch nüchterne Kargheit, unpersönlich, neurotisch.

47 d) spitzwinkelige Ellipsenformen: Heuchelei, Bösartigkeit.

5 10 e) stark verminderte Schleifen: Schlauheit, List, Verheimlichung.

68 f) Nachbesserungen: Selbstkontrolle, aber auch Gedächtnisschwäche, Unaufmerksamkeit.

60 a g) erweiterte Basisschleife beim großen L: Dünkel, aber auch Ehrfürchtigkeit.

1 h) erweiterte Anfangsbogen — Arbeitslust und Fleiß.

XI. Strichart.

a) grüne oder violette Tinte: selbstgefällig, auch eitel, oft weibliches Selbstgefühl, auch Ordnungsliebe, Klarheitsstreben.

Abb.

b) sehr helle blasse Tinte: sensibel, geistig zart.
c) tief schwarze Tinte: selbstbewußt, sachlich, Prinzipien.
d) rote Tinte: freudig, aktiv, seelisch bewegt.

XII. Schriftlage.

13 46 a) wechselnd: eindrucksfähig, beweglich, aber auch unruhig, launisch, unzuverlässig, haltlos, wechselnde Umweltszuwendungen.
2 18 b) sehr konstante Lage: starr, pedantisch.
19 c) steiler am Wortende: zurückhaltend, vorsichtig, Beherrschung der Triebe, plötzliche Antipathien.
4 40 d) schräger am Wortende: Triebabhängig, auch unvorsichtig, vertrauensselig, nachlässig.
22, 27, 38, 44 e) Kurzlängen steiler als Langlängen: widerstreitende Triebfedern, Inkonsequenz, vom Verstand gezügelte Triebhaftigkeit.
f) Kurzlängen schräger als Langlängen: krampfhafte Geltungsversuche, Eigenwille.
68 g) einzelne steile Buchstaben: innere Zwiespältigkeit.
28 h) steilere Buchstabengruppen: aufgeregt, nervös.
27 i) „umfallende" Einzelbuchstaben: wenig Beherrschung, auch Übersteigerung des Anspruchs, Krisen des Selbstwertgefühls.

XIII. Schrifthöhe.

29, 43, 45 a) wechselnd: schwankendes Selbstgefühl, anspruchsvoll, aber auch Minderwertigkeitsgefühle, persönlicher Ehrgeiz.
13, 36, 45, 47 b) einzelne übermäßig große Buchstaben (häufig a, o, e): Selbstaufbauschung, Übertreibung, M. a. Anpassung, aber auch Dummheit, Unbeholfenheit, Lüge.
4, 8, 10 c) einzelne übermäßig kleine Buchstaben: scheu, versteckt.
36 d) hoch und schmal: unechte Bescheidenheit, bei Großbuchstaben — schüchtern, auch empfindlich, übelnehmerisch.
e) mäßige Vergrößerung der Unterschrift: normales Selbstgefühl, übertriebene Formen zeigen die Art, wie das Selbstgefühl zur Schau getragen wird.

XIV. Schriftbreite.

Abb.

20 — a) *wechselnd*: Formensinn, „Lebensstil“, Geltungsbedürfnis, oft unbefriedigtes, aufdringlich.

1, 45 — b) *breite Großbuchstaben*: aufdringliches Selbstgefühl, dreist, frech, anmaßend, Geltungssucht.

17, 43 — c) „m“ *unten breit, oben enger*: tiefe Ablehnung alles Konventionellen und Durchschnittlichen.

29 — d) *breit und steil*: vornehm, bequem.

15, 17, 22 — e) *schmal und weit*: (gleich sekundäre Enge): ethische Tendenzen, Selbsterziehung, Klarheitsstreben, aber auch gedankliche Ungeschultheit.

VI b, 24 — f) *breit und eng* (gleich sekundäre Weite): geistige Minderwertigkeit, nervöse Überreizung, Anmaßung, krankhafte Selbstüberschätzung.

g) *einzelne Verengungen*: partielle Schüchternheit, auch Sparsamkeit.

XV. Richtungscharakter.

28 — a) *wechselnd*: unruhig, zwiespältig, launisch, problemreiche Natur, oft pathologisch.

b) *rechtsl. Abbiegungen oder Erweiterungen*:

44 — *in der Oberzone*: Opposition gegen die Einengung der Familie

8, 11, 33 — *in der Mittelzone*: besonders am Wortende: Mißtrauen, Ungeduld, Ablehnung fremder Einmischung.

35 — *in der Unterzone*: Antrieb zu produktivem Schaffen, aber auch Haustyrannei, Neigung im kleinen Kreise zu herrschen.

45 — c) *kleine nach rechts gehende zusätzliche Striche*: Redelust, Freude am Ausschmücken von Einzelheiten, auch nervöse Unsachlichkeit.

50 b — d) *linksläufige Abbiegungen an Anfangsbuchstaben*: Bindung an die Vergangenheit, auch Sentimentalität, *oder Erweiterung* in der O. Z.: (z. B. am d): Liebe zur Dichtkunst, aber auch persönliche Empfindlichkeit.

12, 15, 19, 45 — *in der Mittelzone, gebogene Anstriche*: unechte Liebenswürdigkeit, auch unehrlich, unaufrichtig, schlau, eigensinnig, rechthaberisch.

Abb.	
	Ecken im a, g, d, c, e — nichtüberwundene, demütigende Kindheitserlebnisse, empfindlich und kränkbar, auch gehässig in persönlichen Fragen.
4, 72, VII b	in der Unterzone, kl. abgebogene Schleifen: Gewöhnlichkeit, Gemeinheit.
42, 45	e) Einrollungen statt Schleifen: nachtragendes Wesen.
IV c	f) Einrollungen und Verdrehungen in der O. Z.: Eitelkeit, aber auch Einfälle und Humor.
17, 44	g) geschwungene runde Bogen statt Schleifen: i. d. U. Z.: Innerlichkeit, Schauvermögen, Wohlwollen, Mitgefühl.
8, 16	h) nach links abgewinkelte Unterlängen: unbewußte Abwehrstellung gegen den Ehrgeiz drückende Erlebnisse; zorniges Aufbrausen.
VIII c, 7	i) Endstrich nach unten links, eingekrümmte Schlußarkade: bei unsicherer Ausführung verlegen, bei sicherer Ausführung und druckstark: rücksichtslos, unaufrichtig.
4, 46	k) Endzug nach unten rechts: a. mit Druck: Opposition, Eigensinn, Verbitterung, absprechende Kritik; b. matt ausgeführt: Entmutigung, Enttäuschung Depression.
46	l) nach links gerichtete dreieckige Schleife: uneingestandene Reizbarkeit, auch Eitelkeit.
13, 43	m) nach links verwehte Schleife: Entmutigung verführbar, beeinflußbar.
13, 32	n) nach links aufgebauschte runde Schleife: Triebwünsche, materielle Begierden, sexuelle Vorstellungen, Verirrungen (häufig § 175).
13, 24	o) nach links aufgebauschte eckige, übertriebene Unterlängen: unbefriedigte Eitelkeit, Unabhängigkeitswünsche bei Jugendlichen.

XVI. Längenunterschiedlichkeit.

28, 31, 47	a) wechselnd: unruhiges Geltungsbedürfnis, kein Organisationssinn, auch Affektschrift und geistige Krankheit.
13, 45	b) einzelne herausschießende Langlängen: Unternehmungslust, Spekulationstrieb, Selbstbetonung aus Leistungsehrgeiz, Übertriebenheit.

Abb.	
2, 37	c) übertriebene Langlängen: Voreingenommenheit, Vorurteile insbes. Menschen gegenüber.
18	d) gewundene Langlängen: unaufrichtig, befangen, krank.
	e) doppelt geknickte Langlängen: Bruch im Lebensgefühl, schwere seelische oder körperliche Krisen.
8, 31, 38, 44, 46	f) rechts gehöhlte Langlängen: trotziges Sichstemmen gegen wirkliche oder eingebildete Hindernisse, hartnäckig.
22	g) rechts gewölbte Langlängen: beeinflußbar, widerstandsschwach, entmutigt, enttäuscht.
2, 6, 13 15, 24	h) U. L. bis in die tiefere Zeile: hochstaplerische Neigung (manchmal „Einfangen des Mannes ohne erotische Erlebniskraft").

XVII. Längenteilung.

Oberlängen.

13, 14	a) wechselnd: unruhige Phantasie.
45	b) Betonung durch Völle: Illusionen, Utopien, Phantasie.
23	c) Schleife statt Winkel (z. B. am t): schwärmerisches Wesen, auch Übertreibung, unechte Liebenswürdigkeit.
4, 68	d) Anflicken von Schleifen an sehr magere Schleifen: Selbsttäuschungen in Bezug auf eigene ideale Veranlagung, auch nervöse Selbstkontrolle.
22, 42	e) abgeknickte, zurückgelegte, magere d-Köpfchen: persönliche Empfindlichkeit; Übelnehmerei, kränkbar, verletzlich, lässig.
10, 44	f) abgeknickte nach unten rechts durchgezogene d-Köpfchen: Eigensinn.
	g) derselbe Zug am h: rechthaberisches Sichsperren.
10, 11, 29 43, 45	h) Umbildung von Spitzen und Schleifen zu Arkaden: Begabung für Formnachahmung, auch Selbstbetonung, Kulttreiben mit der eigenen Person (eingebildete oder künstlerische Interessen).
13, 37, 38, 45	i) hervorschießende Oberlängen: Herrschsucht aus Ehrgeiz, Spielernatur, unsolide.
28	k) in die O. Z. gerissene Kurzlängen, über der Zeile schwebend: flüchtig, leichtlebig.
8, 18	l) abgeflachte Höhen der Oberschleifen: geduckte Lebenshaltung, „Ich-Angst".

Abb.

10, 36 m) *fehlende Oberschleifen*: M. a. Anpassung, rücksichtslos.

8 n) *verkümmerte Oberlängen*: ungeistig, selbstgerecht.

Unterlängen.

28 a) *wechselnd*: unruhige Triebveranlagung.

13, 32 b) *verschieden geformt*: Anlehnungsbedürfnis, unterdrückte Zärtlichkeits- und Verwöhnungswünsche.

45, IXd c) *lang, breit, nicht durchgezogen* oder geschlossen, sondern parallel laufende Grund- und Haarstriche, oft unmotivierte Druckstellen: doppelte Moral, Lüsternheit.

4, VIIIc d) *dasselbe mit Schwellzügen*: derbe Sinnlichkeit.

4, 10, 37 e) *zu tief unten geschlossen*: ins Unbewußte verdrängte Gefallsucht, Verzicht in erotischer Beziehung.

35 f) *scharf gequert*: Herrschsucht aus Unbefriedigung, oft Haustyrannei, Unverträglichkeit.

13, 16, 17, 32, 39, 42 g) *gerundete, nach links erweiterte Schleife*: Fleiß, Geduld.

24, 37 h) *dasselbe dreieckig, matt*: träge.

28, 46 i) *dasselbe dreieckig bei nervösem Duktus*: nervöse Ichbezüglichkeit, „Ichangst", oft Folge von Lebenskrisen.

21, 26 k) *zugespitzt, schmal*: empfindlich, prüde.

4, 45 l) *verschmiert, teigig*: Genußsucht, Naschhaftigkeit.

2, 6 m) *dünn, lang, zitterig*: sexuelle Neugier ohne sinnliche Kraft.

n) *abgerissen ohne Schleifen*: schwere sexuelle Hemmungen und Störungen.

12, 15 o) *in die U. Z. gerissene Oberlängen*: materielle Interessen.

p) *in die U. Z. gerissene Kurzlängen* (häufig s, v, w): Besserwisserei, Freude am Dozieren.

41 q) *fortgelassene Unterschleifen*: Hast, Übereifer.

18, 39, 41 r) *verkümmerte Unterlängen*: unsicher, erregbar, schwächlich, lebensunpraktisch (oft bei Gelehrten).

XVIII. Anfangszüge.

Abb.	
13	a) *wechselnde Betonung*: Neigung zur Pose, Schauspielerei.
13	b) *steigende Formen* in der Oberzone: Ehrgeiz, auch autoritätsgläubig, subaltern;
	in der Mittelzone: M. a. Einfühlung, Freimut;
3, 26	in der Unterzone: Instinktsicherheit (wenn länger werdend).
1, 24, 37, 38	c) *fallende Formen* in der Oberzone: Selbstbetonung, Eitelkeit, Selbstgefühl, Arroganz;
1, 14, 25	in der Mittelzone: realistische Haltung;
26	in der Unterzone: Triebverkümmerung (wenn kürzer werdend).
30, 40	d) *religiöse Kurve* (nach oben rechts schalenförmig aufsteigender Zug): Religiosität, Idealismus, Ehrfürchtigkeit.
12, 45, 36 15,47,50b, VIb	e) *Anstrich lang*: geschäftig, strebsam (*wenn eilig*), impulsiv, Streitlust, auch Widerspruchslust, Trägheit (*wenn nicht eilig*).
45	f) *Anstrich bogenförmig*: liebenswürdig (*wenn unecht* — Heuchelei).
43	g) *Anstrich punktförmig*: Vorsicht, auch Materialismus. Besitzliebe, Behagen, Behäbigkeit
4, 11, 12	h) *Anstrich häkchenförmig*: Egoismus, Opposition, Eigensinn.
42	i) *Anstrich spiralförmig*: umständlich, unwahr, beschränkt.
1, 6	k) *ausführliche Behandlung des Anstrichs*: Arbeitslust, Fleiß.

XIX. Endzüge.

Abb.	
	a) *wechselnde Endbetonung*: schwankende Energie.
9	b) *lang*: mitteilsam, freigiebig.
2, 42	c) *Endstrich häkchenförmig*: Egoismus, Opposition, Eigensinn, Streberei, Zähigkeit.
8	d) *Endstrich punktförmig*: Festigkeit, Eigensinn.
	e) *Endstrich hochaufsteigend*: Neigung zum Diskutieren, Redelust, Eifer.
42	f) *Endstrich lang*: *am Zeilenende*: Mißtrauen; *in der Mitte*: Strebsamkeit.
35	g) *Endstrich waagerecht und kurz*: Gerechtigkeitssinn.

Abb.

VIII, Xd h) Endstrich spiralförmig: Freude am Besitz, auch Habsucht.

4 i) Endstrich krallenförmig nach oben links: Habsucht, Erwerbsinn, Bosheit, Egoismus.

30 k) Endstrich fehlt: knapp, sparsam.

13 l) Endzüge eines Buchstabens unter dem Wort nach rechts: selbstgefällig, Phrase, kleinliche Selbstsucht, ungründlich;

4 nach links: Unaufrichtigkeit.

42 m) übermäßig nach oben verlängert: intellektueller Mystizismus.

11 n) linksläufig gebogener Endstrich: Schenktrieb, Güte.

33, 43 o) keulenförmiger Endstrich: Durchsetzung; rücksichtslos.

13 p) Zuspitzungen am Endstrich: Kritiklust, Entschiedenheit.

XX. Oberzeichen.

41 a) wechselnd nach Höhe und Form: schnelle Einfühlung, vielseitig; aber auch ungründlich, flüchtig, flatterhaft.

16, 17 b) vorverbundene O.-Z.: Kombinationsgabe, Scharfsinn, Witz.

39 nachverbundene O.-Z.: Denkgewandtheit, Logik, Intelligenz, Bildung.

17 c) vor- und nachverbundene O.-Z.: diplomatische Undurchdringlichkeit.

d) gutverbundene O.-Z. in unverbundener Schrift: unpraktisch bei geistiger Beweglichkeit (Professorentyp).

13, 45 e) strichförmige O.-Z.: lebhaft, geistige Beweglichkeit.

20, 36 f) teigige O.-Z.: Materialismus, Genußsucht.

8, 47 g) verkümmerte O.-Z.: Schwäche, Untreue, flüchtig.

9, 45 h) weitvorgesetzte und zugleich hohe O.-Z.: Planlust, Begeisterungsvermögen, aber auch Leichtsinn, Flüchtigkeit.

30 i) hoch bei geringen Oberlängen: Scheingeistigkeit.

2 k) niedrig bei vorherrschenden Unterlängen: Wirklichkeitssinn, praktische Begabung, Beobachtungsgabe, Organisationstalent, auch Neugier.

Abb.	
15	l) *zurückgesetzte O.-Z.*: Vorsicht, Mutlosigkeit.
9, 13, 32	m) *Protektionsstrich*: Protektionslust, Gönnertum, Herrschtrieb, Bemutterung.
47	n) *t-Querstrich fehlt*: nachlässig, energielos.
43	o) *t-Querstrich lang*: Kritiklust, lebhafter Wille, Rechthaberei.
43, 45	p) *t-Querstrich lang und hoch mit Druck*: Herrschlust, Tatkraft, ehrgeiziges Emporstreben.
1, 36, 50b	q) *t-Querstrich sehr hoch, leicht*: Herrschlust in Gedanken und Urteil.
36	r) *t-Querstrich: kurz mit Druck*: bestimmter herrischer Wille.
	s) *t-Querstrich: gewunden*: gewandt, Heiterkeit.
66, 68	t) *t-Querstrich: aufsteigend, spitz*: Rechthaberei, Kritiklust.
46	u) *t-Querstrich: abfallend, druckstark*: Starrsinn, Brutalität.
6, 43	v) *t-Querstrich: vorgesetzt*: unbeherrscht, unzuverlässig.
	w) *t-Querstrich: zurückgesetzt*: unentschlossen, ängstlich.
IXb	x) *u-Bogen zurückgebogen*: Mangel an Offenheit, Kälte.
	XXI. Gliederung.
40	a) *betont*: bewußte Selbstbehauptung, Wille zur begrifflichen Ordnung.
41	b) *übermäßig gegliedert, zerreißende Lükken*: Versagen gegenüber der Umwelt, M. a. Raumgefühl.
35	c) *ungenügend gegliedert*: kein selbständiges Verhältnis zur Umwelt.
41	d) *zu weite Wortabstände*: stoßweise Aktivität, Kontaktschwäche.
36, 45	e) *dasselbe bei engeren Zeilen*: äußerer Kontakt bei innerer Isoliertheit.
41	f) *dasselbe in kleiner Schrift*: intensive Natur, wechselnd zwischen Anspannung und Ermattung.
21	g) *zu kleine Wortabstände*: Kontaktdrang, ruhelos, betriebsam.
21	h) *dasselbe in großer Schrift*: aktiv, wenig gesammelt.
40	i) *zu große Zeilenabstände*: fanatisch, kontaktlos, Einzelgänger.

Abb.	
12	k) dasselbe bei engen Wortbildern: unselbständig, oft unlogisch.
2, 35	l) verhäkelte Zeilen: unklar, unselbständig, distanzlos, oft Neugier und M. a. moralischen Grundsätzen.
36	m) Zeilenabstand sehr klein: unklar, sparsam, engherzig.
1, 6, 8, 16, 17, 21, 27, 40	n) gerade Zeile: Gleichmut, aber auch M. a. Feingefühl.
28	o) steigende Zeile: Gehobenheit, eifrig, aber auch Leichtsinn.
IIIb	p) fallende Zeile: Melancholie, Erschöpfung, geringe Entschlußkraft,
7, 13	q) gewölbte Zeile: lebhaft bei geringer Energie.
32, 35	r) gehöhlte Zeile: allmählich erwärmender Eifer.
2, 4, 28	s) wellenförmige Zeile: Launen, Gesinnungswechsel, unentschlossen.
41	t) rhythmischer Wechsel der Basishöhe einzelner Buchstabengruppen: (d. h. wechselnd hochstehende Groß- bzw. Kleinbuchstaben): hohes Sprachtalent, dichterische Begabung.
41	u) dachziegelförmig steigende Zeile: rasch erlahmender Eifer, unsachlich.
3, 5, 9	v) dachziegelförmig fallende Zeile: Ankämpfen gegen trübe Stimmung.
41	w) kleine Schrift mit großen Zwischenräumen: kritische Beobachtungsgabe.
2	x) große Schrift mit kleinen Zwischenräumen: impulsiv, instinkthaft.

Ränder.

3	a) fehlender linker Rand: sparsam, anspruchslos, bescheiden, auch Geiz.
3, 45	b) schmaler linker Rand: Ordnungssinn, auch naiv, kindlich.
41	c) sehr breiter Rand: vornehme Gewohnheiten, oft sorglos in Geldsachen, anspruchsvoll, großzügig.
35	d) ungleichmäßiger linker Rand: M. a. Ordnung, Launen.
14, 22	e) schmaler werdender linker Rand: wenn passiv — zunehmende Beherrschung, Besonnenheit, Mißtrauen, Genauigkeit; wenn aktiv — unmittelbar, eindringlich.

Abb.

6, 29 f) breiter werdender linker Rand: wenn passiv — sorglos, ungeduldig, wenn aktiv — Übereifer, Unbeherrschtheit, Verschwendung.

44 g) querbeschriebener linker Rand: mangelndes Verständnis für den Geschäftswert der Zeit, unpünktlich, Gedankenreichtum.

20, 19 h) sehr breiter ungleichmäßiger rechter Rand: wenn passiv — Vorsicht, Reserve, Ängstlichkeit, Lebensangst, Zurückweichen vor dem Ziel, häufig bei Neurotikern und Kriminellen („zu kurze Zeilen"); wenn aktiv — Eigenwille, Großzügigkeit, Unabhängigkeits- und Freiheitsbedürfnis, auch Verschwendung.

24, 35 i) schmaler rechter Rand: wenn passiv — zu starke Umweltabhängigkeit, wenn aktiv — Hingabebereitschaft, Sachinteresse, Mitteilsamkeit.

22, 23 k) zusammengedrängte, absinkende Zeilenenden: Überbeanspruchung, Erschöpfung, oft unzufrieden, bedrückt; wenn passiv — Schwierigkeiten der Einordnung in Beruf und Leben, „Nicht-Fertig-Werden", Sich-Übernehmen; wenn aktiv — bis zur Erschöpfung gehender Lebenswille; rhythm. Wechsel d. Basishöhe: hohes Sprachtalent, dichterische Begabung.

XXII. Regelmäßigkeit.

18 a) schulmäßige R.: unselbständig, unreif, sorgfältig.

21 b) eintönige R.: erstarrt, leer, langweilig.

18 c) erstarrte R.: Verkrampfung, Prinzipien.

2, 3, 34 d) stilisierte R. = Takt: Wachheit des Geistes; Selbstkontrolle, Disziplin, ethische Haltung, Stilgefühl.

XXIII. Gleichförmigkeit.

2 a) künstliche G.: Darstellungswünsche, Maske.

19, 45, 80 b) Formauflösung oder Formzerfall: Psychopath, aber auch Besessenheit des Künstlers, drängende Produktivität.

c) Ausgewogenheit zwischen oben und unten: Organisationssinn.

79 d) Wechsel des Schriftsystems einzelner Buchstaben: Autodiktat, Bildung, auch M. a. Konzentration und Festigkeit.

XI. GRAPHOLOGISCHES SEHEN

Wir fügen unseren Tabellen noch einen kurzen Abschnitt über das „graphologische Sehen" an, jene besondere Kunst, die auf das gewissenhafteste geschult und geübt werden muß, um zu guten Deutungsergebnissen zu gelangen.

In den Tabellen selbst steckt zwar schon ein großes Übungsmaterial, denn wenn jemand sich jedes unter den verschiedenen Tabellengruppen angegebene Schriftbeispiel genau ansieht, so hat er ausgezeichnete Möglichkeiten, seinen Blick für die Allgemeinmerkmale zu schärfen, zugleich aber auch jedesmal die betreffende Art des über die Doppeldeutigkeit entscheidenden Rhythmus zu finden. Fehlen die verstärkenden Merkmale einmal, so muß aus den Eigenschaften eine „mittlere" gewählt werden, also weder ein solche, die starke Spannungsmomente einschließt, noch auch ganz auf der Lösungsseite steht.

Wir bringen unter unseren Beispielen im Schriftenatlas eine Merkmalübersicht in Form einer geraden Linie mit angesetzten kurzen Strichen, die entweder in einem +-Zeichen oder in einer 0 enden. Zu dieser Linie gehört ein M e r k m a l s u c h e r, der dem Schriftatlas beigegeben ist; er besteht einfach aus einem Kartonstreifen, auf dem die Allgemeinmerkmale aufgetragen sind.

Legt man nun den Merkmalsucher an die gerade Linie links genau an, so bedeutet das +-Zeichen das Vorhandensein des dazugehörigen Allgemeinmerkmals, das 0-Zeichen aber das Fehlen. Ein + bei z. B. Längenunterschiedlichkeit bedeutet eine große LU, ein 0 an derselben Stelle dagegen bedeutet kleine LU. Seine Anwendung ist also denkbar einfach, gibt aber zugleich eine sehr klare und rasche Übersicht über alle hervorstechenden Allgemeinmerkmale einer Schrift.

Es empfiehlt sich, insbesondere bei praktischer Analysenarbeit mit dem Merkmalsucher, eine Linie unter die zu untersuchende Schrift zu ziehen und auf dieser den „graphischen Befund" einzutragen. Die dominanten Merkmale werden dabei einfach durch ein doppeltes ++-Zeichen bzw. durch ein doppeltes 00-Zeichen deutlich hervorgehoben. Auch das ist im Schriftenatlas geschehen .

Hinsichtlich der in unserem Lehrgang gebotenen Besonderheiten bedarf es noch einmal einer Warnung. Besonderheiten sind aus der graphologischen Praxis, z. T. auch aus der Theorie gewonnene Deutungen zahlreicher Einzelmerkmale, deren Verwertung n u r d a n n erfolgen darf, wenn dieses mit dem Gesamtbild und mit den Allgemeinmerkmalen zu vereinbaren ist. Es ist also auf das schärfste abzulehnen, diese Übersicht zum „Gesellschaftsspiel" zu mißbrauchen, indem nun in oberflächlicher und unkritischer Weise Eigenschaften einfach „abgelesen" werden. Die Irrtümer und Mißdeutungen, die dadurch entstehen müssen, sind mindestens ebenso groß, wie die „Treffer"! Der Graphologe wird niemals eine einzige Besonderheit auswerten, ehe er nicht den Gesamteindruck, alle Allgemeinmerkmale und den über die Doppeldeutigkeit jeweils entscheidenden Rhythmus bestimmt hat. Wir würden beste Ergebnisse der deutschen wissenschaftlichen Graphologie preisgeben, wollten wir wieder in eine überwundene „Zeichendeuterei" zurückfallen.

Man hätte diese Versuchung zur Zeichendeuterei einfach so vermeiden können, daß von einem Verzeichnis von Besonderheiten Abstand genommen würde. Nach reiflichen Erwägungen ist das aber nicht geschehen: dieses Buch soll insbesondere für den Lernenden, für den ernst und verantwortungsbewußt die Graphologie Erlernenden ein praktisches und reichhaltiges Lehrbuch sein. Es soll Anregung und Hinweise zum graphologischen Sehen geben und soll über die Allgemeinmerkmale hinaus etwas von jenem Schatz graphologischer Erfahrung bringen und der praktischen Arbeit zugänglich und dienstbar machen, auf den kein Praktiker wird verzichten können. Vor Mißbrauch aus Unverstand und Gewissenlosigkeit ist ohnehin keine Erkenntnis mit Sicherheit zu bewahren.

Nun aber blättern wir in unserem Schriftenatlas. Abb. 1 mit dem schönen federnden Rhythmus, den freien, gewachsenen Formen und der guten Verteilung, also mit drei positiven Rhythmuswerten ist zugleich regelmäßig und hat, trotz großer geschwungener Anfangszüge doch vorherrschenden geradlinigen Charakter — wir suchen daher die Deutung der „Größe" dieser Schrift in der Tabelle II unter: mit Ablaufsrhythmus, zugleich regelmäßig und gerade Linie. Wir finden: Großzügigkeit, Freiheitsdrang, als erstes erschlossenes Allgemeinmerkmal.

Abb. 37 aber zeigt eine kleine Schrift (unter 3 mm Grundstrichlänge), die wir nun aber zugleich auch als niedrig kennzeichnen wollen, weil die so beträchtlich überragenden Mittelbuchstaben (also die Oberlängen an und für sich, ohne sie dabei schon, wie bei der Längenteilung mit den Unterlängen zu vergleichen!) die Schrift gedrückt, niedrig erscheinen lassen. Ein guter Ablaufsrhythmus liegt durchaus nicht vor, der Schreibfluß ist schon durch die ausfahrenden Langlängen gestört, zeigt aber auch in der Strichführung weder etwas Schwingendes noch etwas Federndes, oft sogar direkte Schlaffheit! Man beachte etwa die Grundstriche in den Worten: „Grund, mein, fremde". Die Schrift ist — insbesondere durch die großen Schwankungen der Schriftgröße und Grundstrichlage — unregelmäßig. Wir finden daher die Deutung in der Tabelle I unter klein, zugleich unregelmäßig, wobei wir das zweite unterstützende Merkmal — „oder Bogen" — nicht vorfinden. Die Schrift hat wieder mehr Spannungscharakter, so wählen wir aus den Eigenschaften Nüchternheit (nicht Mangel an Begeisterungsvermögen, weil darin kein Spannungszustand liegt).

Man soll auch diese Hinweise, die durch die verstärkenden Merkmale und die Bewertung von Spannung und Lösung gewonnen werden können, nicht schematisch nehmen, sondern immer ins lebendige Charakterbild einzubauen suchen!

An diesen zwei Beispielen möge gezeigt worden sein, wie die Tabellenbenutzung im einzelnen vorgenommen werden soll. In ähnlicher Weise sind auch Tabelle II und III aufgebaut. Die weiteren Tabellen sind einfacher, weil die Teilung nach Gefühls- und Willensseite dort fortfällt. Die Beispiele für Druck dürften sich nach dem ausführlichen Text im Tabellenteil selbst erklären. Schön zu erkennen sind die beiden Federfurchen in Abb. 32 und 25.

Für verlagerten Druck finden wir viele Beispiele, so etwa 2, 10, 21 und 38. Für die Schriftweite, die Strichbildung brachten der Text und die Tabellen selbst zahlreiche Beispiele, ebenso bedarf der mittlere Verbundenheitsgrad kaum einer Erläuterung.

Auch der wichtige Unterschied zwischen Verbundenheit und Verknüpfung wird keine Schwierigkeiten machen. Bei der Strichführung dagegen gelingt es nur durch Übung, den Unterschied zwischen schwingend (zugleich mehr bogig), federnd (zugleich mehr gradlinig), schlaff und starr zu finden. Darum haben wir hier und unter „glatte oder gestörte Strichführung“ ausnahmslos alle unsere Beispiele aus dem Schriftenatlas angeführt. Wichtig ist zu beachten, daß eine schwingende, oder federnde Strichführung natürlich auch zugleich als glatt oder gestört erkannt werden kann. Wird die Störung beträchtlich, so ist auf das „gestört“ das größere Gewicht zu legen.

Bei den Bindungsformen bedarf die Bezeichnung „stilisierte Form“ vielleicht einer näheren Erläuterung. Wir verstehen darunter jede bewußt gezeichnete Bindungsform (auch die sehr deutlich absichtlich gestützte Nebenrichtung), wenn dabei guter Formenrhythmus (also „gewachsene“, echte Formen) vorliegt. In der Tabelle über die Reichhaltigkeit ist es von Bedeutung, auf die feineren Abstufungen zu achten, die durch die Bezeichnung: bereichert, verschnörkelt, vereinfacht, vernachlässigt und Nachbesserungen angegeben werden. Für die Strichart — als Wirkung bevorzugter Federwahl (breit oder spitz usw.) bringen wir einprägsame Beispiele. Die Schriftlage ist als „durchschnittliche“ Lage zu nehmen, denn es gibt kaum eine Schrift, in der nicht deutliche Lageschwankungen auftreten. Höhe und Breite der Schrift geben wichtige leitbildliche Ergänzungen zu der sonst nur einseitigen Bewertung der Größe und Weite. Daß Abb. 1 hoch ist, wird etwas dadurch verdeckt, daß wir hier auch starke Anfangsbetonungen finden. Beachtet man aber das Verhältnis der Kurzbuchstaben zu den übrigen Mittelbuchstaben, so ist das gegeben, was wir als Höhe der Schrift bezeichneten: nämlich meist nur geringes Überwiegen der Mittelhöhen bei absolut großer Schrift. Ähnlich ist Abb. 39 niedrig, trotz nur mäßiger Längenunterschiedlichkeit aber wegen starker Überhöhung der nach oben gehenden Mittelbuchstaben, also überwiegenden Oberlängen bei nur wenig betonter Längenunterschiedlichkeit und einer im übrigen absolut kleinen Schrift.

Der Richtungscharakter gehört zu den besonders schwer feststellbaren Merkmalen, meist finden wir in einer Schrift sowohl rechtsläufige als auch linksläufige Züge. Hier kann nur viel Übung zu einer Sicherheit führen. Unsere zahlreichen Beispiele verdienen darum besonders sorgfältiges Studium.

Rechtsläufig (Rl) ist in Abb. 40 z. B. das g (dritte Zeile zurückgegangen), das s (vierte Zeile in daß und weiß), die Verknüpfung des d mit dem nachfolgenden Buchstaben. Schöne Linksläufigkeiten (Ll) finden wir in den unteren g- und h-Schleifen in Abb. 44. Starke Rl. insbesondere in den arkadenförmigen Anstrichen zum h in Abb. 45. Starke Ll enthält Abb. 6, so z. B. müssen auch die Oberlängenanstriche als Ll gewertet werden, wogegen lange Endstriche als Rl gelten müssen.

Zur Längenunterschiedlichkeit und Längenteilung, die beide wiederum unabhängig von einer evtl. Anfangsbetonung (oder Unterbetonung) gewertet werden müssen, sowie zu den Anfangs- und Endzügen selbst bedarf es keiner Erläuterungen, die über die angeführten Beispiele hinaus etwas sagen könnten. Dasselbe gilt für die Tabelle der Oberzeichen, der Gliederung und Gleichförmigkeit. Nur bei der Regelmäßigkeit sei darauf ausdrücklich hingewiesen, daß von den maßgebenden Allgemeinmerkmalen, die die Regelmäßigkeit des Gesamtbildes bestimmen, selten a l l e gleich regelmäßig oder unregelmäßig sind. Da unser ganzer Schreibunterricht aber auf Regelmäßigkeit angelegt ist, so wiegen Unregelmäßigkeiten der Schriftlage, der Grundstrichlänge, der Weite, Verbundenheit, Bindungsform wesentlich schwerer, während nur erhebliche Steigerungen der Regelmäßigkeit deutungsmäßig wertvoll sind.

XII. GRUNDBEGRIFFE DER CHARAKTERKUNDE [61])

Wenn wir den Satz aufstellen, daß ein gutes Charakterbild weniger Beschreibung als Entwicklung sein muß, so ist damit gemeint, daß wir die Eigenschaften eines Menschen nicht nur aufzählen, sondern sie vielmehr in ihrem Zusammenspiel und Gegeneinanderwirken darstellen müssen. Auch das beste Charakterbild bleibt immer noch eine „Momentaufnahme", die mehr oder weniger gut getroffen zu sein pflegt. Es gibt nicht eine bevorzugte Seite, von der aus gesehen der Charakter „richtig" dargestellt ist. Es gibt keine Eigenschaft, die ihren Sinn und ihre Bedeutung an und für sich hätte und nicht erst im Miteinander aller Anlagen.

Diese Erkenntnis drängt uns dazu, im Aufbau des Charakterbildes nach solchen Regeln zu verfahren, die eine gewisse Vollständigkeit hinsichtlich aller Wesensseiten gewährleisten.

Wir unterscheiden (nach Klages) die folgenden Gruppen von Charaktereigenschaften:

1. Begabungen oder Fähigkeiten, und zwar solche des Verstandes, des Gefühls und des Willens.

Verstandes- und Willensgaben sind übbar, jeder normale Mensch kann sich Kenntnisse aneignen, geistige Fähigkeiten entwickeln und seinen Willen durch entsprechende Anforderungen stählen. Allerdings ist jedem einzelnen eine Grenze der Leistungssteigerung gesetzt. Ein minderbegabter Mensch wird auch bei äußerster Anspannung die Leistungen eines hochbegabten Menschen niemals erreichen. Die mitgegebene Begabung ist also ein Material, das wohl bis zum äußersten ausgenutzt werden soll, jedoch nicht vermehrt werden kann.

Die Gefühlsbegabungen lassen sich auch durch Übung nicht entwickeln. Hat z. B. jemand wenig Feingefühl mitbekommen, so kann er sich zwar zu korrektem Verhalten erziehen, erlangt aber dadurch niemals wirkliches Feingefühl. Allerdings gilt auch der entgegengesetzte Fall, daß jemand sein Feingefühl nicht dadurch verlieren kann, daß er durch äußer Umstände häufig zu rücktsichtslosem Vorgehen gezwungen wird.

Für die Größe einer Begabung haben wir keinen anderen Maßstab als die Beurteilung der Leistung. Hervorragende Leistung weist uns auf große Begabung, geringe Leistung auf mangelnde Begabung. Jedoch werden wir danach trachten müssen, Gewandtheit und Routine von wahrer Leistung zu unterscheiden, wie wir andererseits bei noch mangelhafter Leistung doch schon die Anlagen zu höchster Entwicklungsfähigkeit erkennen müssen.

Die Begabungseigenschaften erscheinen als Antworten auf die Frage: Was hat er? Da wir die Begabungen eines Menschen stets mit den entsprechenden Begabungen der anderen vergleichen, so dürfen wir sie als nach ihrer Menge abstufbar auch Mengeneigenschaften nennen. Sie bilden den „Stoff" des Charakters. Wir bringen sie als Hauptwörter.

2. Interessen oder Triebfedern und zwar solche der Selbstbehauptung (Spannung) und solche der Selbsthingebung (Lösung).

Die Triebfedern der Selbstbehauptung sind willensnah und triebfern, diejenigen der Selbsthingebung sind willensfern und triebnah. Zu den ersteren gehören z. B. Tatendrang, Ehrgeiz, Vorsicht, Trotz, Härte, auch Genußsucht, zu den letzteren gehören u. a. Leidenschaftlichkeit, Aufopferungsdrang, Güte, Mitgefühl, Selbstlosigkeit, auch Lebensdrang. Es sind für die Bewertung des Charakters darum die wichtigsten Eigenschaften, weil sich in ihnen die Richtung der Antriebe offenbart. Nicht die Stärke einer vorhandenen Anlage allein kann diese Anlage zu einer beherrschenden im Gesamtbild des Charakters machen, sondern es kann ebensogut das Fehlen der entgegengesetzten Anlage dafür den Grund abgeben. - Ein Charakter kann „gelöst“ sein aus der Stärke seiner Hingebungskräfte, aber auch aus Schwäche seiner Behauptungskräfte; er kann „gespannt“ sein aus Stärke seiner Behauptungskräfte, aber auch aus Schwäche seiner Hingebungskräfte. Das Vorherrschen jeder Triebfeder ist also doppeldeutig, es kann auf ihre übergewöhnliche Schwäche der Gegentriebfedern hinweisen. Mit der Festlegung der Triebfedern (Richtungseigenschaften) machen wir also in gewisser Weise jeden Menschen zum Maßstab für sich selbst. Wir beantworten damit die Frage: W o d u r c h w i r d e r z u m H a n d e l n g e t r i e b e n ? Wir bringen sie ebenfalls als Hauptwörter.

3. Bei gleichen Begabungen und gleichen Triebfedern können die Menschen sich nun aber noch sehr auffallend durch diejenigen Eigenschaften unterscheiden, die den Verlauf der Lebensvorgänge bestimmen. So ist z. B. der eine beweglich und lebhaft, der andere langsam und stumpf. Zu jedem Ablauf gehört zweierlei, ein Antrieb und ein Widerstand, gegen den der Antrieb gerichtet ist. Die Eigenschaften, die den Verlauf der Lebensvorgänge angeben, lassen sich daher durch das Verhältnis einer Antriebsgröße zu einer Widerstandsgröße ausdrücken. Man nennt sie aus diesem Grunde: V e r h ä l t n i s e i g e n s c h a f t e n. Es sind das: die persönliche Willenserregbarkeit, die persönliche Gefühlserregbarkeit und die persönliche Äußerungsfähigkeit. Sie sind Antworten auf die Frage: W i e r e a g i e r t e r ? Wir bringen sie als Beiwörter.

Der Untersuchung dieser Eigenschaften durch Klages verdanken wir sehr tiefe Einsichten in den Charakter und die völlige Ablösung der alten Temperamentenlehre durch die neue Lehre von den Graden der persönlichen Willenserregbarkeit.

Seine Ableitungen und Ergebnisse sind so wichtig, und zugleich für das Verständnis jeder Doppeldeutigkeit so wesentlich und aufhellend, daß wir uns nicht versagen können, hier kurz darauf einzugehen [62]).

An jedem Gefühl kann man eine qualitative Seite (Farbe, Stimmung) von der quantitativen Antriebsseite (Stärke, Heftigkeit, Intensität) unterscheiden. Diese aber besteht immer aus zwei Komponenten, einer treibenden und einer hemmenden. Für jeden Menschen finden wir ein habituelles Verhältnis dieser zwei Komponenten, das heißt, einen verschiedenen Grad der „Willensfähigkeit der Gefühle“, kürzer: der Erregbarkeit des Willens (E W).

Die E W erweist sich als das von Mensch zu Mensch verschiedene Übergewicht der Triebkraft (T) über den Widerstand (W). Die Triebkraft aber ist ein Teil der Intensität des Gefühls und setzt sich in Entschlüsse, Wollungen und Handlungen um. Sie muß zu diesem Zwecke wenigstens augenblicksweise über den Widerstand siegen. In der von Klages aufgestellten einfachen Bruchformel: $EW = \frac{T}{W}$ liegt beschlossen, daß die EW sowohl mit wachsendem T (etwa $EW = \frac{3}{1} = 3$), aber ebenso wächst bei zu geringen Widerständen ($EW = \frac{1}{1/3} = 3$).

Im ersten Fall hätten wir den Typus des früher sogen. echten Cholerikers, des aktiven, tatkräftigen, vitalstarken Menschen; im zweiten Falle den des leichtblütigen echten Sanguinikers, dessen zu geringe innere Widerstände ihn zum Überschäumen bringen. Zu einer dreimal geringeren EW kommen wir nun in ähnlicher Weise entweder durch Verdreifachung des W oder durch Drittelung der Triebkraft, also $EW = \frac{1}{3}$ oder $EW = \frac{1/3}{1} = 1/3$. Die erste Formel wird vielleicht dem sogen. melancholischen Temperament gerecht, während die zweite das Charakteristische des Phlegmatikers treffen mag. Es gibt auch Sanguiniker aus Überwiegen von T und Choleriker aus zu geringem W, oder aber Melancholiker aus geringer T und Phlegmatiker aus Überwiegen des W; auf Einzelheiten können wir jedoch hier nicht eingehen.

So kann also derselbe Grad der EW durch zwei völlig entgegengesetzte Anlagen entstanden sein: einmal positiv durch ein Übergewicht der Triebkraft (T), ein anderesmal negativ durch ein zuwenig an inneren Widerständen (W). Darin ist das Prinzip der Doppeldeutigkeit zu erkennen.

In ganz ähnlicher Weise finden wir die Erregbarkeit des Gefühls (EG) als Verhältniseigenschaft und zwar wächst sie mit der Lebhaftigkeit der Gefühle (EG) und nimmt ab mit deren Tiefe: $EG = \frac{LG}{TG}$ Große EG finden wir also sowohl beim Lebhaften, Beweglichen, Impulsiven ($EG = \frac{3}{1} = 3$) aber auch beim Aufgeregten, Haltlosen, Schwachen ($EG = \frac{1}{1/3} = 3$), also infolge zu geringer Tiefe des Gefühls (= Flachheit), wodurch der betreffende Mensch immer gleich „bis auf den Grund seiner wenig abgründigen Seele“ aufgewühlt wird. Geringe EG finden wir infolge großer TG beim Beschaulichen, Schwerblütigen, oder aber infolge zu geringer LG beim Stumpfen, Apathischen. Wieder erkennen wir eine Doppeldeutigkeit.

Endlich erscheint auch die Äußerungsfähigkeit (ÄF) als Verhältniseigenschaft: $ÄF = \frac{E}{Wa}$ d. h. sie wächst mit dem Wachsen der Antriebserregung (E) oder mit der Abnahme des Äußerungswiderstandes (Wa); sie nimmt dagegen ab mit der Abnahme der Antriebserregung oder mit der Zunahme der Äußerungswiderstände.

Das Äußerungsvermögen ist „mitgedacht" im Begriff des Naturells.

4. Zahlreiche Eigenschaftsbezeichnungen beziehen sich nicht auf Begabungen, Triebfedern oder den Verlauf der Lebensvorgänge, sondern sagen uns etwas aus über den mehr oder weniger vollkommenen Einklang oder die Widersprüchlichkeit der verschiedenen Anlagen. Sie betreffen daher den Aufbau der Persönlichkeit. Sie erscheinen uns als Antworten auf die Frage: Wie vertragen sich die Eigenschaften miteinander? Wir finden in dieser Gruppe z. B. die Eigenschaften: Reife, Harmonie, Einheitlichkeit, Zerrissenheit u. a. Man nennt sie Aufbaueigenschaften. Wir bringen sie als Beiwörter.

5. Für das Zusammenleben der Menschen sind die Betragenseigenschaften von besonderer Bedeutung. Bei Eigenschaften wie z. B. vorlaut, dreist, schüchtern u. a., denken wir in erster Linie an die „Außenseite" gewisser Anlagen, d. h. wir empfinden sie als Antworten auf die Frage: Wie benimmt er sich? Wir bringen sie als Beiwörter.

6. Endlich gibt es außerordentlich zahlreiche Eigenschaftsbezeichnungen, die Auswirkungsformen wechselnder Eigenschaftsgruppen im Hinblick auf die Forderungen der Gemeinschaft sind. Hierher gehören z. B. die Redlichkeit, Rechtschaffenheit, Ehrlichkeit, Pünktlichkeit und unzählige andere samt ihrem Gegenteil. Genau betrachtet sind es aber „keine Charaktereigenschaften, sondern beharrliche Beziehungen der Darstellungsweisen des Charakters zu den Erfordernissen, Ansprüchen, Satzungen seines menschlichen Wirkungsraumes. Es verdichten sich in ihnen die Abschätzungen der besonderen Nützlichkeit oder Schädlichkeit einer Wesensart für den Nebenmenschen, und es leuchtet ein, daß mit ihnen die Wesensart selber nur mehr mittelbar angezeigt wird." [63])

Man nennt sie daher Folgeeigenschaften. Sie erscheinen uns als Antworten auf die Frage: Wie verhält er sich gegenüber Anforderungen der Umwelt? Wir bringen sie als Beiwörter.

Mit diesen sechs Gruppen ist eine Einteilung geschaffen worden, die nicht allein für die Zuordnung jeder beliebigen Eigenschaft zu einer übergeordneten Gruppe verwertet werden kann, sondern wir sind auch instand gesetzt, den Wert von Charakterschilderungen zu prüfen.[64])

Das sei an einem Beispiel erläutert. Sagt man, jemand sei ein zuverlässiger, ehrlicher und bescheidener Mensch, von guter Anpassungsfähigkeit, allerdings im Umgang ungewandt, wortkarg, jedoch rücksichtsvoll und nicht unliebenswürdig, so finden sich unter den angeführten Eigenschaften keine, die etwas über die bewegenden Kräfte (Triebfedern, Interessen) oder über die besonderen Begabungen aussagen, sondern es handelt sich durchweg um Eigenschaften des Betragens und der sozialen Tauglichkeit. Es kann daher auch eine wortreiche Charakteristik noch ganz an der Oberfläche bleiben, während eine andere mit weniger Worten wirkliche und bestimmende Fähigkeiten und Triebfedern feststellt.

Zusammenfassung:

1. Mengeneigenschaft („Stoff", Fähigkeit, Begabung) „Was hat er?"
2. Richtungseigenschaft (Triebfeder, „Interesse") „Wodurch wird er zum Handeln getrieben?"
3. Verhältniseigenschaft (Verlaufseigenschaft) „Wie reagiert er?"
4. Aufbaueigenschaft; „Wie vertragen sich die Eigenschaften miteinander?"
5. Betragenseigenschaft; „Wie benimmt er sich?"
6. Folgeeigenschaft; „Wie verhält er sich gegenüber Anforderungen der Umwelt?"

XIII. PERSÖNLICHKEITSBEWERTUNG

Nicht in allen Fällen, wo ein Urteil über einen Menschen abgegeben werden soll, ist auch ein ausführliches Gutachten erforderlich. Oft wird es genügen, eine Charakterskizze anzufertigen. Soll nun insbesondere die Skizze mit anderen verglichen werden, so erscheint es ratsam, sie nach festen Richtlinien aufzubauen, die eine vergleichende Bewertung verschiedener Persönlichkeiten erleichtern.

Es gilt daher erstens eine Anzahl von Charaktereigenschaften so auszuwählen, daß der Forderung nach einer möglichst gerechten Bewertung des Charakters nach allen Seiten hin entsprochen wird; zweitens, eine Darstellungsart zu finden, die eine schnelle Übersicht und Vergleichsmöglichkeit ergibt.

Es ist ganz allgemein üblich, einzelne Charaktereigenschaften verschiedener Personen hinsichtlich ihrer wechselnden Ausgeprägtheit miteinander zu vergleichen. Nur wenigen, kritisch veranlagten Menschen wird es bewußt werden, daß diese Art des Vergleichens die Ursache häufiger Mißverständnisse und Fehlurteile ist. Denn eine Charaktereigenschaft erhält ihren Wert erst im Insgesamt des Charakters, der durchaus mehr ist als die Summe seiner Teile.

So nennen wir jemand ehrgeizig nicht darum, weil sein Ehrgeiz in jedem Falle größer ist als der eines anderen, sondern nur, weil unter den in ihm wirksamen Triebfedern gerade der Ehrgeiz die beherrschende ist. Der „Selbstbeherrschte“ verfügt ebenso nicht absolut über eine größere Beherrschungsfähigkeit, sondern er vermag nur alle die Beherrschung hindernden eigenen Gefühlsantriebe wirksam zu bekämpfen. Diese wichtige Feststellung gilt für alle sogen. Triebfedern (Richtungseigenschaften, „Interessen“) und in diesem Sinne vor allem ist „jeder Mensch sein eigener Maßstab“. Stellt man also die vorherrschende Triebfeder fest, so ist es zugleich wichtig zu wissen, welche Gegentriebfeder und von welcher Stärke sie überwunden wurde. Das allein schon legt eine irgendwie geartete zeichnerische Darstellung der Charakteranlagen nahe.

Alle „Begabungen“ — etwa Erinnerungsvermögen, Ausdauer, Selbstbewußtsein — vergleichen wir dagegen stets hinsichtlich einer durchschnittlichen Stärke, hier tritt ein gewisser „objektiver“ Maßstab auf, d. h. hier bestimmen wir ausgehend von der uns erkennbaren Leistung rückwärtsschließend die zugrundeliegende Begabung. Nicht immer allerdings wird dieser Schluß zutreffend sein, doch führt das in diesem Zusammenhange zu weit. Trotzdem erscheint uns auch hier eine zeichnerische Darstellung berechtigt.

Soll diese Darstellung jedoch einen „Querschnitt“ durch den Charakter in seiner jeweiligen Entwicklung geben, so müssen die Eigenschaften über alle Seiten des Charakters wenigstens einen Aufschluß grundlegender Art geben. Weiter dürfen es keine Sonderbegabungen sein, über die sich nur in einzelnen Fällen etwas aussagen ließe. Auch müssen die Eigenschaften für die Beurteilung des sozialen Verhaltens, der Leistungsfähigkeit und der Erfolgsaussichten des Menschen von Bedeutung sein.

Die gewählte Anordnung, das Diagramm, gestattet, auf vier konzentrischen Kreisen — vier Stärkegraden entsprechend — die Eigenschaften von innen nach außen anzutragen, so daß sich durch Verbindung der so gefundenen Punkte eine sternartige Figur ergibt. An die Spitze der Figur gehört die Entwicklungsfähigkeit als eine Anlage von entscheidender Bedeutung. Wenn wir uns die Frage vorlegen, ob aus einem Menschen einmal „etwas werden kann“, so beantworten wir damit die Frage nach seiner Entwicklungsfähigkeit! Durch nichts aber wird diese Fähigkeit so stark angetrieben und zum Erfolge förmlich vorherbestimmt, wie durch einen auf Leistungsvollkommenheit gerichteten Ehrgeiz. Dieser bestimmt also die untere Spitze der Figur. Diese Hauptachse der Figur teilt die Seite der Spannung (links) von der Seite der Lösung (rechts). Es gilt nun, die zweite Achse von links nach rechts zu benennen. Links setzen wir das Selbstbewußtsein ein, als die auf das Ich bezogene Selbstgefühlsbegabung, rechts das auf den anderen Menschen bezogene Gemeinschaftsgefühl.

Auf die Lösungsseite kommt nun zuerst die geistige Beweglichkeit, eine Eigenschaft, die den aufgeweckten und regen Menschen kennzeichnet; ihr Wert steigt mit der Konzentrationsfähigkeit, die daher den Gegenpol auf der Spannungsseite bildet.

Als drittes Paar lassen wir das Begeisterungsvermögen folgen, dem als werterhöhend die Ausdauer zugeordnet wird. Durch keine andere Anlage wird so Entscheidendes über die Begeisterungsfähigkeit ausgesagt wie durch diese, die es ermöglicht, das Strohfeuer flüchtiger Interessenbefangenheit von der dauernden und tiefen Anteilnahme wahrer Ergriffenheit zu unterscheiden.

Weiter folgen die Äußerungsfähigkeit und als Gegenpol das Erinnerungsvermögen, um damit anzudeuten, daß die Äußerungsfähigkeit nur dann davor bewahrt bleibt, in leere Geschwätzigkeit auszuarten, wenn der Schatz der Vorstellungen, Anschauungen und Begriffe, dessen der Mensch sich jederzeit zu erinnern vermag, ein wirklich reicher ist. Endlich aber bleibt die Gefühlsstärke, deren Gegenüberstellung mit der Selbstbeherrschung darauf hinweisen soll, daß ungezügelte Triebkraft ein Verhängnis für den Charakter bedeutet und wir insbesondere bei großer Gefühlsstärke sehr gute Selbstbeherrschung fordern müssen. Diese Forderung betrifft gewiß in erster Linie die seelische Gesundheit des betreffenden Menschen selbst, sie entspricht aber auch den Forderungen der Gemeinschaft.

Unsere Anordnung läßt uns nun sofort etwas über das Verhältnis von Spannung und Lösung aussagen und damit oft von vornherein den richtigen Gesichtspunkt für die Bewertung und Darstellung des Charakters finden. Die Größe der Figur aber gibt uns zusätzlich zu dem soeben gemeinten Einblick in den Aufbau des Charakters auch noch einen Hinweis auf Reichtum oder Armut der Persönlichkeit. Das Fehlen der gewiß nicht unwichtigen Gruppe der Betragenseigenschaften und der sogenannten Folgeeigenschaften ist dadurch gerechtfertigt, daß die Bewertung sowohl der einen wie der anderen in höchstem Maße von gesellschaftlichen Wertmaßstäben abhängig ist.

Die Diagramme sind nur dann wirklich leistungsfähig, wenn die überhaupt mögliche Zahl der Figuren groß genug ist, um Wiederholungen praktisch auszuschließen. Die mathematische Lösung dieser Aufgabe zeigt nun, daß wir „die Anzahl der Variationen aus vier Elementen zur zwölften Klasse mit Wiederholungen" berechnen müssen und eine Zahl von über 10 Millionen Figuren erhalten. Damit ist dieses einfache Schema als eine über Erwarten biegsame und variationsfähige Darstellungsweise anzusehen.

Diagramm wichtiger Charaktereigenschaften

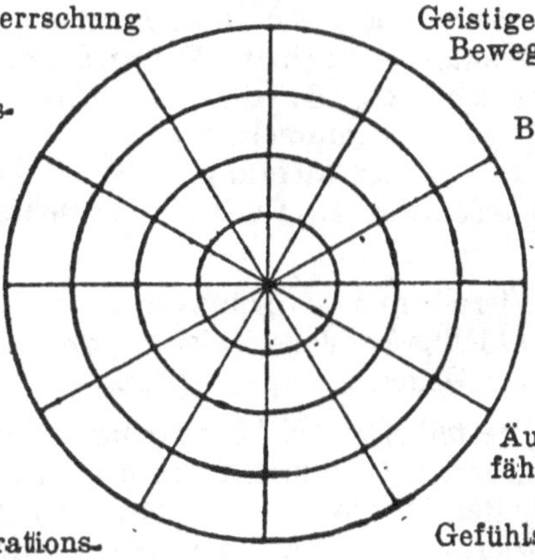

Im Diagramm bedeutet der Punkt im Außenring: sehr starke Ausprägung, im zweiten Ring — starke, im dritten Ring — normale und im Innenring — schwache Ausprägung oder Mangel der zugehörigen Eigenschaft.

Die gleichgewichtige Ausbildung der Figur im Diagramm im Hinblick auf die senkrechte Achse (links — Spannung, rechts Lösung) läßt auf gleichstarke Spannungs- und Lösungsmerkmale schließen; das Überwiegen der einen Seite oder einzelner Eigenschaften weist auf vorherrschende (einseitige) Charakteranlagen.

Durch diese Teilung wird zugleich eine raumsymbolische Aufgliederung des Schriftfeldes charakterisiert. Die senkrechte Achse ist die Raumachse, sie weist von der dunklen Erde — unten — zum hellen Himmel — oben. Der aufrecht stehende Mensch beherrscht durch seine Stellung die Welt. Oben ist Herrschaft, Macht, Geist, unten ist Dienst, Ohnmacht, Leib. Aber oben ist auch Anmaßung, Ehrgeiz, Überschwänglichkeit, und unten: Ausdauer, Treue, Vitalkraft.

Die waagerechte Achse ist die Zeitachse, sie führt aus der Vergangenheit — links, in die Zukunft — rechts. Das Sichwandelnde in der Zeit in unsere Seele, und so kommt es zur Aufteilung des Schriftfeldes in jene drei Zonen, in denen sich die Urtrias Geist — Seele — Leib „spiegelt", und die uns aus der Schriftdeutung vertraut wurde durch die Besonderheiten der Oberzüge, der Mittelbuchstaben und der Unterlängen. Da aber das Links zugleich die Bewegung zum Schreibenden zurück, das Rechts die Bewegung von ihm weg ist, so liegt links alles auf das Ich Bezügliche, alle Spannung, alles Bewahren und Festhalten; rechts aber liegt alles auf das Du Bezügliche, Hingabe, Strebsamkeit, Begeisterungsvermögen.

Die besondere Betonung einer dieser Richtungen bestimmt den sogen. Richtungscharakter der Schrift. Er wird nur nach Rechts- oder Linksläufigkeit unterschieden, da die Oben-Unten-Bewegung in der Längenteilung und Längenunterschiedlichkeit gesondert untersucht wird. Die Unterbetonung einer Richtung weist auf den Mangel der charakteristischen Eigenschaften. R. Heiß a. a. O. bringt ähnliche Untersuchungen.

In dem ersten Viertelkreis des Diagramms, rechts oben, stehen nun zuerst die mehr subjektgebundene geistige Beweglichkeit, dann das mehr objektgebundene Begeisterungsvermögen.

In dem ersten Viertelkreis des Diagramms, rechts oben, steht nun objektgebundene Äußerungsfähigkeit, dann die mehr subjektgebundene Gefühlsstärke. Im dritten Viertelkreis — zuerst das mehr subjektgebundene Konzentrationsvermögen, dann die mehr objektgebundene Ausdauer. Im vierten Viertelkreis — das mehr objektgebundene Erinnerungsvermögen und die mehr subjektgebundene Selbstbeherrschung.

So weist der erste Viertelkreis zugleich auf die raumsymbolisch begründete Gruppe: Geist - Lösung - Zukunft - Du; der zweite auf: Leib - Lösung - Zukunft - Du; der dritte auf: Leib - Spannung - Vergangenheit - Ich; der vierte auf: Geist - Spannung - Vergangenheit - Ich. Wer ein „Organ" für solche Beziehungen hat, und der Graphologe muß es haben, wird aus diesen geringen Andeutungen viel gewinnen können. Es sei hier mit allem Vorbehalt gestattet, eine Deutung auch der Verschiedenheit der allgemeinen Schreibrichtung zu versuchen. Die der unseren entgegengesetzte Schreibrichtung (also von rechts nach links, statt von links nach rechts) betont offensichtlich die Bewegung vom Du zum Ich, während unsere Schreibrichtung die Bewegung vom Ich zum Du betont. Alle Schrift war ursprünglich „Heilige Schrift", Priesterschrift, durch die göttliche Offenbarung festgehalten wurde. Auch die Bewegung von oben nach unten (China) und das „Hängen der Sanskritzeichen an einem waagerechten Strich", der förmlich den Himmel symbolisiert, weist auf dasselbe. Unsere Schrift, die vor allem nur profanen Mitteilungszwecken dient, hat, wann und aus welchen Gründen immer das geschehen sein mag, die Richtung vom Ich zum Du hin erhalten.

Wir wenden uns noch kurz der Frage zu, durch welche Schriftmerkmale die zwölf Charaktereigenschaften des Diagramms nachgewiesen werden könnten. Es gilt nun hier, wie überhaupt in allen Fällen, daß sich eine Eigenschaft nicht aus einzelnen Zeichen ablesen läßt, sondern immer nur durch Kombination und charakterkundliches Denken gefunden werden kann. Immerhin lassen sich für jede der zwölf Eigenschaften Schriftmerkmale angeben, die ihr Vorhandensein wahrscheinlich machen.

Wir beginnen mit der Entwicklungsfähigkeit. Für sie haben wir als entscheidend das Maß einer Begabung, also Reichtum der Anlagen anzusetzen. Daraus folgt, daß die Gesamtformhöhe mit der Entwicklungsfähigkeit zusammengeht, d. h. geringe Gesamtformhöhe = geringe Entwicklungsfähigkeit und umgekehrt.

Die geistige Beweglichkeit wird oft zu erschließen sein, wenn die Schrift ziemlich weit, gut verbunden, oft aber auch unverbunden, meist rechtsläufig und vereinfacht, auch mittelschnell, mit Girlandenbindung dazu flächig, druckstark, oft auch teigig erscheint. Es ist nicht notwendig, ja oft nicht einmal möglich (gut verbunden und unverbunden), daß eine Schrift alle angegebenen Merkmale zeigt, wenn auf geistige Beweglichkeit geschlossen werden soll, aber einige der angegebenen Merkmale werden sich dann finden. Dasselbe gilt sinngemäß in allen nachfolgenden Fällen.

Das Begeisterungsvermögen erschließen wir oft aus einer bewegten, ausdrucksvollen, schnellen, gut verbundenen Schrift. Meist ist sie nicht druckstark, sondern eher leicht, insbesondere die Oberzeichen sind meist leicht, vorgesetzt und hoch. Erweiterte Schleifen, steigende Zeilenrichtung, weiter Wort- und Zeilenabstand finden sich oft. Ist aber die Schrift einfach, klein, mit genau gesetzten Punktionen, engen Schleifen und steil, so wird meist Mangel an Begeisterung zu folgern sein.

Das Gemeinschaftsgefühl ist oft zu erkennen aus einer verbundenen, kleinen bis mittelgroßen Schrift, meist mehr rechtsschräg und mit Girlandenduktus. Häufig finden sich schön gerundete Endstriche und mittleres Schreibtempo. Gegen ein Gemeinschaftsgefühl würde sprechen Langsamkeit, Schwerfälligkeit, Unregelmäßigkeit, übertriebene Größe, schlechte Verbindung, enge und spitze Formen.

Die Äußerungsfähigkeit prägt sich meist aus in einer bewegten, mehr weiten und druckstarken Schrift mit betonten Oberlängen, hohen Oberzeichen und guter Gliederung. Häufig finden sich Girlanden und gute Verbundenheit, auch lebhafte Schleifenformen und sorgfältige sogen. Brückenzüge (kleine Verbindungsschleifen bei b, o, r und anderen).

Die Gefühlsstärke führt in der Regel dazu, daß die Schrift unregelmäßig wird, doch braucht darunter die Gleichförmigkeit nicht zu leiden. Vielfach finden wir Teigigkeit, kräftige Unterlängen, Rundungen, eher Weite, Schrägheit, Rechtsläufigkeit, ausgeprägte Mittelzone, eher Größe als die Gegenmerkmale. Ist eine Schrift aber eng, klein, druckschwach, regelmäßig, schmal, blaß, so kann von Gefühlsstärke keine Rede sein.

Der *Ehrgeiz* führt oft zu einer bewegten Schrift mit aufsteigenden Zeilen, ansteigenden Buchstabenformen, mit gutem Druck, insbesondere in aufsteigenden Strichen. Dazu oft voreilende Oberzeichen und Anfangsbetonung. Auch finden sich häufig Schriftbreite und sogen. Zähigkeitshaken. Da wir den Leistungsehrgeiz vom persönlichen Geltungsstreben unterscheiden müssen, sind aber die Schriftmerkmale, die auf Ehrgeiz ausgedeutet werden können, sehr vielfältige. Ein näheres Eingehen darauf ist in dem uns gesteckten Rahmen nicht möglich.

Das *Konzentrationsvermögen* zeigt sich zumeist in regelmäßiger Schrift, oft in der Gleichförmigkeit, besonders wichtig ist die regelmäßige Folge von Druckstrichen, die waagerechte Zeilenführung; die Schrift ist eher klein bis mittelgroß und meist steil. Es finden sich feste Schleifen, Verknotungen, Klarheit, gute Trennung, genaue Oberzeichen, häufig Winkel oder Arkadenbildung.

Die *Ausdauer* führt zu regelmäßiger, gleichförmiger Schrift mit gutem Druck, oft mit Häkchen, meist auch farbig, dazu eckig, gradlinige Zeilen, gradlinige Langbuchstaben, gleichmäßige Querstriche, starke Endstriche, oft keulenartig verdickt.

Das *Selbstbewußtsein* prägt sich aus in gleichförmiger, oft großer Schrift, dazu meist steil oder nach links geneigt und mit Anfangsbetonung. Vielfach finden wir Eckigkeit und Druck, steigende Zeilen, aber „fallende“ Form der Großbuchstaben (d. h. z. B. beim M Überragen des ersten Grundstriches).

Das *Erinnerungsvermögen* bezeichnet in erster Linie nicht den vitalen Sachverhalt des Gedächtnisses, sondern diejenige Verstandesbegabung, die uns in die Lage setzt, den Gedächtnisschatz jederzeit zur Verfügung zu haben. In der Schrift finden wir meist gute Verbundenheit, gute Gliederung, die von uns schon mehrfach besprochenen „immateriellen Linien“, jedenfalls aber keine Strichunterbrechungen, die nachher nicht in derselben Richtung weiterlaufen, keine Übertreibungen, keine Verschnörkelungen, keine Zeilenverhäkelung.

Die *Selbstbeherrschung* zeigt sich in regelmäßiger, druckstarker, eher leicht verengter Schrift von oft steiler Lage, auch in übersteiler Schrift, starken Winkelformen und jeder Art von Gliederung. Endlich ist aber auch die sekundäre Enge ein Zeichen für Selbstbeherrschung.

XIV. DIE UNWAHRHAFTIGKEIT

Verbrecherische Anlagen mit Sicherheit aus der Handschrift zu erschließen, ist zur Zeit noch nicht möglich. Diese Aufgabe befindet sich noch im Anfang ihrer wissenschaftlichen Erforschung. R. Wieser hat den ersten erfolgreichen Versuch unternommen und eine gewisse Beziehung zwischen Verbrechertum und Grundrhythmusschwäche nachgewiesen. Sicherer ausgebaut ist nur ein Teilgebiet — die Bestimmung der Unwahrhaftigkeit eines Schreibers nach seiner Handschrift.

Damit aber ist eine Eigenschaft in den Bereich graphologischer Untersuchungen gerückt, die wohl ausnahmslos bei verbrecherischer Veranlagung zu finden sein wird.

Der Bestand einer wahren Gemeinschaft ist im Innersten gefährdet, wenn zwischen ihren Gliedern das auf gegenseitiger Wahrhaftigkeit beruhende Vertrauen erschüttert wird. Die Lüge, als „geflissentliche Wahrheitsentstellung" (Klages), ist eine äußerst bedenkliche Erscheinung, sie weist nicht nur auf asoziale Haltung, sondern vor allem auch auf charakterliche Minderwertigkeit und innere Unechtheit.

Allerdings ist die „Lüge" nicht etwa eine Eigenschaft, die immer aus den gleichen Anlagen erwächst, niemals auch kann es in der Handschrift „Zeichen für Lüge" geben. Dieser Bemerkungen sollte es indes für uns nicht mehr bedürfen, da grundsätzlich jede Eigenschaft erschlossen werden muß auf dem Wege charakterkundlichen Denkens. Die Lüge kann aus Lügenhaftigkeit des Charakters abgeleitet werden, sie kann aber ebenso oft auch ganz andere Ursachen haben. Lügenhaftigkeit ist eine Triebfeder der Bindungsseite (passiver Egoismus) und steht ziemlich am Ende folgender Reihe von Eigenschaften: Verschwiegenheit, Verschlossenheit, Verheimlichungstrieb, Unaufrichtigkeit, Unwahrhaftigkeit, Unehrlichkeit, Heuchelei, Lügenhaftigkeit, Betrug.[65]) Versuchen wir es, mehr Klarheit über die Ursachen der Lüge zu gewinnen, so kann uns die Teilung aller Triebfedern menschlichen Tuns in solche der Spannung und solche der Lösung die Richtung weisen.

1. Die Lüge entsteht sehr oft aus dem Mißtrauen, aus der Befürchtung, den anderen in seine Karten blicken zu lassen. Beim Jugendlichen ist sie oft nichts anderes, als eine Äußerung des Selbstschutztriebes mit dem Zwecke, sich etwa den unbequemen Frager vom Halse zu schaffen. Allerdings kann sich auch ein übertriebenes Selbstgefühl dadurch erhöhen wollen, und der Dünkel treibt zu solcher Lüge.
2. Die Lüge entsteht aus Mangel an Charakterstärke, aus Schüchternheit. Wir sprechen von einer typischen Angstlüge. Es fehlt dann an Selbstbewußtsein und Durchsetzungskraft.
3. Eine sehr häufige Form der Lüge ist die Phantasielüge, die zur Verwischung der Grenzen zwischen wahr und unwahr führt, und das ist gleichbedeutend mit der Verwischung von erlaubt und verboten, so daß dann die Gefahr der sittlichen Entgleisung besteht.
4. Als letzte Quelle der Lügenhaftigkeit nennen wir den Mangel an sittlichen Hemmungen überhaupt und die innere Unwahrhaftigkeit. Das wäre also ein bewußtes Lügen um eigener Vorteile willen.

Die Schriftmerkmale, aus denen wir eine zur Unwahrhaftigkeit geneigt machende Veranlagung erkennen, sind im wesentlichen alle jene Merkmale, deren leitbildliche oder ausdruckskundliche Bedeutung auf übermäßige Gehemmtheit, Mangel an Selbstsicherheit oder aber auf übermäßige Gelöstheit, Mangel an Selbstbeherrschung schließen läßt. Jedoch dürfen wir nicht aus dem Auftreten eines oder mehrerer solcher Merkmale allein schon auf Unwahrhaftigkeit schließen, sondern erst aus ihrem gehäuften Auftreten in einer Schrift von ungünstigem Gesamteindruck. Wir bringen die Merkmale in einer Tabelle, und zwar so geordnet, daß die für jeden Typus der oben behandelten Lügenhaftigkeit besonders charakteristischen Merkmale durch das Pluszeichen unter dem betreffenden Typus ausgezeichnet sind.

Tabelle der Unwahrhaftigkeitsmerkmale

Merkmale	Typus 1	Typus 2	Typus 3	Typus 4
Anwachsende Buchstaben	—	—	+	+
Arkadenformen	+	+	—	—
Eingekrümmte Arkade	+	—	—	—
Gestützte Nebenrichtung	+	—	—	+
Falsche Bewegungsrichtung:				
Umwandlung linksläufiger Züge in rechtsläufige oder umgekehrt	+	+	+	+
Deckzüge	+	+	—	—
Fleckigkeit	—	+	—	+
Einrollungen	+	—	—	—
Unklare Korrekturen, Zutaten	—	+	+	—
Gezwungene Schrift	+	—	—	+
Zerstückelungen	—	+	—	+
Langsamkeit, Stockungen, Lötschrift	+	+	+	+
Buchstabenvertauschung	+	+	+	+
Ungleicher Verbundenheitsgrad	—	+	—	+
Wechselnde Bindungsform	+	—	—	+
Faden	—	+	—	+
Falsch gesetzte Oberzeichen	—	—	+	+
Verkümmerte Buchstaben	—	+	—	+
Fehlende Buchstaben	+	+	—	+
Vernachlässigungen	+	—	—	+
Verschnörkelungen	—	—	+	—
Spannungsschwach, gewandt-verknüpft und Abschleifungen von Buchstabenteilen	—	—	—	+

Die vier Typen folgen nun noch einmal in knappster Form:

Spannung	Lösung
Typus 1: + Lüge aus Mißtrauen, Egoismus, Überheblichkeit, Dünkel.	Typus 3: + Lüge aus Phantasie und Übertreibung, Prahlerei.
Typus 2: — Lüge aus Mangel an Selbstbewußtsein und Charakterstärke, aus Schüchternheit, „passive" Lüge, Angstlüge.	Typus 4: — Lüge aus innerer Unwahrhaftigkeit, bewußte Lüge um des Vorteils willen und aus innerem Zwang, M. a. sittlichen Hemmungen; der Versuchung zu unwahrer Darstellung wird nicht widerstanden, selbst wenn kein Nutzen ersichtlich.

Typus 1 und 3 haben ein Pluszeichen erhalten, um damit anzudeuten, daß es sich hier immerhin um vorhandene Antriebskräfte handelt. Das Zeichen Minus deutet auf einen Mangel an solchen Kräften hin. Eine ethische Wertung enthält dieses Zeichen nicht.

XV. PRAKTISCHE BEISPIELE

Eine vollständige Handschriftenanalyse mit dem Leser dieses Buches zusammen durchzuführen, würde nicht nur über den Rahmen des Buches hinausgehen, sondern einen geringeren Nutzen haben, als es dem Aufwand entspräche. Das „graphologische Sehen" muß unermüdlich geübt werden, unsere Beispiele geben dazu reiche Möglichkeiten. Die Merkmale der nun folgenden Handschriften (Abb. 45, 46, 47, 48) werden wir nicht mit Angabe ihres genauen Vorkommens nach Zeile, Wort und Buchstabe bringen oder das doch nur ausnahmsweise tun, sondern uns mit mehr summarischer Aufzählung der aus den Tabellen erschlossenen Eigenschaften begnügen. Ein vollständiger Lehrgang der graphologischen Praxis bedarf doch immer längerer persönlicher Unterweisung durch einen wissenschaftlichen Graphologen. Unsere Beispiele können daher nur als verkürzte Hinweise für den Analysengang gewertet werden und sollen vor allem in der Zusammenfassung zeigen, zu welchen weitgehenden Folgerungen wir gelangen können.

Es erübrigt sich zu betonen, daß den vier Beispielen weitestgehende Zustimmung teils vom Beurteilten selbst, teils von Personen, die diesen gut kannten, zuteil geworden ist. Sie haben also alle eine Bewährungskontrolle bestanden.

Erstes Gutachten

Analyse

Schriftsteller und Journalist, Abb. 45 M 24

Nach unserem Lehrgang (Kap. VIII) prüfen wir zuerst die Schriftprobe selbst. Sie erscheint zwanglos, zwar flüchtig, aber doch natürlich.

Geschrieben wurde wahrscheinlich mit einer weichen Füllhalterfeder. Besondere seelische oder äußere Schreibumstände, die das Schriftbild verändert haben könnten, sind aus keinerlei Störungen zu erkennen und können außer Betracht bleiben.

Wir suchen zuerst den Gesamteindruck der Schrift zu erfassen und dadurch festzuhalten, daß wir die Eindruckscharaktere formulieren: die Schrift erscheint uns bewegt, unruhig, stürmend, ungehemmt, eher zu weich und haltlos, breit, kraftvoll und doch lässig, fast weichlich. In manchen Zügen sogar kraftlos, widerstandsschwach, aber auch persönlich, geistig, reich, gestaltet, phantasievoll, z. T. übertrieben. Doch finden wir auch etwas Haftendes, Schweres in ihr, das in einem Widerspruch steht zum Lebhaften, Flotten, Ungezwungenen, Expansiven. Schon der erste Eindruck verrät uns also eine tiefe Widersprüchlichkeit des Charakters, die wir von Schritt zu Schritt deutlicher erfassen werden.

Die Gesamtformhöhe bestimmen wir auf Grund der natürlichen und eigenartigen Formen als knapp-mittel (= 3b); das wird uns beim Aufbau des Gutachtens bestimmend leiten müssen. Wir verbergen uns aber nicht, daß sich äußerst starke rhythmische Störungen finden. Können wir den Ablaufsrhythmus und ebenso den Formenrhythmus trotz dieser Störungen, von denen auch sie betroffen sind, noch als positiv bestimmen, so ist der Verteilungsrhythmus infolge der äußerst starken Zeilenverhäkelung, des Übermaßes in den Anstrichen, in der Weite, in der Völle zweifellos negativ anzusetzen.

Wir werden also in der Merkmalsklasse A und B die Eigenschaften der lebensstarken, in der Merkmalsklasse C dagegen die Eigenschaften der lebensschwachen Tabellenseite in Betracht zu ziehen haben.

Als unterstützende Merkmale können wir überall die Unregelmäßigkeit und die Neigung zu bogigen Formen feststellen und ein starkes Überwiegen der Lösungstendenzen kann uns bei der Eigenschaftenauswahl innerhalb der jeweiligen Tabellengruppe leiten.

Der stark gestörte Rhythmus weist uns sofort auf tief verwurzelte Störungen und Disharmonie, die wir im Geltungsdrang und der überdurchschnittlichen Begabung auf der einen Seite und in der mangelnden Selbstdisziplin, Treue und Willensfestigkeit auf der anderen Seite suchen müssen. Es findet sich reiche Erlebnisfähigkeit, aber zu geringe Willenskraft. Das Selbstgefühl erscheint sehr betont, jedoch nicht ausreichend fundiert. Der Geltungsdrang muß überwältigend sein, da es sowohl an Selbstkritik fehlt, wie auch an Besinnung und Muße zur gerechten Beurteilung anderer. Das Ü b e r w i e g e n der Lösungsmerkmale mahnt uns zu äußerster Vorsicht: hier verbirgt sich hinter offenbar hoher Begabung eine ans Krankhafte angenäherte Labilität. Nicht die Aufgeschlossenheit und Empfänglichkeit eines begabten Menschen ist es, sondern die übersteigerte Empfindsamkeit und Abwechslungssucht eines erlebenshungrigen, innerlich ungefestigten Menschen.

Versuchen wir, aus diesen Eindruckscharakteren noch andere als Rahmeneigenschaften für den Aufbau des Gutachtens zu gewinnen, so suchen wir zweckmäßig über eine Bewertung der beherrschenden Triebfedern des Charakters in seinen Kern vorzustoßen. Wir finden — aufgeteilt nach Triebfedern der Selbstbehauptung und Selbsthingabe:

Triebfedern

Behauptung	Hingabe
geistige Behauptung — geringe persönliche Behauptung — mehr spielerisch starker Geltungsdrang.	allenfalls sinnliche Hingabe, geringe Selbstdisziplin, Sichausleben und Sichgehenlassen, eitel auf geistige Begabung, spielerische Tendenzen, Selbstbewunderung.

Wir finden also vor allem starken Selbstschätzungsdrang, unbekümmertes Selbstbewußtsein, sehr geringe Rücksichtnahme auf andere bei allerdings großer Gewandtheit und äußerer Liebenswürdigkeit. Ferner zeichnet sich der Schreiber fraglos aus durch seine geistig-intellektuelle Begabung, durch seine glänzende Kombinationsgabe, durch Rede- und Schreibbegabung.

Selbsttäuschungen erheblichen Umfanges sind auf Grund eitler Überschätzung des Könnens zu erwarten, mangelnde Ausdauer gefährdet einen bleibenden Erfolg. Der Schreiber feiert Momenttriumphe. Seine Verstandesart läßt sich als spekulativ, geistreich, originell, mehr theoretisch, obwohl nicht lebensfern kennzeichnen. Der Intellekt beherrscht und regiert alles, auch die Sinnlichkeit wird von ihm „diktiert".

Die Gefühlsbegabung erscheint hitzig, aber nicht tief, weich, nicht nachhaltig. Die Erregbarkeit des Gefühls ist groß, ebenso der Kontaktdrang bei nur geringer Kontaktfähigkeit.

Seine Energie erscheint in lebhaften, spontanen Antrieben, es fehlt ihm aber an Ausdauer, er möchte Schwierigkeiten lieber „überspringen", statt sie zu überwinden. In den obigen Eindruckscharakteren und ihrer Ausdeutung sind schon, wie das bei der praktischen Deutungsarbeit unvermeidlich ist, Allgemeinmerkmale und Besonderheiten bewußt oder unbewußt mit verwertet worden. Auch leitbildliche und raumsymbolische Momente fließen in die Bestimmungen der Eindruckscharaktere ein, ja selbst die Verwertung des Rhythmus als Schlüsselmerkmal der Doppedeutigkeit erfolgte unentwegt, weil wir sonst überhaupt nicht zu bestimmten Formulierungen kommen könnten.

Wir bringen nun die Ergebnisse der Einzeluntersuchung aller Tabellenmerkmale und anschließend die der Besonderheiten.

Abb. 45 M 24

Gesamtformhöhe 3 b. Ablaufsrhythmus +, Formenrhythmus (+), und zwar gestört hinsichtlich der Völle, als verschnörkelt; Verteilungsrhythmus —.

Mehr unregelmäßig, bogig, gelöst.

I. Schwärmerei, II. lebhaft, impulsiv, leichtblütig, III. Erregbarkeit des Gefühls, IV. beweglich, V. ohne Befunde, VI. Kombinationsgabe, VII. sorglos, gewandt, entgegenkommend, VIII. systematisches Denken, IX. offen, X. Phantasie, Einbildungskraft, Formensinn, Darstellungsvermögen, und weil Verschnörkelung: Eitelkeit, Gefallsucht, XI. ohne Befund, XII. zügellos, unbesonnen, mußelos, XIII. ohne Befund, XIV. ohne Befund, XV. ohne Befund, XVI. Streberei, Ehrgeiz, XVII., XVIII., XIX. ohne Befund, XX. überspannt, Illusionen, unbeherrscht, XXI. distanzlos, taktlos und XXII. unbeständig, unberechenbar, XXIII. Phantasielüge, Psychopath.

Besonderheiten:

I. Einbildung, Übertreibung, Hysterie, II. zielstrebig, innere Unausgeglichenheit, Strohfeuernatur, Mangel an Übersicht und an Einteilungssinn, IV. Unzuverlässigkeit, V. Spottlust, Grausamkeit, unaufrichtig, unwahrhaftig, Materialismus, IX. übertriebene Liebenswürdigkeit aus Berechnung, Gemütsegoismus, XIII. Ansprüche, aber auch Minderwertigkeitsgefühl, schwankendes Selbstgefühl, Selbstaufbauschung, Übertreibung, XIV. aufdringliches Selbstgefühl, Geltungssucht, XV. lebhafter, aber nicht fester Wille, Redelust, nervöse Unsachlichkeit, Unehrlichkeit, Unaufrichtigkeit, Schlauheit, Eigensinn, Rechthaberei, nachtragendes Wesen, XVI. Unternehmungslust, Spekulationstrieb, Selbstbetonung aus Leistungsehrgeiz, Übertriebenheit, XVII. Illusionen, Utopien, Formensinn, Kulttreiben mit der eigenen Person, Herrschsucht aus Ehrgeiz, Spielernatur, Unsolidität, versteckte Genußsucht, XX. Lebhaftigkeit, Planlust, Begeisterungsfähigkeit, XXI. äußerer Kontakt bei innerer Isoliertheit, Geschmack.

Dieses sehr reiche Material der Analyse muß nun abgestimmt und geordnet werden. Dazu empfiehlt es sich, Dominantengruppen zusammenzustellen, die wir ohne nähere Begründung bringen wollen, ehe wir die Verarbeitung der Befunde im Gutachten vornehmen.

D o m i n a n t e n

I. W e i t e

+ Schrägheit, + Verbundenheit, + Druckschwäche, + Mangel an Regelmäßigkeit, + Eile, + lange Anstriche, + Mangel an Ebenmaß.	Mußelosigkeit, Strebsamkeit, Unruhe, Erlebnisbereitschaft, Ungehemmtheit. Vielgeschäftigkeit, Flachheit, Reizbarkeit.

II. Mangel an Gliederung

+ Mangel an Verteilungs-rhythmus,	Intellektuelle Leidenschaft — Interessiertheit,
+ Verbundenheit, + Girlande,	Kombinationsgabe, Denkgewandtheit,
+ teils magere Züge, + Spitzen, + senkrecht absteigende Züge,	schnelle Auffassung,
+ teils eingebundene, teils „immaterielle“ verbundene Oberzeile,	Kritik, Spitzfindigkeit, Sophistik,
+ teils Völle und verworrene Züge, Oberlängen betont.	Phantasie und geistige Unklarheit, M. a. Konzentration und an Wirklichkeitssinn.

III. Größe

+ Bereicherungen, + plötzliche Druckstellen, + teils Magerkeit, + Anfangsbetonung, + steigende Formen, + Verschnörkelungen, + große Längenunterschiede.	Einbildungskraft, Überheblichkeit Dünkel, Schaustellungstrieb, Geltungsdrang, Selbstgefälligkeit, Renommiersucht, Strebsamkeit, Unzufriedenheit, Ehrgeiz.

IV. Weite und schlaffe Girlanden

+ Druckschwäche, + Teigigkeit, + Weite.	unechte Liebenswürdigkeit, allgemeine Labilität.

Das Gegeneinanderstehen von Darstellungsdrang und einem offenbaren Gefühl der Lebensschwäche legt die Vermutung nahe, in dem Schreiber einen Psychopathen vor uns zu haben. Der besondere Defekt wird in der mangelnden Beherrschung, der Phantasielüge (Prahlerei) und inneren Unwahrhaftigkeit zu suchen sein. Betrügerische Handlungen wären nicht ausgeschlossen.

Die eigentümlichen d-Köpfe in der Oberzone könnten auf Verheimlichung von Absichten und Plänen gedeutet werden. Die auffällige Strichverschmierung, die Doppel- und Deckstriche insbesondere am „g“ weisen ebenfalls auf Verheimlichung.

Erstes Gutachten[66])

Abb. 45 M 24

Diese Schrift ist überladen mit Merkmalen, deren Ausdeutung zu nicht unbedenklichen Feststellungen führt, insbesondere darum, weil die Häufung der belastenden Merkmale die Schärfe der nachfolgenden Formulierungen durchaus rechtfertigt.

Schreiber ist ein Phantast, er übersteigert sich in allen seinen Empfindungen und Urteilen, er läßt sich von seinen eigenen Ideen hinreißen und verliert die Kontrolle über das, was er sagt, weil er seinen eigenen Übertreibungen selbst Glauben zu schenken pflegt!

Es fehlt ihm an verantwortungsbewußter Selbstkontrolle, wahrscheinlich auch an dem, was man „innere Disziplin" nennt. Sein rasches und in immer neuen Unternehmungen aufflackerndes Temperament mag manchesmal etwas wie Energie vortäuschen, im Grunde ist aber sein Wille schwach, seine Ausdauer gering, sein Widerstand gegen Schwierigkeiten und Hemmnisse unbeträchtlich. Er gleitet über Widerwärtigkeiten hinweg, sie sind ihm lästig, er überwindet sie nicht, sondern er sucht „zu vergessen", daß sie überhaupt da sind!

Er meint, etwas Außerordentliches darzustellen, aber er überschätzt sowohl seine Begabung wie auch seine Leistung. Es soll dabei nicht bestritten werden, daß er ein wahrscheinlich vielseitig gebildeter Mensch ist; er ist aber unklar, verworren, von wechselnden „Ideen" besessen und je für eine Weile in all seinem Tun von diesen völlig beherrscht und ausschließlich bestimmt. Aber zuverlässig und dauernd ist seine Stellungnahme nicht. Was er vielleicht als Biegsamkeit und Elastizität, ja als geistige Wandlungsfähigkeit an sich selbst bezeichnen dürfte, wird häufig einer Gesinnungslosigkeit nahekommen.

Rücksichtnahme liegt ihm fern, auch ist es ihm gleich, was andere von ihm denken. Darüber setzt er sich einfach hinweg, er lebt sich selbst so, wie es ihm gerade paßt, mögen doch die anderen sich nach ihm richten. Er liebt gewagte Formulierungen, scharfe, vielleicht gar überspitzte Kritik, er ist „streitbar" aber nicht zielbewußt, — nach außen gekehrt aber nicht tätig, sondern eher geschäftig!

Beachtlich ist seine Denkbegabung. Er kann — wenngleich eigentlich unlogisch — doch zu verblüffend zutreffenden Ergebnissen kommen, gewissermaßen mit einer nachtwandlerischen Sicherheit den Kern eines Sachverhalts erkennen und festlegen. In seinen Formulierungen wird sich gewandte Kombination mit Schlagfertigkeit und Humor verbinden.

Die Geltungsansprüche übersteigen das weit, was man in einer Gemeinschaft auch dem verdienstvollen Menschen zu geben bereit ist. Daher stößt er überall an, macht sich Feinde ohne es zu wissen, und lebt in dem Glauben, durch eine freundliche Aussprache stets alle Sympathien leicht wiedererwerben zu können. Sein persönlicher Ehrgeiz ist außerordentlich groß, das Ziel, das er anstrebt, liegt immer sehr hoch.

Er hat eine Raschheit in der Auffassung und in der Arbeitsweise, die andere verwirrt, und ihn oft instand setzt, eine Situation zu seinen Gunsten auszunutzen.

Seine Phantasie wird dazu verlocken, in ihm schöpferische Kräfte und echte Begabung anzunehmen, die ihn zu eigenen Arbeiten antreibt, aber es fehlt ihm an Fleiß und Pflichttreue.

Welche ungewöhnliche Schnelligkeit der Schlußfolgerung! Welche erstaunliche Unbelastetheit durch Vorurteile oder Prinzipien! Welch geradezu geniale Skrupellosigkeit in der Beurteilung von Menschen, deren Handlungen und Situationen! Sein stürmisches Temperament wird manchen etwas wie Leidenschaft oder gar Tiefe vortäuschen, aber es ist beides nicht da! Seine Impulsivität könnte als Wärme und Teilnahme ausgelegt werden, aber es fehlt ihm völlig an einem „ichfreien" Interesse an anderen!

Vielmehr finden wir eine Neigung zu Arroganz und Anmaßung und es können berechtigte Bedenken an der „geistigen Gesundheit" des Schreibers aufkommen! Diese Steigerung des Selbstgefühls und Geltungswillens, verbunden mit einer beachtlichen intellektuellen Begabung, die in einem bunten Feuerwerk kurzzeitig verflackert, könnte gut einem Psychopathen angehören, dessen geistige Anlagen noch einmal erstaunlich stark hervortreten, ehe eine wachsende Verworrenheit seinen Leistungen nicht nur das Merkmal der Originalität, sondern auch ihre instinkthafte Sicherheit nimmt. So verbirgt sich hinter einer glänzenden Fassade wohl schon der Keim eines nahenden Unterganges.

Es wird oft die Frage gestellt, wie das Urteil eines zweiten Graphologen über denselben Charakter ausfallen würde. Wir bringen im nachfolgenden eine Gegenüberstellung in Stichworten des eigenen Gutachtens mit dem eines zweiten Graphologen. Die außergewöhnliche Übereinstimmung ist nicht als zufällig anzusehen, sondern hat sich im Laufe längerer Zusammenarbeit immer wieder ergeben und bestätigt. Es erübrigt sich darauf hinzuweisen, daß das zweite Gutachten natürlich ohne jede Kenntnis des ersten abgefaßt wurde.

Eigenes Gutachten	Zweites Gutachten
1. Allgemeine charakterologische Bestimmungen	
Psychopath, Phantast. — Wachsende Verworrenheit zerstört die Originalität und instinkthafte Sicherheit der Leistungen.	Glühender Fanatiker, extravagant, paradoxer Eigenbrötler, Sonderling.
Hinter einer glänzenden Fassade verbirgt sich der drohende Untergang.	Lebensuntüchtigkeit.
2. Selbstbehauptung	
Neigung zu Arroganz und Anmaßung, geniale Skrupellosigkeit in der Beurteilung der Menschen und ihrer Handlungen, er ist streitbar, er lebt so, wie es ihm gerade paßt.	Kritisiert das Tun und Lassen anderer, geht unbekümmert seine eigenen Wege, streitlustiger Gegner, Originalitätssucht, unbändiger Freiheits- und Unabhängigkeitsdrang.

3. Hingabe, Stellung zur Gemeinschaft

Rücksichtslos gegen andere, die sich nach ihm richten sollen,	gibt sich nicht Mühe, Schwierigkeiten aus dem Wege zu räumen; verträgt keine Kritik,
nacht sich überall Feinde;	stößt die Menschen vor den Kopf und schädigt sich oft selbst,
es fehlt völlig an „ichfreien" Interessen zu anderen, Gesinnungslosigkeit.	keine Einordnung in den ihn umgebenden Lebenskreis.

4. Selbstgefühl, Geltungsstreben

Übersteigerte Ansprüche, Steigerung des Selbstgefühls und Geltungswillens,	Großspurigkeit, Geltungsbedürfnis,
außerordentlich großer persönlicher Ehrgeiz,	Ehrgeiz,
sehr hohe Ziele, Übertreibungen.	Höhenflug, Übertreibungen.

5. Verstandesartung

Beachtliche intellektuelle Begabung, vielseitig gebildet, aber unklar, verworren, von wechselnden Ideen besessen und von ihnen dann völlig beherrscht,	Vielseitige, reichhaltige Begabung, geist.-seel. Überbetonung, eigenwillige utopische Gedankengänge, mangelnde Klarheit des Denkens und Urteilens, Fabulierlust, Vernarrtheit in eine Idee, Fanatiker mit schillernder Geistesart. Kompromißlose „Entweder - Oder" - Natur,
gewagte Formulierungen und überspitzte Kritik,	glänzender Anwalt seiner Überzeugungen, redegewandt und voller Ironie, einfache Formulierungen werden verachtet,
Schlagfertigkeit, Kombination, Humor,	Redegewandtheit,
unlogisch,	logische Disziplinen liegen ihm nicht,
Raschheit der Auffassung und Arbeitsweise (erfolgreich).	erledigt auch schwierige Arbeiten erfolgreich (intuitiv).

6. Empfinden, Gemütsanlagen, Gefühle

Rasch aufflackerndes stürmisches Temperament, impulsiv,	Sanguinisch - cholerisches Temperament, reizbar, hemmungslose Art, empfindlich,
instinkthafte Sicherheit im Urteil, Phantasie,	Einfühlungsvermögen, üppige Phantasie, aufgeschlossen, aufnahmefähig,
Impulsität k ö n n t e als Wärme und Teilnahme ausgelegt werden, aber es fehlt an völlig ichfreien Interessen,	mangelnde seelische Wärme und Tiefe,
schöpferische Kräfte und echte Begabung fehlen.	Unmöglichkeit echter Gestaltung aus tiefstem Erleben, ins Phantasieleben sublimierte Sinnlichkeit, rücksichtslose Offenheit, Tendenz zur Verschleierung.

7. Wille und Wollen

Wille schwach, Ausdauer gering,	Schwacher Wille, keine vitale Energie und Kraft,
Widerstand gegen Schwierigkeiten und Hemmnisse ganz unbeträchtlich,	geht kraftlos den Schwierigkeiten des Lebens aus dem Wege und weicht Konflikten geflissentlich aus,
verantwortungsvolle Selbstkontrolle und innere Disziplin fehlt,	emsige Selbsterziehung und Selbstkontrolle liegt ihm nicht.
Mangel an Fleiß und Pflichttreue.	Zielstrebig (?).

Zum Abschluß dieser Untersuchung bringen wir nun noch das Diagramm, das uns eine Übersicht wichtiger Charaktereigenschaften

I. Diagramm

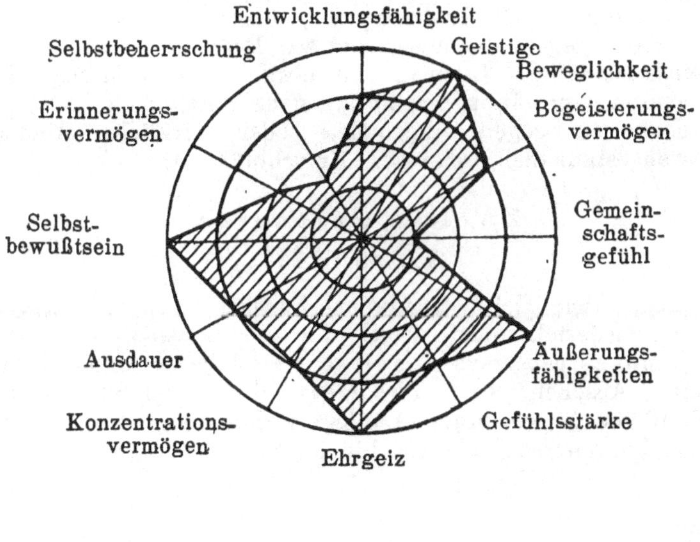

vermittelt und zugleich etwas über Reichtum der Anlagen und Harmonie aussagt. Die Figur fällt außerordentlich unregelmäßig aus, die starken Vorsprünge liegen beim Ehrgeiz, Selbstbewußtsein, bei der geistigen Beweglichkeit und Äußerungsfähigkeit. Die Mängel liegen bei der Selbstbeherrschung und im Gemeinschaftsgefühl.

Zweites Gutachten

Abb. 46 W 22

Analyse

Wir fassen uns diesmal kürzer und bringen nur die Ergebnisse der Analyse und das zusammenfassende Gutachten. Vorausgeschickt sei, daß die Gesamtformhöhe dieser bewegten und persönlich gestalteten Schrift mit gut-mittel (3a) bewertet werden muß, daß der Ablaufsrhythmus stark gestört, dagegen Formen- und Verteilungsrhythmus gut sind. Als unterstützende Merkmale sind Unregelmäßigkeit und Bogen zu betrachten, für die engere Auswahl innerhalb der Tabellengruppe ist vorherrschende Lösung der Schrift maßgebend.

II. Verführbar, IV. ungebunden, unbeherrscht, ungeduldig, VII. beeinflußbar, ziellos, bequem, IX. offen, X. Phantasie, Ungenauigkeit, Gefallsucht, XI. Anschauungsvermögen, Ursprünglichkeit, Farbensinn, XII. Versuche zur Selbstüberwindung, XIV. zwanglos, aufgeschlossen, XX. Begeisterungsvermögen, Planlust, XXII. Gefühlsstärke, Leidenschaftlichkeit, impulsiv, XXIII. Künstlernatur.

Besonderheiten:

I. Selbstgefühlsstörungen, Intelligenz, III. Kritik, Schärfe, auch Böswilligkeit, erlahmende Kraft, Erregungszustände, sinnliche Reizbarkeit, Genußliebe, IV. Inkonsequenz, Sichgehenlassen, IX. Widerstandsfähigkeit gegen Gefühlserlebnisse, Bedrückungen, Schwermut, XII. eindrucksfähig, Launen, unruhig, unzuverlässig, haltlos, XV. Eigensinn, Opposition, uneingestandene Reizbarkeit, XVI. Trotziges Sichstemmen gegen eingebildete oder wirkliche Hindernisse, XXI. Herabgestimmtheit, schwache Entschlußkraft.

Zweites Gutachten

Abb. 46 W 22

Sie stehen dem Leben und allem Erleben eigenwillig gegenüber, ungeduldig, fordernd, unbefriedigt! Es ist so, als wollten Sie allem Gewalt antun, es beherrschen, zwingen, als läge in Ihnen Trotz und Auflehnung, Abscheu gegen alles Gewöhnliche und Schablonenhafte, leidenschaftliche Zuwendung zu allem Besonderen. Sie suchen Probleme, Sie bohren sich in diese hinein, Sie suchen immer noch eine größere Tiefe, — immer aber bleibt eine Unbefriedigung bestehen. Dennoch sind Sie auch sehr unmittelbarer Gefühle fähig, aber Sie werden nicht von diesen überwältigt, sondern Sie „gewähren“ sie sich dazwischen!

Auch Ihre Hingabe ist fordernd, bleibt kritisch, und drängt nach einem „noch mehr“. Es mag schon das Faustwort vom Genuß und der Begierde in Ihnen von jeher ein starkes, unheimliches Echo gefunden haben. Nur mit dem Unterschied, daß Sie sich des Begehrens nicht recht getrauen, denn viel stärker, als die bisher gezeichnete aktive Seite, lebt in Ihnen Wunsch und Sehnsucht nach der Möglichkeit einer Hingabe, die keine Grenzen kennt.

Es ist nicht bloß Sinnlichkeit, die Sie treibt, sondern eine urwüchsige, erdhafte Kraft, in der Trotz, Selbstbehauptungswille und Hingabesehnsucht seltsam gemischt sind. Dennoch — schwerlich wird es Ihnen unter solcher Voraussetzung gelingen, Glück in der Hingabe zu finden. Sie suchen den männlichen Partner, aber Sie fliehen ihn innerlich doch zugleich, so heftig wehren Sie sich gegen das Gewöhnliche. Sie haben gewiß schon als Kind zu kleinen Extravaganzen geneigt und sich Rechte ausbedungen und ertrotzt, die andere Kinder nie besitzen. Wer Sie nicht so nahm, wie Sie sein wollten, der trug selbst den Schaden davon: eine „Diktatur des Man“ erkannten Sie nie an!

Ein lebhafter Geist, eine rasche Auffassung und eigenständige Urteile heben Sie heraus aus dem Kreise Ihrer Kameradinnen; Sie betonen diese Besonderheit und sind doch oft auch wieder von einer fast schüchternen Unsicherheit, von einer fügsamen Bereitwilligkeit, Anpassungswilligkeit und Lernbereitschaft! Das aber nur, weil Ihre Vitalität in großen Wogen brandet und abklingt, weil Sie zu Höhen drängen und dann zurücksinken, weil Sie immer wieder Großes wollen und oft auf dem halben Wege erlahmen.

Wieviel Selbstvorwürfe trug Ihnen das schon ein! Aber da liegt das große Minus Ihrer reichen, künstlerischen Natur: es fehlt am Fleiß, aus dem erst der Begabung die Frucht des Erfolges erwächst, es fehlt an Ausdauer, an Beharrung, es fehlt an Entschlußfestigkeit, an Bereitschaft zur Treue in alltäglicher Kleinarbeit. Sie wollen immer alles spontan angreifen, wollen etwas schnell erfassen und wieder „werfen“. Ihnen fehlt die Liebe zum Kleinsten, zum aufbauenden Arbeiten, das mit kleinen Erfolgen beginnt! Unruhig drängen Sie immer sofort ins Letzte und erlahmen hinterher, wenn Sie sehen, daß Sie noch vieles sammeln und aufbauen müssen.

Sie sind nicht ehrlich gegen sich selbst, so sehr Sie es sein wollen, weil Sie Leistung und Einsatz nicht aufeinander abstimmen! Immer überwiegt der lebhafte Einsatz, immer begnügen Sie sich mit geringer Leistung. Immer brechen Sie zu früh ab, beginnen Neues. Es liegt darin nicht nur Unrast, auch eine Selbstgefälligkeit, die stark persönliche Geltungswünsche spiegelt.

Maß, Entschlossenheit, Anstrengungsbereitschaft, Ausdauer, Treue im Kleinen, Festigkeit im erwählten Tagewerk, Freigabe der seelischen Hingabekräfte, Überwindung des eigenwilligen, trotzigen Dominierenwollens, Anerkennung menschlicher Werte auch im bescheidenen Kleid — das sind die Eigenschaften, deren Entwicklung Sie einer Befriedigung entgegenführt.

II. Diagramm

Wir bringen auch hier wieder das Diagramm, das für sich selber sprechen möge.

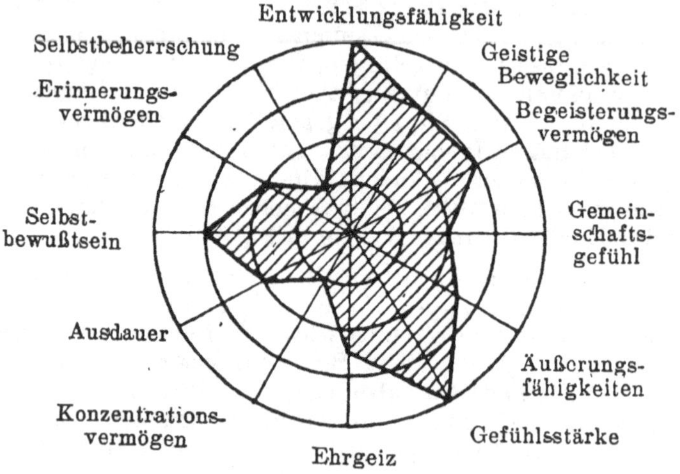

Drittes Gutachten

Abb. 47 W 40

Analyse

Wir bestimmen die Gesamtformhöhe mit schwach (4), den Ablaufsrhythmus, Formenrhythmus und Verteilungsrhythmus ebenfalls mit schwach. Als unterstützende Merkmale erscheinen Regelmäßigkeit, Geradlinigkeit, und die engere Auswahl wird durch vorherrschende Spannung bestimmt. Aus den Tabellen finden wir die nachfolgenden Merkmale und Besonderheiten:

III. Unbeständigkeit, V. Mangel an Selbstdisziplin, VII. Unduldsamkeit, zwiespältig, VIII. anpassungsfähig, Verbohrtheit, Geiz, IX. Mangel an Offenheit, förmlich, X. Über-sich-hinaus-wollen, weitschweifig, XVII. Pedanterie, Mangel an Denkgewandtheit, Nüchternheit, XX. treulos, Schwäche, XXII. Nüchternheit, langweilig, gleichgültig, XXIII. Angst vor dem, was man sagt, Mangel an Anpassung, XXIV. Mangel an Ordnung.

Besonderheiten:

II. Flüchtigkeit, VIII. Störungen der Denkfähigkeit, XVIII. Unbeholfenheit, XVI. unruhiges Geltungsbedürfnis, XIX. Schlauheit, XX. Schwäche, Flüchtigkeit, Untreue, nachlässig.

Drittes Gutachten

Abb. 47 W 40

Wir erkennen Sie in ihrer Schrift als einen innerlich gespannten, unruhigen, nervösen und sensitiven, unrastigen Menschen, hin- und hergezogen von widersprechenden Strebungen! Sie können sich zwar begeistern, bleiben aber doch nicht für die Dauer bei der Sache. Sie sind eifrig, aber der Eifer reicht nicht zu jener Gründlichkeit, die in die Tiefe der Dinge dringt. Dennoch wird man Sie als gewissenhaft bezeichnen können. Sie fassen lebhaft auf, haben Einfälle, wahrscheinlich auch eine gute schlagfertige Art zu parieren. Sie sind selbst nicht überzeugt genug von der Richtigkeit oder Bedeutung dessen, was Sie vertreten, so daß Sie weder andere zu überzeugen vermögen noch auch selbst genügend Widerstandskraft zeigen. Sie neigen auch wohl zu Überschwänglichkeiten, gelegentlich zu — Wortreichtum. Es fehlt an einer klaren Verstandeskontrolle. Sie geben sich dem Erleben des Augenblicks hin und schalten dann Ihre sonst wache Selbstkritik aus. Vielleicht nehmen Sie die Gegenwart oft zu wichtig und sehen zu wenig die Aufgaben voraus, die die Zukunft stellt. Sie lassen sich zu leicht ablenken; im unverbindlichen Gespräch entwickeln Sie eine anregende Unterhaltsamkeit, aber einer vertiefenden Arbeit ist das abträglich. Es ist wahrscheinlich, daß Sie um diese Schwächen wissen und dagegen ankämpfen! Vergessen Sie nur nicht, daß Worte und Vorsätze erst das Versprechen des Kämpfens sind! Sie dürfen nicht alles auf einmal erreichen wollen, weil man dann sehr oft nichts zu erreichen vermag! Sie brauchen Verantwortung für Kinder und Jugendliche, dann werden Sie aufleben, Sie brauchen Menschen, die nach Ihrem Rat und Ihrer Fürsorge verlangen. Unter dieser Forderung werden Sie sich befriedigend entwickeln: Genauigkeit, Ausdauer, Pünktlichkeit und Selbstsicherheit werden wachsen!

III. Diagramm

Es folgt nun das Diagramm.

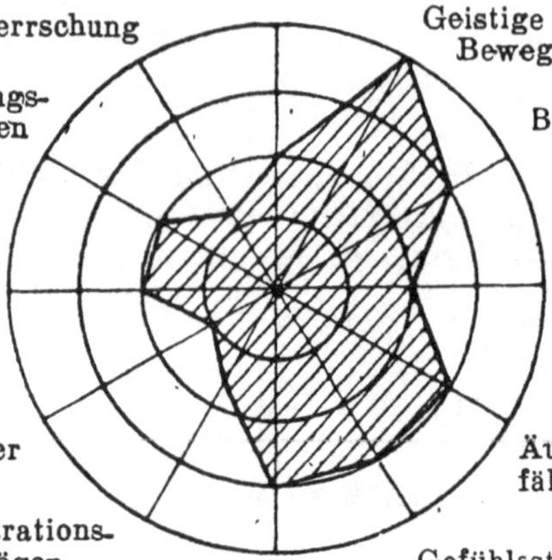

Viertes Gutachten

Abb. 48 M 35

Analyse

Die Gesamtformhöhe bewerten wir mit knapp mittel (3b), den Ablaufsrhythmus mit gut, dagegen den Formen- und Verteilungsrhythmus mit schwach. Als unterstützende Merkmale sind Regelmäßigkeit und Geradlinigkeit zu nennen, die engere Auswahl in der Tabellengruppe hat vorwiegend nach der Seite der Spannung zu erfolgen.

III. Willenskraft, Fleiß, IV. Haltung, Mäßigung, Selbstbeherrschung, V. Selbstdisziplin, Entschiedenheit, VI. Logik, Überlegung, VII. Energie, Zielstreben, Beherrschtheit, VIII. anpassungsfähig, IX. Härte, X. Mangel an Phantasie, XI. Mangel an Anschauungskraft, XII. ungesellig, bewußt, XXII. Gefühlskälte, Nüchternheit, XXIII. Mangel an Anpassung.

Aus diesem, diesmal nur geringen analytischen Befunde läßt sich jedoch immer noch (auch ohne daß irgendwelche erhebliche Besonderheiten erwähnenswert wären) ein Charakterbild entwickeln, wenn auch mehr skizzenmäßig.

Viertes Gutachten

Abb. 48 M 35

Eine bewußte und strenge Haltung ist es, die diesen Menschen kennzeichnet. Er ist ein nachdenklicher, kritischer und verantwortungsbewußter Kopf, ein kühler Beurteiler von Menschen und Situationen. Unter einem inneren Befehl stehend tut er nur das, was er auch innerlich bejaht und „gegenzeichnen“ kann. Er ist daher oft recht schwierig, es ist mühsam ihn davon zu überzeugen, daß etwas geschehen muß, wenn er es nicht einsehen will. Er ist voller Widerhaken und Bedenken, voller Einwände und Gegengründe!

Doch liegt in dieser Bewußtheit die Möglichkeit einer besonderen Entfaltung kritischer und selbständiger Intelligenz, eigenständiger Urteile und völlig unschematischer Lebensführung. Hier steht ein Mann vor uns, der nicht nur „mitmacht“, sondern der selbst lenken und führen will!

Ob ihm allerdings eine führende Rolle wirklich liegt, ist zweifelhaft. Es fehlt ihm an jener gelösten Sicherheit und Selbstverständlichkeit, mit der der geborene Führer begabt ist und durch die ihm die Führung mehr „zufällt“, als daß er sie noch erkämpfen müßte. So wird der Schreiber durch das Nichterreichen hochgespannter Ziele viele Enttäuschungen erleben. Denn trotz aller gewollten Wirklichkeitsnähe ist er doch noch stark ein planlustiger, strebsamer, zukunftsgerichteter Mensch, der oft in ein Reich der Gedanken vorstößt, das „nicht ist“.

Seine Gefühlsbegabung zeigt Herbheit und Maß; er ist offener, gerader Freundschaft fähig und geneigt. In seiner Zuwendung zur Frau wird immer die kameradschaftliche Seite vorherrschen. Es fällt ihm schon schwer, Hingabe von anderen zu fordern, sich selbst aber rückhaltlos hinzugeben und zu öffnen — noch viel schwerer! So bleibt er distanziert, will anderen gegenüber gerecht sein und vergißt darum vielleicht oft, daß gerade die Frau mehr als solche „Gerechtigkeit“ verlangt, weil sie selbst mehr zu geben bereit ist, nämlich sich selbst und alles! Dieses „alles“ aber ist etwas, was den Schreiber erschreckt und beunruhigt. Er braucht doch irgend eine Reservestellung, einen Rückhalt, eine Vorsicht, und so lebhaft das Streben nach starken Eindrücken auch sein mag, vor der Wirklichkeit scheut er doch oft zurück.

Der Wille endlich, gut anspannungsfähig, richtet sich mehr auf Nahziele, als daß er sich großen Aufgaben zuwendete. Mehr das Einzelne, vielleicht insbesondere das Praktische und Handwerkliche ist ihm Anreiz und entspricht seiner Befähigung.

Im ganzen sind Anlagen und innere Disziplin des Schreibers solcher Art, daß man ihm eine gute Entwicklung voraussagen kann, die ihn im praktischen Leben und im Beruf zu größeren Erfolgen führen wird als den Durchschnitt.

Es folgt nun auch hier die Zusammenfassung wichtiger Charaktereigenschaften im Diagramm.

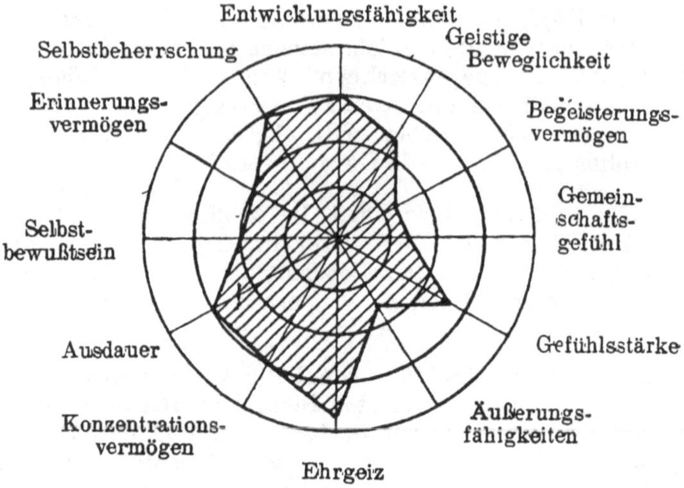

*

Unser Lehrgang findet hier seinen Abschluß. Das verarbeitete graphologische Erfahrungsgut aber wird sich nicht schon nach dem ersten Durchlesen voll erschlossen haben. Das „graphologische Sehen" muß vielmehr immer wieder und immer neu geübt und gefestigt werden.

Es glaube niemand, daß er nun mit Sicherheit nach den Tabellen und dem Verzeichnis der Besonderheiten Charaktereigenschaften „nachschlagen" könnte wie in einem Wörterbuch. Das Abwägen und Auswählen steht schon am Anfang jeder Tabellenbenutzung.

Aber auch wer richtig auswählte und richtig verwarf, hat erst „die Teile in der Hand", es fehlt dann noch das Wichtigste, „das geistige Band".

Die Kunst der Zusammenschau kann wohl geübt und entwickelt werden, sie ist aber nicht eigentlich lehrbar, d. h. sie setzt eine besondere Veranlagung voraus. Wer diese nicht besitzt, der wird niemals über eine Aufzählung hinausgelangen; wir wissen aber, daß ein richtiges Charakterbild mehr sein muß, nämlich eine begründende und entwickelnde Darstellung.

Endlich aber kann nur der Berufsgraphologe zu Leistungen kommen, die dem Gutachten jenen hohen Grad von Treffsicherheit und erschöpfender Bildhaftigkeit geben, daß die Persönlichkeit des Beurteilten vor den Augen des Lesers wieder ersteht.

Wir halten daran fest, daß ein irrationales Moment bei diesem Prozeß niemals ausgeschaltet werden kann und wissen, daß nur eine Vertiefung in die rhythmischen Qualitäten der Handschrift, die wir erleben müssen, uns den Schlüssel zur Deutung der Schriftmerkmale geben kann.

*

Wir haben die Graphologie im Dienst der Persönlichkeitsbewertung darzustellen gesucht, wir haben damit zugleich ausgesprochen, daß auch der Graphologe sich immer in verantwortungsvollem Dienste wissen muß, wenn er ein wissenschaftliches Handschriftengutachten abgibt.

* * *

SCHRIFTTUMSAUSWAHL

GRAPHOLOGIE.

Klages, L.: Einführung in die Psychologie der Handschrift, 2. Aufl. Heidelberg, 1923.
Klages, L.: Ursprünge der Seelenforschung, Reclam, 1942.
Klages, L.: Graphologie, Leipzig, 1923.
Klages, L.: Handschrift und Charakter, 18. Aufl., Leipzig, 1940.
Klages, L.: Vom Wesen des Rhythmus, Kampen auf Sylt, 1934.
Klages, L.: Grundlegung der Wissenschaft vom Ausdruck, Leipzig, 1936.
Klages, L.: Graphologisches Lesebuch, Leipzig, 1930.
Meyer, G.: Die wissenschaftlichen Grundlagen der Graphologie, 4. Aufl., Jena, 1943.
Preyer, W.: Zur Psychologie des Schreibens, 3. Aufl., Hamburg, 1928.
Heiß, R.: Die Deutung der Handschrift, Hamburg, 1943.
Wieser, R.: Die Handschrift der Betrüger, Diebe und Einbrecher, Wien, 1930.
Wieser, R.: Die Handschrift der Sexualverbrecher, Wien, 1933.
Wieser, R.: Der Rhythmus in der Verbrecherhandschrift, Leipzig, 1938.
Pophal, R.: Grundlegung der bewegungsphysiologischen Graphologie, Leipzig, 1939.
Groß, C.: Vitalität und Handschrift, Berlin, 1942.
Wenzl, A.: Graphologie als Wissenschaft, Leipzig, 1937.
Reis, H.: Deine Handschrift — dein Charakter, Bad Homburg, 1940.
Gerstner, H.: Lehrbuch der Graphologie, Celle, 1935.
Saudek, R.: Wissenschaftliche Graphologie, München, 1926.
Saudek, R.: Experimentelle Graphologie, Berlin, 1929.
Müller, W.: Mensch und Handschrift, Berlin, 1941.
Gernat, A.: Sieh dir die Handschrift an!, Wien, 1936.
Pulver, M.: Symbolik der Handschrift, Zürich-Leipzig, 1931.
Engelke, H.: Wissenschaftliche Graphologie, Reclam, 1940.
Christiansen, Carnap: Neue Grundlegung der Graphologie, München, 1933.
Bauer u. Mann: Die Graphologie der Schülerhandschrift, Leipzig, 1933.
Becker, M.: Graphologie der Kinderhandschrift, Heidelberg, 1926.
Gallmeyer, M.: Über die Entwicklung der Schülerhandschrift, St. Georgsheim Birkeneck, 1940.
Kienzle, R.: Der Ausdrucksgehalt der Schülerschrift, Stuttgart, 1936.
Koch, P.: Kinderschrift und Charakter, Iserlohn, 1932.
Wittlich, B.: Handschrift und Erziehung, Berlin, 1940.

Peter, H.: Die Schrift gefährdeter Jugendlicher, in Böhme: Psychotherapie u. Kastration, München, 1935.
Meinert, H.: Graphologie und Vernehmungstechnik, Lübeck, 1942.
Sylvus, N.: Lehrbuch der wissenschaftlichen Graphologie, Leipzig, 1929.
Sylvus, N.: Herkologische Graphologie, Stuttgart, 1932.
Brotz, R.: Großes Lehr- und Handbuch der ariosophischen Graphologie, Reichstein, 1927.

CHARAKTERKUNDE:

Klages, L.: Vorschule der Charakterkunde, Leipzig, 1937.
Klages, L.: Die Grundlagen der Charakterkunde, 8. Aufl., Leipzig, 1936.
Prinzhorn, H.: Charakterkunde der Gegenwart, Berlin, 1931.
Prinzhorn, H.: Persönlichkeitspsychologie, Leipzig, 1932.
Lersch, Ph.: Der Aufbau des Charakters, Leipzig, 1938.
Reigbert, R.: Ausdruckspsychologie u. praktische Pädagogik, Weimar, 1929.
Reinöhl, F.: Die Vererbung der geistigen Begabung, Berlin, 1937.
Rohracher, H.: Kleine Einführung in die Charakterkunde, Berlin, 1937.
Rothacker, E.: Die Schichten der Persönlichkeit, 2. Aufl. Leipzig, 1941.
Jung, C. G.: Psychologische Typen, Zürich-Leipzig-Stuttgart, 1930.
Kretschmer, E.: Körperbau und Charakter, 3. Aufl., Berlin, 1932.
Spranger, E.: Lebensformen, Halle, 1927.
Wittlich, B.: Wörterbuch der Charakterkunde, 2. Aufl., Leipzig, 1941.
Wollnik, H.: Grundfragen der Graphologie, Leipzig, 1931.
Bachmann, J.: Das graphologische Gutachten und seine Bewährung, Ztschr. f. Menschenk., 1937, Heft 3.
Bachmann, J.: Graphologie als exakte Wissenschaft, ebda. 1935, Heft 1.
Bachmann, J.: Die gegenwärtige Lage in der Graphologie, ebda., 1935, Heft 3, 4, und 1936, Heft 1.
Bobertag, O.: Ist die Graphologie zuverlässig?, Heidelberg, 1930.
Zeitschrift für Menschenkunde, Jahrg. 1—16, Verlag Kampmann.

ANMERKUNGEN

[1]) Schopenhauer, Psychologische Bemerkungen.

[2]) Goethe, Bedeutende Fördernis durch ein einziges geistreiches Wort. 1823.

[3]) Vgl. Klages, Grundlegung, S. 147 f. Müller, Mensch u. Handschrift, S. 110.

[4]) Klages, Graphologie, S. 37 u. 38. Klages, Grundlegung, S. 147 u. 269 f.

[5]) Klages, Grundlegung, S. 11.

[6]) Klages, Handschrift und Charakter, S. 93.

[7]) Besonders Pulver gilt als Vertreter einer symbolischen Graphologie, deren Befunde z. T. durchaus bedeutungsvolle sind.

[8]) Klages, Graphologie, S. 64.

[9]) Im Schriftenatlas ist die Gesamtformhöhe bei jeder Schriftprobe durch die eingeklammerte Zahl angegeben.

[10]) Über die Schwierigkeiten des Begriffes Formniveau vgl. Wenzl, Graphologie als Wissenschaft. Junge, Aufsätze zur Rationalen Graphologie; Theorie der Merkmalgruppenanalyse, Die Schrift, Rohrer, Leipzig.

[11]) Klages, Graphologisches Lesebuch, S. 23.

[12]) Müller schreibt (Mensch und Handschrift, S. 202): „Eine bestimmte Eigenartsstufe verpflichtet nicht zu völlig gleichartiger Abstufung aller Einzelzüge... oder: nicht j e d e Eigenschaft hat die gleiche Eigenartsstufe". Hier spricht der erfahrene Praktiker, ohne sich allerdings schon zu weiteren Folgerungen getrieben zu fühlen, wie wir sie jetzt ziehen.

[13]) Vgl. Groß, Vitalität und Handschrift, S. 26.

[14]) Klages, Geist als Widersacher, S. 301.

[15]) Klages, Vom Wesen des Rhythmus, S. 32.

[16]) Klages, Vom Wesen des Rhythmus, S. 33.

[17]) Klages, Geist als Widersacher, S. 299.

[18]) Klages, Graphologie, S. 64.

[19]) Klages, Handschrift und Charakter, S. 41.

[20]) Früher schon hat Verfasser darauf hingewiesen, daß man zwischen Ablaufsrhythmus und Formenrhythmus unterscheiden müßte. „Zeitschrift für Menschenkunde" 1927, Heft 5. R. Heiß, „Die Deutung der Handschrift", hat den Formenrhythmus zu einem zentralen Deutungsfaktor erhoben.

[21]) Klages, Handschrift und Charakter. Die früher gebrachte Tabelle fehlt in der Neuauflage. Klages hatte ursprünglich alle Schriftmerkmale in zwei Gruppen geordnet, nämlich in eine solche der Lösungsmerkmale und in eine Gruppe der Spannungsmerkmale. Er ist aber neuerdings davon abgegangen, denn es hat sich gezeigt, daß j e d e s Merkmal nach seiner wechselnden Ausführungsart selbst einmal mehr zur Lösung, einmal mehr zur Spannung neigt.

[22]) Wir bevorzugen die Bezeichnung Spannung statt Bindung, weil Bindungsform, Bindungsweise usw. schon festgelegte Begriffe sind.

[23]) Klages, Handschrift und Charakter, S. 57.

[24]) Klages, Grundlegung, S. 310.

[25]) Wollnik, Grundfragen, S. 63, begründet das näher. Klages bringt allerdings das Ebenmaß als Verteilungsrhythmus noch unter die Doppeldeutigkeit, so daß es dann auch negative Deutungen des Rhythmus gibt. Darin liegt aber ein Widerspruch gegen das eigene Prinzip, denn Klages selbst hat im Rhythmus die Ausdrucksform des Lebens erkannt. Es handelt sich bei rhythmischen Bewegungs- und Formgebungsimpulsen niemals um Zweckhandlungen, die jeweils aus einem Übergewicht des Antriebs bzw. einem Mangel an Hemmung verstanden werden können oder aber aus Übergewicht der Hemmung bzw. einem Mangel an Antrieb.

[26]) Goethe, Wahlverwandschaften.

[27]) Bachmann, Das graphologische Gutachten und seine Bewährung. Bobertag, Ist die Graphologie zuverlässig? Engelke, Wissenschaftliche Graphologie.

[27a]) Vgl. Schrifttumsauswahl: Bauer u. Mann, Becker, Gallmeyer, Kienzle, Koch, Wittlich.

[28]) Meinert, Vernehmungstechnik 1942.

[29]) Preyer, Zur Psychologie des Schreibens. Meyer, Die wissenschaftlichen Grundlagen der Graphologie.

[30]) Sylvus, Lehrbuch der wissenschaftlichen Graphologie. Saudek, Experimentelle Graphologie.

[31]) W. Müller, Mensch und Handschrift.

[32]) C. Groß, Vitalität und Handschrift. (Beklagenswerterweise fand das Leben und Schaffen dieses selbständigen Forschers durch Bombentreffer ein allzufrühes Ende, Januar 1944.)

Erst während des Druckes dieser Arbeit wurde uns die grundsätzlich wertvolle Arbeit von R. Heiß, „Die Deutung der Handschrift", bekannt, die von ähnlichen Überlegungen ausgeht, jedoch nicht so weit theoretisch-systematisch vorstößt, wie wir es hier versuchen.

[33]) Groß, Vitalität und Handschrift, S. 21.

[34]) Daß insbesondere bei Schreibungewandtheit das „verborgene Formniveau" gesucht werden muß, erwähnten wir schon. Klages widmet diesem Umstand längere Ausführungen in der Neuauflage von „Handschrift und Charakter".

[35]) Es ist von Interesse, daran zu erinnern, daß z. B. schon H. H. Busse in seinem „volkstümlichen Lehrbuch der Graphologie" (Vobach, 1921) die Doppeldeutigkeit unbewußt berücksichtigt. Er bringt nämlich bei vielen Merkmalen zwei Deutungen, z. B. Eile: Beweglichkeit, Tätigkeit, aber auch Flüchtigkeit, Leichtsinn; Eigenart: Ursprünglichkeit, aber auch Schwerverständlichkeit usw.

[36]) Wittlich, Handschrift und Erziehung.

[37]) Klages, Handschrift und Charakter, S. 222.

[38]) Müller, Menschenerkenntnis durch die Handschrift (vergriffen).

[39]) Wir bringen sie unter bes. starker Heranziehung von Müller „Mensch u. Handschrift", durch zahlreiche andere Befunde ergänzt.

[40]) Die Zuordnung erfolgt nach Wittlich, Wörterbuch der Charakterkunde.

[41]) Theoretisch wichtige Erkenntnisse verdanken wir Pophal. Seine „Bewegungsphysiologische Graphologie" bringt die Unterscheidung von Hin- und Herbewegung und Einzelbewegung, von Bewegungsvorschlag und Rückschlag, Versteifung, Griffdruck, Reibungsdruck usw.

[42]) Besonders eingehende und wertvolle Untersuchungen hierüber finden sich wieder bei Pophal.

[43]) Klages, Handschrift und Charakter, S. 74.

[44]) Die Schnelligkeit des Schreibvorganges ist bei Saudek einer der wichtigsten Züge, dessen Feststellung schon mit der Feststellung der Natürlichkeit und Niveauklasse zusammenfällt. Die Deutung der anderen Merkmale wird entscheidend vom Grade der Schnelligkeit abhängig gemacht. Aus den oben angegebenen Gründen können wir uns dieser Auffassung nicht anschließen.

[45]) Enke, Psychomotorik der Konstitutionstypen, Versuche mit der Schriftwaage.

[46]) Pulver bringt bemerkenswerte raumsymbolische Deutungen des Druckes.

[47]) Ein besonderes Zeichen für den Nachweis der Teigigkeit, die sogen. „ausgefransten Rechtsränder" der einzelnen Striche behandelt Wagner. Zeitschrift für Menschenkunde X Heft 4.

[48]) Ausführlich behandelt: Wittlich, Handschrift und Erziehung.

[49]) Diese Tabelle erscheint hier erstmalig.

[50]) Die Tabelle erscheint hier erstmalig.

[51]) Klages, Handschrift und Charakter, S. 139.

[52]) Unter der Bezeichnung „immaterielle gerade Linien und Kurven" behandelt diese Züge Robert Brotz, „Großes Lehr- und Handbuch der Ariosophischen Graphologie", Verlag Reichstein 1927, im Anschluß an Jvanovicz. Bei allem Vorbehalt und aller Kritik, die diese schematisierende Methode erfordert, kann den Einzeldeutungen unsere Zustimmung vielfach nicht versagt werden.

[53]) Man hat die Girlande von der Bewegung aus nicht mit Unrecht als die natürlichste Bindungsform bezeichnet.

[54]) Klages, Handschrift und Charakter, S. 125.

[54a]) Eingehende Untersuchungen: Gernat, „Neues zur Psychologie und Bedeutung der Bindungsweisen", Zentralbl. f. Graphol. 3. Jahrg. Nr. 3 (1932). Besser, „Zur Psychologie der Bindungsformen", Graphol. Querschnitt, Berlin 1932.

[55]) Diese Tabelle erscheint hier erstmalig.

[56]) Diese Tabelle erscheint hier erstmalig.

[57]) Diese Tabelle erscheint hier erstmalig.

[58]) Enskat, „Vom Ausdrucksgehalt der Gliederung", Zeitschr. für Menschenk. XIV, H. 2, 1938.

[59]) Müller und Enskat, „Mensch und Handschrift".

[60]) Gerstner, Die Gleichförmigkeit usw., Zeitschr. f. M. XIV, H. 4.

[61]) Dieser Abschnitt ist entnommen: Wittlich, „Handschrift u. Erziehung" und etwas gekürzt.

[62]) Klages, „Grundlagen der Charakterkunde", S. 112 ff.

[63]) Klages, „Grundlagen", S. 60.

[64]) Wittlich, „Wörterbuch der Charakterkunde".

[65]) Die Frage der Kinderlüge und Jugendlichenlüge wird ausführlich behandelt und erzieherisch beurteilt in: Wittlich, Handschrift u. Erziehung.

[66]) Es sei darauf hingewiesen, daß dieses Gutachten abgefaßt wurde, ohne irgendwelche nähere Daten über den Schreiber, als in den Zeichen M 24 gegeben.

TEIL II

DIE GRAPHOLOGIE IM DIENSTE DER VERBRECHENSAUFKLÄRUNG

I. AUFGABEN UND GESCHICHTE DER SCHRIFTVERGLEICHUNG

Die große Rolle der Schriftvergleichung im Rechtsleben ist bedingt durch die Bedeutung, die der Urkunde in der Abwicklung des privaten und öffentlich-rechtlichen Lebens zuzuschreiben ist. Es ist kein irgendwie wesentlicher Vorgang im Leben des einzelnen Menschen denkbar, der nicht in Verbindung mit der Ausstellung einer Urkunde stünde. Wir brauchen nur an derartige Dokumente, wie Geburtsurkunden, Schulzeugnisse, Anstellungsverträge, Quittungen, Mietverträge, Versicherungsabschlüsse, Testamente und die wichtigen persönlichen Ausweispapiere verschiedenster Art zu denken, um uns das Gesagte klar zu machen.. In mindestens gleichem Umfang aber ist die Arbeit aller staatlichen und privaten Behörden und Institutionen untereinander und in Beziehung zum einzelnen aufs engste mit der Ausstellung von Urkunden unzählbarer Abarten gekoppelt. Nicht nur an Verträge und Vereinbarungen verschiedenster Art haben wir hier zu denken, sondern ebenso auch an Banknoten, Wertzeichen, Schecks, Wechsel und Wertpapiere in der ganzen Vielfalt, in welcher dies im Interesse der Ermöglichung der Organisation und reibungslosen Abwickung des öffentlichen Lebens im Staate erforderlich sind.

Die Mehrzahl aller zur Ausstellung gelangenden Urkunden bescheinigt ein Anrecht auf persönliche Erwerbungen oder Ansprüche irgendwelcher Art, und von dieser Tatsache ausgehend, kommen wir zwangsläufig zum Zusammenhang zwischen Urkunde und Kriminalität.

Der Asoziale sucht Mittel und Wege, um sich auf unrechtmäßige Weise in den Besitz von fremdem Eigentum zu bringen. Neben der Ausführung von eigentlichen Kapitalverbrechen — Mord, Einbruchsdiebstahl, Hochstapelei — bietet ein Delikt bei relativ kleinem Gefahrenrisiko große und rasche Erfolgsaussichten. Es ist dies die Urkundenfälschung.

Wir können nicht sagen, daß nur bestimmte Urkunden der Nachahmung unterliegen, sondern bei gegebenem Anlaß kann jede Urkunde den Anreiz zur Fälschung oder Verfälschung bieten. Wenn es zum Beispiel von vornherein klar ist, daß Quittungen und Wechsel in erhöhtem Maß der Verfälschung unterliegen, so kann im Einzelfall in Abstammungsfragen eine Geburtsurkunde, im anderen Fall vielleicht ein Schulzeugnis gefälscht werden, und so wird jeder erfahrene Sachverständige die Feststellung treffen können, daß es tatsächlich wohl kaum eine Art von Urkunde gibt, die in seiner Praxis nicht das eine oder andere Mal das Projekt einer Fälschung dargestellt haben.

Irrtümlich wäre es jedoch zu glauben, daß die Urkundenfälschung lediglich ein in sich abgeschlossenes Verbrechensdelikt bildete. Die Notwendigkeit zur Durchführung von Urkundenuntersuchungen und somit im weiteren Sinne von Schriftvergleichungen tritt in jeder Art von Verbrechen auf. Weil eben Ausstellung und Besitz von Urkunden in jede menschliche Handlung hineinspielt, so ist auch die Begehung anderer Verbrechen als Urkundenfälschungen immer wieder zusätzlich mit Dokumentenfälschungen verbunden. Häufig genug bieten aber dann gerade diese Schriftstücke die entscheidende Handhabe zur Ermittlung des Täters. Wir führen hierzu einige Beispiele an:

In Fällen gewaltsamen Todes muß oft die Frage danach gestellt werden, ob es sich um Mord oder Selbstmord handelt, und nicht selten hat der Tote einen Brief oder kurz hingeworfene Abschiedsworte hinterlassen, die die Gründe zum Selbstmord darlegen sollen. Eine vergleichende Überprüfung der Handschrift ermöglicht dann die Feststellung, ob es sich um die Schrift des Toten oder aber um eine Fälschung, d. h. um eine Niederschrift des Mörders handelt, die einen Selbstmord vortäuschen soll. So kennt die Kriminalgeschichte aller Länder aus den letzten Jahrzehnten Fälle, in denen die Aufklärung der Morde auf diesem Wege gelang.

In anderen Fällen wieder hinterläßt der Mörder am Tatort irgendwelche Aufzeichnungen. Dieselben können z. B. dazu dienen, durch irreführende Angaben den Verdacht der Täterschaft in eine falsche Richtung zu lenken. Wir denken an einen Fall von Brudermord, wo bei den Angehörigen des Ermordeten kurz nach der Tat ein Brief in verstellter Schrift einlief, der die Tatzusammenhänge andeutungsweise und, wie sich später herausstellte, in falscher Richtung aufzuklären suchte. Umfassende Schriftvergleiche erbrachten schließlich überraschend die Tatsache, daß die Schwester des Ermordeten die Briefschreiberin gewesen ist. Sie konnte daraufhin als Täterin überführt werden.

In anderen Fällen — wir denken an die sensationelle, bekannte Entführung des Lindbergh-Babys in Amerika — führte die Untersuchung der zum Zweck der Erpressung von Lösegeld geschriebenen Briefe zur Ermittlung des Schreibers.

Als weitere Gruppe schwerer Kapitalverbrechen sind die vorsätzlichen Brandstiftungen bekannt. Zahlreiche Fälle aus der Praxis könnten auch hier das oben Gesagte bestätigen, daß nämlich auch bei dieser Art von Verbrechen die Schriftvergleichung das entscheidende Mittel zur Verbrechensaufklärung sein kann. Ein Beispiel möge das erläutern. Bei der Untersuchung der Brandherde an einer Schadensstelle wurden u. a. einige halb verkohlte Notizblätter sichergestellt. Diese Blätter waren mit anderem Material zum Anlegen des Feuers verwendet worden und wiesen noch bruchstückweise leserlichen Text auf. Es gelang nun unschwer auf dem Wege der Schriftvergleichung aus dem Kreis der in Frage kommenden Personen den Besitzer des Notizbuches und somit den Täter zu ermitteln.

Nur erwähnt sei hier noch die Überführung von Tätern aus Einbruchsdiebstählen an Hand der Vergleichung der Texte von Verkaufsbescheinigungen der gestohlenen Waren.

Während wir es in allen diesen Fällen mit Delikten zu tun haben, bei denen die sichergestellten Schriftstücke nur ein Indiz in der Kette des Beweismaterials zur Überführung des Täters sind, stellen in allen Fällen der Urkundenfälschungen und ebenso auch der anonymen Briefschreiberei die Urkunden bzw. Briefe das Objekt der Untersuchung, den Beweisgegenstand an sich dar. Hier haben wir es dann nicht mehr mit einem Indiz zu tun, sondern die Untersuchung der Urkunde bildet den Schwerpunkt des Verfahrens überhaupt und die Frage, ob der Schrifturheber in dem einen oder anderen Falle durch Schriftvergleich ermittelt werden kann, entscheidet meist auch bereits über den Ausgang des Verfahrens.

Insbesondere gilt das auch für das große Gebiet der anonymen Briefschreiberei, wo der Ausgang des Ermittlungsverfahrens mit dem Ergebnis der Schriftvergleichung steht und fällt.

Ein in manchen Punkten von der üblichen Schriftvergleichung abweichendes Untersuchungsverfahren verlangt schließlich die Prüfung von Unterschriften auf ihre Echtheit hin. Zu jeder Urkunde gehört als Hauptbestandteil die Unterschrift, — Unterschriftfälschungen und -vergleichungen bilden somit ein wesentliches Arbeitsgebiet eines jeden Schriftsachverständigen. Sie müssen daher auch von uns einer besonderen Behandlung unterzogen werden.

Die einem Schriftsachverständigen in jedem Falle gestellte Frage ist immer die nach der Person des Schreibers, und die Aufgabe des zweiten Teils dieses Buches soll es sein, den Weg zu zeigen, den die neuzeitliche, auf wissenschaftlicher Grundlage fundierte Schriftvergleichung zur Klärung dieser Frage einschlägt.

Das Schrifttum auf dem Spezialgebiet der Schriftvergleichung ist äußerst gering. Neben einzelnen selbständigen und umfangreicheren Arbeiten finden sich im wesentlichen nur einige kürzere Abhandlungen darüber in größeren graphologischen Werken, sowie Veröffentlichungen in Zeitschriften. Es war daher erforderlich, eine nach Möglichkeit umfassende Literaturübersicht zu geben, um einmal eine Zusammenstellung aller einschlägigen Arbeiten zu haben. Der Leser findet sie am Schluß des Buches.

Die kritische Würdigung der Frage, wer zur Ausübung des Berufes eines Schriftsachverständigen geeignet sei, macht es ferner erforderlich, soweit der Rahmen des Buches es erlaubt, einen Rückblick auf die Entwicklung des Sachverständigenwesens zu geben, und somit das Verständnis für den gegenwärtigen Zustand und die zukünftigen Möglichkeiten auf dem Gebiet der Nachwuchsausbildung zu schaffen.

Je mehr das Schreiben im Lauf der Jahrhunderte Allgemeingut wurde, umsomehr traten auch Urkundenfälschungen auf, und es wuchs in immer steigendem Maß das Bedürfnis nach der Durchführung von Schriftvergleichungen. Es wird anfänglich so gewesen sein, daß das Gericht sich aus eigener Anschauung ein Urteil über die Identität von Schriften zu verschaffen suchte, und daß sich erst nach und nach die Hinzuziehung von besonderen Sachverständigen einbürgerte. „Schreibkundige" Personen schienen hierzu in erster Linie berufen zu sein, und so waren es begreiflicherweise im Mittelalter Geistliche und Ärzte, die sich als erste mit den Fragen der Schriftvergleichung befaßten. Später wandte man sich an die Schreiblehrer und in immer steigendem Maße wurden Künstler zu Rate gezogen. Diese Entwicklung ergab sich zwangsläufig aus der Auffassung heraus, daß Personen, die viel mit dem Schreiben oder Zeichnen zu tun haben, einen entwickelten Formensinn besitzen und somit über eine gute Beobachtungsgabe verfügen müßten.

Es tauchen somit schon von Beginn an die gleichen Probleme auf, die auch heute noch einer endgültigen Lösung harren, — vornehmlich die Frage danach, wer nun seiner Vorbildung nach für die Ausübung des Berufes eines Schriftsachverständigen geeignet ist.

Im Gegensatz zu den zahlreichen Sachverständigen anderer Wissensgebiete, bei welchen in ausnahmslos allen Fällen der Nachweis einer bestimmten Vorbildung selbstverständliche Voraussetzung für die Ausübung ihrer Berufe ist (Mediziner, Chemiker, Ingenieure, Buchführungsexperten, Handwerker, auch Dolmetscher), konnte bei den Schriftsachverständigen etwas Ähnliches nicht verlangt werden, denn es gab einfach keine Ausbildungsmöglichkeiten in Gestalt irgendwelcher Lehranstalten.

So stehen wir der geradezu paradoxen Tatsache gegenüber, daß ausgerechnet für diejenigen Untersuchungen, denen prozentual und sachlich gegenüber der Tätigkeit anderer Sachverständiger im Rechtsleben eine überragend hohe Bedeutung zukommt, bis heute noch nicht Sachverständige zur Verfügung stehen, die eine einheitliche Ausbildung haben, und daß bis heute noch nicht die Frage geklärt ist, wie diese Ausbildung beschaffen sein und wer sie übernehmen soll, — wenn es auch in den letzten zwei Jahrzehnten nicht an Versuchen zu einer durchgreifenden Klärung gefehlt hat.

Es geht schon aus dem Gesagten hervor, daß eine Lösung grundsätzlich erst in dem Moment möglich wurde, wo Klarheit darüber herrschte, welches die theoretischen Grundlagen zur Ausübung des

Schriftsachverständigenberufes sein müssen. Die ersten Ansätze zur Klärung dieser Frage fallen in die Zeit um die Jahrhundertwende, als durch systematische Arbeiten deutscher Wissenschaftler die Graphologie in das Blickfeld interessierter Kreise trat. Neben den zahlreichen grundlegenden Aufsätzen aus der Feder von Ludwig Klages in den Graphologischen Monatsheften[1]) traten in dieser Zeit vor allem Preyer und Meyer mit ihren Veröffentlichungen hervor[2]) und ihre Arbeiten waren es, die die ersten Schritte zur Anerkennung der Graphologie seitens der Universitätswissenschaften darstellen. Es sind Psychiater, die sich in dieser Zeit vornehmlich für das Gebiet der Handschriftenkunde interessieren, und in den nachfolgenden Jahrzehnten beginnen sich in zunehmendem Maße ärztliche Kreise mit den Fragen der Schriftvergleichung zu befassen. Zwei Momente haben dazu Anlaß gegeben: einmal die Tatsache, daß Mediziner in erheblicher Zahl an der Herausgabe graphologischer Arbeiten beteiligt waren[3]), zum anderen kam hier der Umstand begünstigend hinzu, daß die unterdessen ins Leben gerufenen Institute für gerichtliche Medizin sich zum Teil mit den allgemeinen Fragen der naturwissenschaftlichen Kriminalistik befaßten und so zwangsläufig auch zu einer Berührung mit der Schriftvergleichung gelangen mußten.[4])

Die wissenschaftliche Fundierung, die die Graphologie durch die Werke von Klages erhielt und das ständig wachsende Interesse für dieselbe, führte im weiteren nun zur Bildung einer bisher unbekannten Berufsgruppe — den Berufsgraphologen. Charakterdeutung, Berufsberatung und Fragen der Eignungsprüfung bildeten das Hauptarbeitsgebiet für die Angehörigen dieses neuen Berufes. Es war jedoch selbstverständlich, daß sich ein nicht unerheblicher Teil von ihnen bald den Aufgaben der Schriftvergleichung zuwandte, und daß in den letzten Jahrzehnten mehrfach Versuche unternommen wurden, durch den Zusammenschluß der praktisch tätigen und fachlich einwandfreien Personen eine ideelle und materielle Festlegung des Standes der Berufsgraphologen und Schriftsachverständigen zu erzielen.

Wesentlich für uns ist es, daß nun erstmalig, und eine klare Entscheidung fordernd, die Frage auftrat, ob die Tätigkeit eines Schriftsachverständigen an die Kenntnis der Graphologie gebunden sein müßte.

Die weit verbreitete Unkenntnis der Aufgaben und der heutigen wissenschaftlichen Fundierung der Graphologie, sowie in einzelnen Kreisen zweifellos auch das Bestreben zur Aufrechterhaltung des bisherigen status quo, der die bequeme Möglichkeit bot, ohne besondere Vorkenntnisse und meist nebenberuflich einer mitunter ertragreichen Arbeit als Schriftsachverständiger nachzugehen, haben dazu geführt, daß es auch in den letzten Jahren noch Kreise gab, die die Notwendigkeit einer Kenntnis und Beherrschung der graphologischen Grundbegriffe zur Ausübung des Schriftsachverständigenberufes glattweg ablehnten. Ja, auch in einzelnen Veröffentlichungen wird irrtümlich darzustellen versucht, daß die Graphologie „gar nichts mit der Schriftexpertise zu tun hätte", und der Leser dieser Bücher könnte daraus schließen, daß ja die Graphologie etwa mit Astrologie, Chiromantie oder Wahrsagekünsten gleichzustellen wäre. Es muß hier einmal klar gesagt werden, daß derartige Behauptungen in der heutigen Zeit, wo die Graphologie bereits Lehrfach an deutschen Universitäten ist, nicht mehr haltbar sind und daher nur auf den jeweiligen Verfasser selbst zurückfallen, indem sie ein Zeugnis für seine mangelnde Literatur- und Sachkenntnis darstellen. Die Kardinalfrage nach dem Wert der Graphologie für die Schriftvergleichung muß grundsätzlich und vorbehaltslos bejaht werden. Von führenden Vertretern auf dem Gebiet der Schriftvergleichung und der Kriminalwissenschaften ist immer wieder darauf hingewiesen und die Zusammenhänge zwischen Graphologie und Schriftvergleichung sind in der Fachliteratur dargelegt worden. Hier seien nur einige Autoren angeführt: im Standardwerk der Kriminalistik, dem „Handbuch für Untersuchungsrichter" von Hans Groß, wird bereits ausführlich auf die Zusammenhänge hingewiesen und schon damals die Entwicklungsfähigkeit der Graphologie (1905) sowie ihre Bedeutung für die Identifizierung hervorgehoben.

Schon in diesem Stadium frühester wissenschaftlicher Forschungsarbeit schreibt Groß im Jahre 1905 in der Deutschen Justizzeitung: „Wer die Graphologie kurzweg von der Hand weist, ist entweder hochmütig oder unwissend: sie muß berücksichtigt werden, ... wir können von ihr unschätzbare Hilfe erhalten."

Schneiekert betont im Vorwort seines Werkes „Die Handschrift im Rechts- und Verkehrsleben, Rechtskunde für Schriftsachverständige", sowie in zahlreichen anderen früheren Veröffentlichungen, daß die Beherrschung der wissenschaftlichen Grundlagen der Graphologie als erste Voraussetzung der Anerkennung, Zulassung und Vereidigung von Schriftsachverständigen zu fordern ist.

Engelke schreibt in seinem 1940 erschienenen Buch „Wissenschaftliche Graphologie": „Von größter Wichtigkeit ist die Berücksichtigung der Graphologie bei der gerichtlichen Schriftvergleichung. Müssen doch die gesetzmäßigen Beziehungen zwischen der Handschrift und ihrem Urheber klargestellt sein, bevor es überhaupt möglich ist, die Handschrift zur Grundlage eines wissenschaftlich einwandfreien Identitätsbeweises zu machen."

Crepieux-Jamin, der bekannteste französische Graphologe und Schriftsachverständige, schreibt in seinen „Grundlagen der Graphologie": „Die Graphologie und die Handschriftenexpertise sind durch die vorhergehenden Experimente wissenschaftlich begründet; sie sind es gleichen Grades, denn sie haben die absolut gleiche Grundlage."

Klages schreibt zu dieser Frage: „Genaueste Bekanntschaft mit den Ergebnissen der Graphologie ist eine unerläßliche, ja die am wenigsten zu entbehrende Voraussetzung der Urteilskompetenz auf dem Gebiet der Schriftvergleichung."

Wir können somit folgende Thesen aufstellen:

1. Die Graphologie hat sich in den letzten Jahrzehnten zu einem erlernbaren Wissenszweig mit umfangreichem Schrifttum entwickelt. Sie bildet ein Anwendungsgebiet der praktischen Psychologie.
2. Die Graphologie gibt die Möglichkeit zum Studium der Gesetze der Handschrift und zu einer systematischen Analyse der Schriftelemente.
3. Die Graphologie hat zwei praktische Anwendungsgebiete: die Persönlichkeitsbewertung nach der Handschrift und die Identifizierung von Handschriften.

Von dem Augenblick an, wo diese Zusammenhänge klargestellt sind, kann es auch keine Zweifel mehr darüber geben, welche Kenntnisse zur Ausübung des Schriftsachverständigenberufes erforderlich sind.

Nicht der Umstand, daß ein Schreiblehrer sich mit den Handschriften seiner Schüler befaßt und auch nicht die Annahme, daß ein Künstler infolge seines Formensinns zur Schriftvergleichung geeignet wäre, sind bei der Auswahl von Schriftsachverständigen maßgebend, sondern es ist ausschließlich die Beherrschung der Gesetze der Handschrift, also die Kenntnis der wissenschaftlichen Graphologie, die die Berechtigung zur Ausübung dieses Berufes geben kann. Zweifellos braucht sich hierbei ein Schriftsachverständiger nicht mit dem deutungstechnischen Teil der Graphologie zu befassen, insofern, als er nicht mit der schwierigen Aufgabe der Ausarbeitung von Charakterbildern vertraut sein muß, — charakterkundliche Kenntnisse können ihm jedoch auch in seiner Tätigkeit nur von Nutzen sein.

Wir haben nun im Folgenden die Frage zu prüfen, was bisher an Versuchen unternommen worden ist, das Element des Zufalls bei der Auswahl von Schriftsachverständigen auszuschalten und die Möglichkeiten zur Schaffung eines theoretisch und praktisch gut geschulten Sachverständigennachwuchses zu geben.

II. DER SCHRIFTSACHVERSTÄNDIGE

In der Fachliteratur wird das Thema der Qualifikation und Ausbildung von Schriftsachverständigen wiederholt angeschnitten. Schneidemühl[5]) berichtet von Busses[6]) Vorschlag, die „Gerichtsgraphologie“ als Universitätsfach einzuführen, praktische Übungen darin abzuhalten und eine Abschlußprüfung zu verlangen, durch deren Bestehen die Berechtigung erworben würde, vom Gericht als Schriftsachverständiger zugezogen zu werden.

Schneidemühl selbst geht in der genannten Schrift wesentlich ausführlicher auf diese Frage ein und stellt unseres Wissens als erster die Forderung nach einer staatlich geleiteten Prüfung der Sachverständigen auf. Ihm schwebt bereits als selbstverständliches Ziel die Einrichtung eines staatlichen Instituts vor.

Groß behandelt in einem Aufsatz in der deutschen Juristenzeitung (a. a. O.) über den Wert der Schriftvergleichung die Frage der Ausbildung von Schriftsachverständigen und schreibt: „...Wollen wir unfähige Graphologen unmöglich machen und erreichen, daß nur gut Geschulte als Sachverständige Verwendung finden, so wird nichts anderes übrig bleiben, als zum Universalmittel der Prüfung zu greifen, die jeder ablegen müßte, wenn er als Gerichtsgraphologe Verwendung finden will."

Schneickert erhebt bereits 1925 („Der Charakter", Charakterologische Jahrbücher) die Forderung der Einführung eines Befähigungsnachweises für die Schriftsachverständigen und vertritt in seinen zahlreichen übrigen Veröffentlichungen immer wieder den Standpunkt, daß die Regelung dieser Ausbildungsfrage ein dringendes Erfordernis darstellt.

Klages[7]) geht noch weiter und stellt fest, daß hinsichtlich der Auswahl und der Tätigkeit der Schriftsachverständigen drei Momente in erster Linie beachtet werden müßten:

1. Fachwissenschaftliche Ausbildung für den Beruf nebst gründlicher Erprobung des Kandidaten.
2. Behördliche Überwachung der Schriftsachverständigentätigkeit, besonders in der Richtung, daß solche Sachverständige ausgeschieden würden, die erwiesenermaßen wiederholt Fehlgutachten geliefert hätten.
3. Schaffung einer Stelle, die sich mit der Untersuchung und Nachprüfung zweifelhafter Gutachten zu befassen hätte. Er weist ferner darauf hin, daß die Erfüllung dieser Forderungen nur im Rahmen eines staatlichen Instituts gewährleistet werden könnte.

Seitdem diese Zeilen von Klages geschrieben wurden sind 20 Jahre vergangen. Die damals aufgestellten Thesen können auch heute noch in vollem Umfang aufrecht erhalten werden und auch ein Weg zur Verwirklichung dieser Grundforderungen ist heute zu erkennen.

Es wurde bereits darauf hingewiesen, daß bestimmte Anforderungen bezüglich einer Fachausbildung an die Schriftsachverständigen nicht gestellt wurden, sondern daß die Gerichte diejenigen Personen heranzogen, die ihnen infolge ihrer Berufe dafür geeignet zu sein schienen. Konnten sie außerdem den Nachweis einer längeren praktischen Tätigkeit erbringen und war nichts über Fehlgutachten bekannt, so war es zumeist nicht schwer, sich in dem Bezirk eines Landgerichts eine allgemein anerkannte Position zu schaffen. Die sich stets wiederholenden Fragen der Verteidigung nach der Qualifikation des einen oder anderen Sachverständigen wurden meist mit dem Hinweis auf eine jahrelange Praxis abgetan. Man stelle sich hier demgegenüber den Fall vor, daß bei der Vorladung eines medizinischen Sachverständigen dieser mit dem Hinweis auf eine jahrelange heilkundliche Tätigkeit seine Qualifikation zum Sachverständigen behaupten wollte, ohne den Nachweis des absolvierten medizinischen Studiums zu erbringen.

Dabei — das muß besonders betont werden — stellt die Befragung von Schriftsachverständigen nicht etwa einen Ausnahmefall dar, sondern gehört fast zu den alltäglichen Erscheinungen in jedem größeren Landgericht. Es muß daher als völlig unbegreiflich bezeichnet werden, daß es in den vergangenen Jahrzehnten noch nie Versuche gegeben hat, die Ausbildung von Schriftsachverständigen in die Hände des Staates zu legen oder doch zumindestens eine staatliche Prüfung der amtierenden oder neu zu berufenden Sachverständigen einzuführen.

Es gibt kein anderes Gebiet im Leben eines Staates, in welchem die Entscheidung über das Schicksal von Staatsbürgern in weitestgehendem Maß in die Hände von Personen gelegt wird, deren theoretischen Kenntnissen und praktischer Befähigung gegenüber der Staat selbst überhaupt kein Interesse entgegenbringt und keinerlei Kontrolle durchführt!

Die Vorschläge von K l a g e s aus dem Jahre 1924 blieben unbeachtet — in die Nachkriegszeit fallende Gründungen von Interessengemeinschaften der praktisch tätigen Sachverständigen verfolgten mehr das Ziel einer materiellen Sicherstellung derselben und konnten ohne staatlichen Rückhalt niemals zu einer grundsätzlichen Klärung der Ausbildungsfrage führen. Sie erwiesen sich weder als lebensfähig, noch trafen sie überhaupt den Kern der Sache. Es bleibt somit das Verdienst des Verbandes wissenschaftlicher Graphologen, erstmalig in klarer und fachlich einwandfreier Form an die Lösung des Problems der systematischen wissenschaftlichen Schulung des Nachwuchses herangetreten zu sein. Allerdings, das muß sofort vorausgeschickt werden, handelte es sich nur um die Ausbildung von Berufsgraphologen, d. h. also Personen, die die Psychologie der Handschrift zu ihrem Arbeitsgebiet zu machen beabsichtigen.

Eine Ausbildung von Schriftsachverständigen im Speziellen war im Rahmen des Verbandes nicht vorgesehen. Aber auch diese Frage wäre zweifellos früher oder später angeschnitten worden, um so mehr, als führende Mitglieder des Verbandes zu den bekanntesten Schriftsachverständigen zählen.

III. GRUNDLAGEN DER SCHRIFTVERGLEICHUNG

Die vergleichende Handschriftenuntersuchung hat die Frage zu lösen, ob in einem bestimmten Fall ein inkriminierter Schriftsatz von einer der in Betracht kommenden verdächtigten Personen geschrieben worden sein kann. Die Voraussetzung zu einer Beantwortung dieser Frage ist das Vorliegen ausreichender Vergleichsschriftproben, wobei der Beschaffenheit dieses Vergleichsmaterials sowohl in qualitativer als auch quantitativer Hinsicht eine für den Erfolg der vorzunehmenden Vergleichung entscheidende Bedeutung zukommt. An anderer Stelle wird daher auch zu dieser Frage in ausführlicher Weise Stellung genommen werden müssen.

Uns interessiert in erster Linie, welche Anhaltspunkte in einer Handschrift überhaupt für die Durchführung einer Vergleichung gefunden werden können und wie sie bei der Identifizierung des Schreibers zu bewerten sind.

Wenn wir uns die schablonenmäßige Gleichförmigkeit völlig kalligrafischer Schulschriften vor Augen halten, so ist es ohne weiteres klar, daß in derartigen Schriften nur ein sehr erfahrener Praktiker noch solche Merkmale finden kann, die die Handhabe zu einer mehr oder weniger erfolgreichen Vergleichung bieten könnten. Es sind stets Abweichungen von der Normalschrift, die überhaupt erst die Durchführung einer Handschriftvergleichung ermöglichen, und zwar handelt es sich um die gleichen Eigentümlichkeiten einer Handschrift, die das Material darstellen für die Ableitung der graphologischen Grundgesetze und für welche die Graphologie feststehende, klare Begriffe geschaffen hat — sie sind es nämlich auch, welchen in der Schriftvergleichung eine maßgebliche Bedeutung zukommt.

Wir haben gesehen, daß jede Handschrift als fixierte Ausdrucksbewegung ein absolut persönliches Gepräge innehat. Hierbei liegt es im Wesen einer Handschrift begründet, daß wir es nicht mit meßbaren Größen zu tun haben, deren Wert mit Hilfe naturwissenschaftlicher Methoden eindeutig erfaßt und verglichen werden könnte, sondern in jeder Handschrift werden gemäß ihrer Eigenart völlig individuelle Merkmale zu ermitteln sein, die, wenn nicht für sich allein, so doch in den von ihnen gebildeten Merkmalgruppen einmalig sind. Und auch jedes Merkmal an sich wird entsprechend dem Schwankungsspielraum einer jeden Handschrift stets nur eine relative Konstanz zeigen. Es ist z. B. in einer und derselben Schrift kein „t" einem anderen in der Höhe absolut gleich, und es wäre daher ein zweckloses und das Wesen der Handschrift völlig verkennendes Beginnen, wollte man nun etwa mit mathematischer Genauigkeit derartige Höhenmessungen zu Vergleichszwecken vornehmen. Wir haben es also auch in ein und derselben Handschrift immer nur mit ä h n l i c h e n, nicht gleichen Schriftelementen zu tun.

Wir können nun aber weitergehen und sagen, daß auch bei der Bewertung an sich ähnlicher Merkmale verschiedener Handschriften nicht mit ein und demselben Maßstab gemessen werden kann. Wenn wir z. B. in einer intelligenten Schrift häufig eingebundene „i"-Punkte antreffen, so kommt dieser Erscheinung lange nicht der gleiche Wert zu, wie etwa vereinzelt auftretenden „i"-Punktverbindungen bei Schreibungewandtheit. Im ersteren Falle ist der Wertcharakter dieses Merkmals kein besonders hoher, denn wir finden diese Schreibweise in sehr zahlreichen Schriften der Angehörigen gebildeter Kreise. Im zweiten Fall jedoch stellt die gleiche „i"-Punktknüpfung ein sehr charakteristisches Merkmal dar, weil sie bei geringer Schreibfertigkeit sehr selten auftritt.

Es braucht daher auch kaum noch darauf hingewiesen zu werden, daß in der Schriftvergleichung niemals die Möglichkeit gegeben sein wird, als Mindestmaß zur Erbringung eines Identitätsbeweises eine bestimmte Anzahl von charakteristischen Merkmalen vorzuschreiben — wie das etwa in der Daktyloskopie der Fall ist. Es ist also weder die Aufstellung einfacher schematischer Gesetze zur Schriftvergleichung möglich, noch kann diese Vergleichung mittels naturwissenschaftlicher Methoden vorgenommen werden.

Wenn wir an die Ausführungen des ersten Teils dieses Buches denken, und uns vor Augen halten, wie die persönlichen Ausdrucksformen einer Handschrift die Anhaltspunkte für die Ausarbeitung eines Charakterbildes darstellen, so wissen wir nun, daß es die gleichen Elemente sind, auf welche sich der Schriftsachverständige bei der Identifizierung von Handschriften stützen muß.

Jede wissenschaftliche Disziplin, die sich Forschungsarbeiten und die Bewältigung praktischer Probleme zum Ziel setzt, muß nach der Schaffung einer gewissen Systematik in ihren Untersuchungsmethoden streben. Das gilt auch für die Schriftvergleichung. Wenn in dieselbe nicht ein System hineingebracht werden kann, so ist auch ein einheitliches, auf gleicher Basis beruhendes Arbeiten der Sachverständigen nicht gewährleistet. In der Vereinheitlichung der Methoden der Schriftvergleichung kann der Weg zu einer immer steigenden Wertschätzung dieses Untersuchungsverfahrens seitens der Polizei und Gerichtsinstitutionen gesehen werden, während andererseits das Fehlen eines klaren, allgemein anerkannten Systems mit die Ursache dazu war, daß es, besonders noch in den ersten Jahrzehnten dieses Jahrhunderts, laufend zu unerfreulichen und die Schriftvergleichung schwer diskreditierenden Meinungsverschiedenheiten von Sachverständigen und Gegensachverständigen vor Gerichten kam. Und doch war es nur zu verständlich, daß es dazu kommen mußte, denn die gemeinsame Ausgangsbasis war nicht vorhanden. Während der Schreiblehrer oder Künstler sich vielleicht an die ihm ins Auge fallenden Formen einzelner Buchstaben hielt, und auf diesen fußend, die Urheberschaftsidentität zweier Schriften nachgewiesen zu haben glaubte, wies der graphologisch geschulte Sachverständige auf das Auftreten erheblicher Abweichungen, beispielsweise im Richtungscharakter der zu vergleichenden Schriften, hin und erbrachte mit Bestimmtheit den Nachweis für die Nichtidentität.

Es ist daher nur zu verständlich, daß wir in der Fachliteratur mehrfach Versuchen begegnen, der Einschätzung des Wertcharakters — auch Identifizierungswert genannt — der Schriftmerkmale gewisse Regeln zugrunde zu legen. Die Frage nach diesem Wertcharakter ist die schwierigste und zugleich bedeutendste im Rahmen der Schriftvergleichung. Wenn nämlich die Analyse der Schriftmerkmale bei guten theoretischen Vorkenntnissen in jedem Fall durchführbar ist, so erfordert die Bewertung der analysierten Merkmale hinsichtlich der durchzuführenden Identifizierung ein erhebliches Maß an Erfahrung.

In dieser „Erfahrung" liegt auch heute noch z. T. das irrationale Moment der Schriftvergleichung, denn sie ist häufig der Maßstab für die Einschätzung der Bedeutung des einen oder anderen Merkmals und ist nicht in objektiver Weise zu kritisieren. Die Erkenntnis, daß es erforderlich wäre, den Untersuchungsmethoden der Schriftvergleichung eine rationellere und fest fundierte Grundlage zu geben, hat daher zahlreiche Sachverständige mit diesbezüglichen Vorschlägen hervortreten lassen. Die diesem Fragenkomplex zukommende hohe Bedeutung macht es erforderlich, auch die wesentlicheren bisherigen Vorschläge und Theorien einer eingehenden Würdigung zu unterziehen. Vor allem müssen wir uns ein Bild darüber verschaffen, wie die Merkmale an sich eingeteilt und ihrer Bedeutung nach klassifiziert worden sind.

Wir streifen zuerst kurz die älteste Schule „der Schriftvergleichung", die, in Frankreich begründet und verbreitet[8]), auch unter den Sachverständigen im übrigen Europa zeitweise Anhänger bekommen hatte und in der starken Bevorzugung graphometrischer Methoden bestand. Die Graphometrie versuchte durch angeblich exakte Messungen der Schriftelemente (Buchstabengröße, -weite, -abstände usw.) sichere Vergleichsunterlagen zu finden. Auch in neuerer Zeit finden wir noch vereinzelt Veröffentlichungen, die Meßverfahren verschiedener Art der Schriftvergleichung zugrunde legen wollen. So glaubt z. B. Matwejeff (Archiv für Kriminologie, Bd. 95) auf diesem Wege wertvolle Aufschlüsse für die Klärung der Frage der Echtheit von Unterschriften gefunden zu haben. Wir lehnen alle diese Methoden grundsätzlich ab, da sie mit Hilfe von Meßgeräten an die Bestimmung der Urheberschaftsidentität herangehen wollen. Sie sind falsch, weil wir in den Handschriften keine absolut gleichen, sondern nur ähnliche Merkmale finden können.

Die Sachverständigen Deutschlands, die mit geringen Ausnahmen nicht zu den Anhängern der Graphometrie gezählt haben, legen der vergleichenden Schriftuntersuchung stets die Analyse der Schriftmerkmale zugrunde.

Schneickert schuf hier den Begriff der primären und sekundären Merkmale. Diese Einteilung der Schriftmerkmale ist in Deutschland sehr bekannt geworden. Es ist dies „die Unterscheidung zwischen seltenen oder rein individuellen (primären) und zwischen häufigen nicht individuellen (sekundären) Merkmalen". Wir geben hierzu ergänzend noch die Definition Schneickerts für den Begriff eines Schriftmerkmals: „Unter Schriftmerkmalen hat man dabei jede auf natürlicher Gewohnheit beruhende Abweichung von der Normalform der Schulschrift zu verstehen".

Osborn[9]) gibt noch eine engere Umschreibung der von Schneickert als primär bezeichneten Merkmale, wenn er sagt, „daß Identifikations- oder Unterscheidungsmerkmale, die am meisten von dem gebräuchlichen Normalalphabet abweichen, von der größten Beweiskraft sind."

Er trifft hierbei eine Unterscheidung zwischen allgemeinen und individuellen Merkmalen. Während er nun davon absieht, diese individuellen Merkmale näher zu charakterisieren („Es ist unmöglich, alle die Tausende von bisher vorgekommenen und möglichen Schriftmerkmalen darzustellen und ihren Identitätswert zu bestimmen . . ."), hat Schneickert zur Erläuterung des Begriffs eines primären Merkmals die von ihm als „Binomialkurve" der Schriftmerkmale bezeichnete graphische Darstellung herangezogen. Er führt diesbezüglich folgendes aus: „Die Handschrift als psychologisch bedingte Ausdrucksbewegung fällt unter den . . . Lehrsatz, daß alles, was lebt, wächst oder abnimmt, zwischen dem Maximum und einem Minimum schwankt, zwischen denen alle Mittelstufen liegen, die um so zahlreicher sind, je mehr sie sich der Mitte nähern und um so seltener, je mehr sie sich von ihr entfernen. (Abb. 51.) Bertillon . . . konstruierte nach diesem Lehrsatz die Binomialkurve der Körpergröße, bei der an einem Ende (Minimum) die Zwerge, am anderen Ende (Maximum) die Riesen zu registrieren wären, während zwischen diesen beiden Punkten die zahlreichen Mittelmaße der Körpergröße zu finden sind. Verfasser konstruierte analog die Binomialkurve der Schriftmerkmale, bei der an einem Ende (Minimum) die stärksten Schriftvereinfachungen und an deren anderem Ende (Maximum) die stärksten Schriftkompliziertheiten, wie z. B. auffallende Verschnörkelung in Erscheinung treten, während zwischen beiden Endpunkten die in der Zahl zunehmenden oder abnehmenden Mittelformen zu finden sind, nämlich die in verschiedenen Handschriften immer wieder auftretenden sogenannten sekundären Merkmale, die keinen ausschlaggebenden Beweiswert beanspruchen können."

Wir sind im einzelnen auf die Binomialkurve eingegangen, weil sie auch von anderen Autoren[10]) genannt wird. Uns scheint, daß dieselbe wohl geeignet ist, durch ihre Gegenüberstellung der Tendenzen zur Vereinfachung eines Buchstabens einerseits und seiner Bereicherung

(Verschnörkelung) andererseits dem angehenden Sachverständigen ein recht anschauliches Bild zu geben, in welcher Weise die „Individualisierung" eines Buchstabens und somit einer Handschrift vor sich geht — nicht aber hat diese Kurve eine Bedeutung in der praktischen Arbeit selbst, weil sie uns wohl einen abstrakten Merkmalsbegriff vermittelt, aber objektive Anhaltspunkte für die Bewertung von Merkmalen nicht in erforderlichem Maße verschafft. Darüber hinaus scheint uns durch die dargestellte Form der Kurve eine zu enge Fassung des Begriffes „sekundäre Merkmale" gegeben zu sein. Wir würden unter sekundären Merkmalen vor allem auch sämtliche allgemeinen Handschriftelemente, wie Verbundenheitsgrad, Bindungscharakter, Schriftweite, Buchstabengröße usw. verstehen wollen — und nicht nur die in der Kurve bezeichneten Mittelformen der Gestaltung eines Buchstabens.

Wentzel (vergl. Anmerkung 10) schließt sich nicht mehr der Schneickertschen Definition an, wenngleich auch er für die Merkmalsklassifizierung die gleichen Worte primär und sekundär verwendet. In völliger Abweichung der Schneickertschen Definition möchte Wentzel unter primären Merkmalen bewußte und gewollte, unter sekundären Merkmalen unbewußte und ungewollte verstehen. Angesichts der Bedeutung der später noch zu erläuternden Begriffe der Unbewußtheit und Nichtunterdrückbarkeit von Schriftmerkmalen meint er diese Begriffe sinngemäß mit der Unterscheidung primär-sekundär zu verknüpfen.

Mit Recht weist daher Mayer darauf hin[11]), daß „die Begriffe primär und sekundär in der von Schneickert einerseits, Wentzel andererseits gewünschten Bedeutung überhaupt nicht mehr miteinander zu vergleichen sind". Er schlägt daher vor, es bei der sprachlich einfacheren Einteilung allgemeiner und besonderer Schriftmerkmale zu belassen, wobei er als allgemeine Schriftmerkmale solche bezeichnet, die nicht an einzelne Buchstaben oder Buchstabengruppen geknüpft sind — als besondere Schriftmerkmale jene, die nur in Buchstaben und Ziffern auftreten. Gegenüber allen früheren Einteilungsprinzipien entspricht diese Mayersche Definition ohne Zweifel mehr den Erfordernissen der praktischen Arbeit, sie geht aber trotzdem am Kern der Sache vorbei. Wird man sich nämlich einmal dessen bewußt, daß die wissenschaftlichen Grundlagen der Schriftvergleichung unbedingt in den graphologischen Gesetzen gefunden werden müssen, so liegt das einzig richtige Einteilungsprinzip geradezu auf der Hand. Und zwar haben wir unter den allgemeinen Schriftmerkmalen diejenigen zu verstehen, die in der einen oder anderen Form in jeder Handschrift zu finden und daher näher zu bestimmen sind, d. h. es handelt sich hier um die Schriftelemente, die im ersten Buchteil tabellarisch in den vier Gruppen der Bewegungsmerkmale, Formgebungsmerkmale, Raumverteilungsmerkmale und Ordnungsmerkmale zusammengefaßt und analysiert worden sind.

Jede Handschrift ist hinsichtlich dieser Merkmale analysierbar, also können und müssen auch in der Vergleichung zweier Schriften alle diese Merkmale immer berücksichtigt werden. Stimmen zwei Handschriften hinsichtlich dieser Merkmale überein, so ist in jedem Fall bereits die Möglichkeit einer Identität gegeben. Ist die Übereinstimmung eine gute, so ist bereits die Wahrscheinlichkeit der Urheberschaftsgleichheit groß. Stimmen sie nicht überein, so kann schon auf Grund der allgemeinen Merkmale die Nichtidentität mit großer Wahrscheinlichkeit vermutet werden, in manchen Fällen wird man sie sogar schon mit Sicherheit behaupten können. Im weiteren folgt dann die Analyse der besonderen Merkmale. Mayer definiert sie als solche, die an einzelne Buchstaben und Ziffern gebunden sind. Das ist sinngemäß richtig. Entsprechend der von uns besprochenen Definition der allgemeinen Merkmale als solche, die in jeder Handschrift zu ermitteln sind, verstehen wir daher unter den besonderen Merkmalen jene, die eine jeweils individuelle Schreibbewegung eines Schreibers darstellen, welche zugleich in der Formgebung und dem Richtungscharakter der einzelnen Buchstaben bzw. Ziffern auftritt. Diese Merkmale erst sind es, die eine sichere Identifizierung von Handschriften durchführbar machen.

Die getroffene Einteilung entspricht auch völlig dem Analysengang bei der Schriftvergleichung: Grundsätzlich erfolgt zuerst die Prüfung der allgemeinen, danach die der besonderen Merkmale.

Es liegt somit unseres Erachtens in der Frage der Einteilung und Definierung der Merkmale keine Problematik mehr. Eine Veranlassung zur Schaffung neuer Begriffe oder einer weiteren Differenzierung derselben ist weder theoretisch noch praktisch erforderlich.

Wir kommen somit nun zu der oben bereits kurz angedeuteten wichtigen Frage nach dem Wertcharakter der Schriftmerkmale. Es muß aus dem Gesagten bereits klar sein, daß hier der entscheidende Punkt der Handschriftenvergleichung angeschnitten wird. Wir können eine Reihe von Merkmalen übereinstimmender Art in zwei Handschriften festgestellt haben — wenn wir uns aber nicht klar darüber sind, welche Bedeutung denselben hinsichtlich der Urheberschaftsfrage zukommt, so können wir mit diesen Merkmalen nichts beginnen. Es ist nun erforderlich festzustellen, daß diejenigen Autoren, die die Probleme der Schriftmerkmale allgemein und speziell behandelt haben, stets nur Begriffe zu schaffen versuchen, vor der Frage der Bewertung aber stets zurückweichen und sagen, das wäre ausschließlich Sache der Erfahrung. Und so ist der Sachverhalt tatsächlich der, daß ein angehender Sachverständiger aus der vorhandenen Literatur kaum einen erheblichen Nutzen ziehen kann, weil er keinen umfassenderen Überblick über den eigentlichen Charakter der einmal als „primär", dann wieder als „besonders" oder individuell bezeichneten Merkmale erhält.

Autoren wie Schneickert, Mayer und Wentzel warnen sogar vor den Versuchen einer Einteilung von Schriftmerkmalen nach ihrem Seltenheitsgrad — weil das leicht zu Irrtümern und Fehlschlüssen führen könnte. Dieser Standpunkt kann von uns nicht geteilt werden. Sollte es nicht gefährlicher sein, die Einschätzung des Wertcharakters grundsätzlich nur immer wieder der subjektiven Erfahrung des Sachverständigen zu überlassen, als vielmehr einmal den Versuch zu unternehmen, objektiv und kritisch auch an die Bewältigung dieses Problems heranzugehen? Die Bedeutung gerade dieser Frage verlangt es, daß alle theoretischen Erwägungen und empirischen Erfahrungen herangezogen werden, um Klarheit und System in die Beantwortung dieser Frage zu bringen.

Die erste Frage, die wir uns dabei zu stellen haben, ist die, ob in der Literatur zum angeschnittenen Problem bereits Stellung genommen worden ist. Es sind unseres Erachtens nur wenige Autoren, die sich überhaupt in konkreter Weise hierzu geäußert haben: Klages in grundlegender Weise sowie ferner L a n g e n b r u c h, S c h n e i c k e r t und M ü l l e r mit kürzeren Beiträgen.[12])

Klages führt in seinem „Exkurs über Schriftexpertise" (a. a. O.) aus, daß der Wert der einzelnen Schriftindizien auf Grund des Studiums der Art und Weise der Bewegung erkannt werden kann. Die Ausführungen von Klages, die in ihrer Art völlig allein dastehen, weil in den vergangenen Jahrzehnten kein anderer in so eingehender Weise zu dieser Frage Stellung genommen hat, und die gleichwohl in späteren Veröffentlichungen nur vereinzelt zitiert worden sind (Wentzel, der Schriftindizienbeweis), sind von grundlegender Bedeutung, so daß auf dieselben unbedingt näher eingegangen werden muß.

Klages will die Schriftmerkmale folgendermaßen eingeteilt wissen:

1. Bewegungsähnlichkeiten,

2. Komplexionsähnlichkeiten,

3. Bewegungsinkonsequenzen,

und sagt: „Den Komplexionsähnlichkeiten und Bewegungsinkonsequenzen ist der Vorrang vor den allgemeinen Bewegungsähnlichkeiten zu geben."

Untersuchen wir nun, um was für Merkmalsgruppen es sich hier eigentlich handelt. Grundlegend ist, daß hier nicht auf Buchstabenformen zurückgegriffen wird, sondern daß lediglich die Bewegungsführung maßgeblich ist. Somit bildet diese Einteilung, über die zahlreiche Sachverständige offensichtlich nicht einmal informiert sind, eigentlich die theoretische Grundlage für die heute allgemein übliche Praxis der Schriftvergleichung, die wesentlich weniger auf Formen Rücksicht nimmt, als vielmehr ihr Hauptgewicht auf die Untersuchung der Einzelheiten und der Art der Bewegung legt.

Zu den angeführten Definitionen im einzelnen ist folgendes zu sagen:

1. Unter Bewegungsähnlichkeiten sind Übereinstimmungen zu verstehen, die sich auf charakteristische Abweichungen von der Normalschrift in bezug auf die Schreibbewegung beziehen. Hierzu würde z. B. ebenso ein nach rechts vorgesetzter „i"-Punkt, wie etwa auch ein hochgesetzter, über dem Grundstrich schwebender „t"-Querstrich usw. gehören.

2. Bei Komplexionsähnlichkeiten handelt es sich um individuelle Besonderheiten in der Bewegung, die sich hinsichtlich zahlreicher Bewegungskomponenten von der Norm unterscheiden und denen daher bereits eine erhöhte Bedeutung zukommt. Das soll durch einige Beispiele verständlich gemacht werden. In der Abb. Nr. 52 sehen wir unter I ein der Schulschrift entsprechend geschriebenes „i". Ein derartiger Buchstabe ist für die Schriftvergleichung bedeutungslos, weil nicht individuell. Unter II erkennen wir ein Voreilen des „i"-Punktes nach rechts. Finden wir die gleiche Erscheinung in einem zweiten Schriftstück vor, so können wir das Vorhandensein einer Bewegungsähnlichkeit feststellen. Unter III sehen wir, daß der „i"-Punkt nicht nur vorgesetzt ist, sondern daß er mit dem nachfolgenden Buchstaben verbunden geschrieben wurde. Hier haben wir es mit einer Bewegungsähnlichkeit zu tun, die sich nun bereits aus zwei Komponenten zusammensetzt. Klages verzeichnet ein derartiges Merkmal als Komplexionsähnlichkeit, und zwar als eine zweigliedrige Komplexion.

   Unter IV endlich sehen wir den nach rechts vorgesetzten „i"-Punkt, der eingebunden ist und erkennen ein linksläufiges Abbiegen des Grundstriches, eine bereits angedeutete Verbindung zum „i"-Punkt. Es ist dies somit, wie es ohne weiteres einleuchten dürfte, eine dreigliedrige Komplexion.

   Unter V der Abb. 52 haben wir grundsätzlich zur Charakteristik des obigen Punktes die vollzogene Verbindung vom Grundstrich zum „i"-Punkt: die Komplexion ist viergliedrig geworden. Je verzahnter eine derartige Komplexionsähnlichkeit ist, um so höher ist ihr Wert als Schriftindiz bei der Vergleichung.

3. Mit Bewegungsinkonsequenzen haben wir es dann zu tun, wenn sich in der zu untersuchenden Handschrift Merkmale finden, die hinsichtlich ihres Richtungscharakters oder sonstiger graphologischer Grundelemente entscheidend von der allgemein in der Handschrift erkennbaren Tendenz abweichen.

   Findet sich also beispielsweise in einer an konstanten Linksläufigkeiten reichen Schrift in wiederkehrender Folge eine ausgeprägte rechtsläufige Abbiegung der Unterschleifen beim „g", so kommt derselben eine besondere Bedeutung zu. Zeigen sich in einer ausgesprochen teigigen Schrift ganz zarte „i"-Punkte, so ist dieser Umstand bei der Vergleichung einer besonderen Beachtung zu würdigen.

Diese von Klages gegebenen Hinweise stellen ohne Zweifel das wertvollste dar, was bisher hinsichtlich der Bewertung von Schriftmerkmalen geschrieben worden ist. Denn hier wird nicht nur auf das Vorhandensein besonderer oder individueller Merkmale hingewiesen, sondern es werden Anhaltspunkte für eine kritische Bewertung dieser Merkmale gegeben. Allerdings beziehen sich diese Feststellungen nur auf einen Teil der in der Handschrift zu ermittelnden und für die Identifizierung bedeutungsvollen Merkmale: auf den Bewegungsablauf.

Zweifellos sind in den Besonderheiten der Bewegung die wesentlichsten Elemente auch der Schriftvergleichung enthalten, aber wir müssen darüber hinaus ganz unbedingt auch die Buchstaben und Ziffernformen sowie die Gliederung der Schrift beachten. Der von uns durchzuführenden Untersuchung kann somit die gleiche Gruppierung der Schriftmerkmale zugrunde gelegt werden, die die Grundlage des ersten Teiles dieses Buches bildete, nämlich die Einteilung der Schriftmerkmale in Bewegungsmerkmale, Formgebungsmerkmale, Raumverteilungsmerkmale und Ordnungsmerkmale. Groß selbst (Groß, Vitalität und Handschrift) weist auf einen derartigen Parallelismus hin, wenn er schreibt, „daß auch für die gerichtliche Schriftvergleichung die obige Einteilung von grundlegender Bedeutung sein könne, so z. B. bei der Unterscheidung von Originalschriften und Schriftnachahmungen. Während nämlich die Buchstabenformen als solche verhältnismäßig leicht zu treffen sind, gelingt die Nachahmung der Schreibbewegung eines anderen Schrifturhebers grundsätzlich nicht."

Während wir Groß ohne weiteres darin recht geben können, daß den Bewegungselementen bei der Identifizierung der Vorrang zukommt, so kann jedoch die von ihm gegebene Dreiteilung der Schriftmerkmale für die Identifizierung nicht unmittelbar in Anwendung gebracht werden. Denn es sind nicht etwa die von Groß angeführten Bewegungsmerkmale (Größe, Eile, Druckstärke, Verbundenheit u. a.), denen eine besonders hohe Bedeutung bei der Frage nach der Identität von Handschriften zuzumessen wäre. Im Gegenteil, die von Groß unter der dritten Gruppe „Raumverteilungsmerkmale" genannten Schriftelemente (u. a. Längenteilung, Reichhaltigkeit) besitzen einen besonders hohen Wertcharakter. Das ist eine im ersten Augenblick vielleicht überraschende Feststellung, die jedoch auf Grund folgender Überlegungen ohne weiteres klar verständlich wird: der Standpunkt, von dem aus die Merkmalsanalyse bei der Schriftvergleichung vorzunehmen ist, unterscheidet sich nämlich von derjenigen, die entsprechend den Ausführungen des ersten

Teils der deutungstechnischen Analyse zugrunde zu legen ist. Bei der von uns durchzuführenden Analyse können wir nicht bei den Erscheinungsformen der Raumverteilung und Formgebung haltmachen, sondern wir müssen stets weitergehen und zu ermitteln suchen, aus welchen Bewegungskomponenten diese Merkmale zusammengesetzt sind.

Bei der Handschriftenidentifizierung ist somit die Analyse der Bewegung in jedem Fall und in bezug auf jedes Merkmal der maßgebliche Ausgangspunkt überhaupt. Wir müssen also auch bei der Prüfung der Formgebungs- und Raumverteilungsmerkmale immer nach den Bewegungskomponenten dieser Merkmale forschen. So würde uns also beispielsweise bei einem sehr breiten, verknoteten „a“ nicht nur die Erscheinungsform dieses Buchstabens interessieren, sondern wir müßten vor allem auf den Ablauf der Bewegung, ob rechts- oder linksläufig, achten und die Besonderheiten der Bewegung zu ermitteln suchen.

Es interessieren uns ferner die Verhältnisse der Bewegungsanteile zueinander. Wir werden uns z. B. nicht mit der Feststellung des Auftretens zahlreicher linksläufiger Abbiegungen in einer Handschrift begnügen dürfen, sondern den Bewegungsablauf bei der Ausführung dieser Abbiegung genau zu untersuchen haben. Insofern können wir also heute noch die s. Zt. von Klages gegebene Definition als maßgebend ansehen, daß nämlich die Grundlage der Schriftvergleichung in der Analyse der Schreibbewegung zu suchen ist.

Eine prinzipielle Klärung der Frage nach dem Wertcharakter der Schriftmerkmale ist jedoch in der Dreiteilung derselben entgegen der Ansicht von Groß noch nicht gegeben. Es mußte somit zur Erreichung dieses Zieles ein neuer Weg eingeschlagen werden, und er wurde bei der Bearbeitung umfangreichen Handschriftenmaterials gefunden. Die Vergleichsunterlagen, die bei der Gutachtenerstattung in Gestalt der zahlreichen Schriftproben anfallen, sowie die laufende Arbeit in der Handschriftensammlung haben dazu geführt, immer wieder von verschiedener Seite an die Frage der Bestimmung des Wertcharakters heranzutreten. Es war möglich, an Hand dieser Untersuchungen zu wertvollen Ergebnissen zu gelangen, die nun im folgenden dargelegt werden sollen.

An ein und dasselbe Schriftmerkmal können hinsichtlich seiner Bedeutung für die Identifizierung verschiedene Anforderungen gestellt werden. In erster Linie geht aus dem vorstehend Gesagten ohne weiteres hervor, daß der Wertcharakter umso größer ist, je seltener dieses Merkmal auftritt. Die Seltenheit eines Merkmals ist somit die Grundforderung für seine Verwendungsmöglichkeit als Schriftindiz. Es stehen jedoch dieser Seltenheit noch andere wesentliche Begriffe zur Seite. Wir werden später, bei der Behandlung der Schriftverstellung, näher auf die Begriffe der Unbewußtheit und Nichtunterdrückbarkeit einzugehen haben, die aber in diesem Zusammenhang schon hier erneut gestreift werden müssen. Je unbewußter ein Merkmal seiner Entstehung nach ist, umso weniger unterliegt es der Möglichkeit einer gewollten Verstellung. Je schwerer ein Merkmal auf die Dauer hin zu unterdrücken ist, umso leichter erscheint es wieder im Schriftbilde und gibt uns Aufschlüsse über die natürliche Schreibweise.

Die Berücksichtigung dieser Gesichtspunkte hat in der Literatur mehrfach dazu geführt, daß dem Seltenheitswert eine nur bedingte Bedeutung zugebilligt wird. So schreibt Mayer [13]), man sollte die Schriftmerkmale nicht nach ihrem Seltenheitswert einteilen, denn dem Seltenheitsbegriff stünden in der gerichtlichen Schriftexpertise mindestens gleichwertig gegenüber die Unbewußtheit und Nichtunterdrückbarkeit.

Wir können diese Ansicht nicht teilen. Einmal muß klar unterschieden werden zwischen der Untersuchung frei geschriebener Schriften einerseits und bewußt verstellter Schriftzüge andererseits. Bei den ersteren, den unverstellten Schriften, ist der Seltenheitsbegriff der allein bestimmende für die Ermittlung des Wertcharakters. Nur bei Schriftverstellungen bzw. Entstellungen treten die von Mayer genannten Einschränkungen unter Umständen in Kraft und auch hier nur bedingt. Die Tatsache der Verstellung einer Schrift ist — wie wir später sehen werden — in fast allen Fällen zu erkennen. Finden wir nun trotzdem die gleichen Schrifteigentümlichkeiten, denen wir in der normalen Schriftprobe ihrem Seltenheitsgrad nach den Vorrang gegeben haben, so kann deren Bedeutung hinsichtlich der Entscheidung der Identitätsfrage nur noch steigen. Finden wir sie dagegen nicht, so wird kein erfahrener Sachverständiger daraufhin nun die Nichtidentität der zu vergleichenden Schriften behaupten, sondern sich stets die Frage vorlegen, ob diese Nichtübereinstimmung evtl. durch das Vorliegen einer bewußten Verstellung erklärt werden könnte.

Von einer Nichtunterdrückbarkeit zu sprechen scheint uns in dieser absoluten Fassung nicht angängig. Einmal sind wir der Ansicht, daß man allenfalls wohl von leichter und schwerer unterdrückbaren Merkmalen sprechen kann, zum anderen aber kann durch einen entsprechend begabten und geschulten Schreiber jedes Merkmal abgeändert werden. Hierbei vertreten wir auf Grund unserer Erfahrungen den Standpunkt, daß der größte Teil der zu begutachtenden Schriften im wesentlichen unverstellte Handschriften darstellt, denn wir können nicht von einer bewußten Verstellung sprechen, wenn ein oder der andere Schreiber lediglich eine leichte Abänderung der Schriftlage oder Schriftgröße erzeugt hat, wie das bei den zahlreichen nur scheinbar verstellten Schriften der Fall ist.

Aus diesen Erwägungen heraus stellen wir uneingeschränkt die These auf, daß der Grad der Seltenheit eines Merkmals nicht nur die einzige Möglichkeit darstellt, die Schriftelemente nach ihrem Wertcharakter abzustufen und einzuteilen, sondern daß wir auch berechtigt sind, auf Grund dieses Seltenheitsgrades Richtlinien für eine generelle

Wertung der Schriftmerkmale, also für eine Bestimmung ihres Wertcharakters zu geben.

Wir kommen nun zur weiteren Frage, ob wir uns mit der bisher in der Literatur gebotenen Definition eines „besonderen" Merkmals als eines von der Normalschrift abweichenden Schriftzuges begnügen wollen, oder aber ob wir in der Lage sind, den Wertcharakter der Merkmale für sich und untereinander in objektiver Weise zu ermitteln. Es leuchtet ein, daß theoretische Erwägungen oder Erkenntnisse hier nicht zu einem Ziel führen können. Die graphologischen Gesetze der Handschrift sagen uns beispielsweise wohl, wie hochgesetzte „i"-Punkte deutungstechnisch zu behandeln sind — sie geben uns aber keine Anhaltspunkte für die Beantwortung der Frage, ob derartigen hochgesetzten „i"-Punkten ein beachtlicher Wertcharakter zukommt, und wie derselbe etwa im Verhältnis zu demjenigen tiefgesetzter „i"-Punkte einzuschätzen wäre.

Zweckdienliche Aufschlüsse können hier also nur auf dem Wege der praktischen Erfahrung erzielt werden. Von diesem Gesichtspunkt aus sind wir somit auch an die Beantwortung der zu klärenden Fragen herangetreten. Das Material, das die Unterlage für diese umfangreichen Untersuchungen darstellte, setzte sich aus folgenden Schriften zusammen:

1. 2000 ausgewählten Handschriften, und zwar grundsätzlich nur Schriften nicht krimineller Personen,
2. 600 Handschriftproben einer Privatsammlung.

Es sei darauf hingewiesen, daß die Schriftproben aus den Jahren 1900—1944 stammen.

Zwei Ziele waren der Arbeit gesetzt worden:

Einmal sollte an Hand dieses umfangreichen Untersuchungsmaterials festgestellt werden, in welchem Verhältnis die unseres Erachtens für die Identifizierung wichtigen allgemeinen Schriftelemente zueinander stehen und welche Rolle sie daher in der Handschriftenvergleichung spielen können.

Zum zweiten sollte auf Grund der bereits in jahrelanger Praxis gesammelten Erfahrungen und nach Durchsicht der genannten Schriftproben ein umfassender Überblick über Art und Ausprägung der sogenannten besonderen Schriftmerkmale gegeben werden.

Wir haben schon darauf hingewiesen, daß es nicht genügt, immer nur Begriffsdefinitionen zu schaffen und keine Hinweise und Anleitungen für die Arbeit selbst zu geben. Es muß an Hand praktischer Beispiele gezeigt werden, worum es eigentlich bei den besonderen Schriftmerkmalen geht. Ferner werden wir zeigen, daß die Einteilung der Elemente, wie sie im ersten Teil dieses Buches geschildert ist, ihrerseits aufschlußreiche Anhaltspunkte für die Einschätzung des Wertcharakters zu bieten imstande ist.

IV. DER WERTCHARAKTER DER ALLGEMEINEN SCHRIFTMERKMALE

Der Begriff eines allgemeinen Merkmals ist im vorigen Abschnitt klar umrissen worden. Diese Merkmale sind in jeder Handschrift zu ermitteln, und ihre Analyse muß somit die Grundlage einer jeden vergleichenden Schriftuntersuchung bilden. Schriftvergleichungen, denen ein derartiger systematischer Analysengang nicht zugrunde liegt, sind schon daran kenntlich, daß eine Reihe scheinbar individuell geprägter Buchstabenformen wahllos herausgegriffen und gegenüberstellend verglichen wird und daß daneben die kritische Wertung der allgemeinen Elemente vollkommen übersehen wird.

Hierin lag und liegt auch heute noch eine der größten Gefahren nicht qualifizierter Schriftsachverständiger, denn auffallende Buchstabenformen können in Handschriften verschiedener Personen gelegentlich überraschende Ähnlichkeiten aufweisen. Sie wirken, vom Sachverständigen in seinem Gutachten zeichnerisch oder fotografisch besonders hervorgehoben, oftmals bestechend auch auf den Richter oder andere am Verfahren beteiligte Personen. Für den Laien bilden solche Merkmale feststehende Blickpunkte, die sich aus dem schwer zu entwirrenden Schriftbilde in überzeugender Weise hervorheben, und denen man darum nur zu leicht geneigt ist, eine überragende und entscheidende Bedeutung zuzumessen. Es kann nicht daran gezweifelt werden, daß ungezählte Fehlgutachten auf eine Überschätzung derartiger Einzelmerkmale zurückzuführen sind. [14])

Wir erkennen wieder, daß die Entwicklung der Deutungstechnik und der Schriftvergleichung hier gleiche Wege gegangen sind. Die Zeiten der „Zeichendeuterei" sind bei der charakterologischen Auswertung der Handschrift vorüber. Und genau so ist auch ein Operieren ausschließlich mit Einzelformen in der Schriftvergleichung heute nicht mehr zulässig.

Dagegen können wir sagen, daß die Vergleichung der allgemeinen Merkmale oftmals schon eine sichere Grundlage für die Nichtidentität zweier Schriften geben kann.

Die erste Aufgabe besteht somit nun darin, die Häufigkeit des Auftretens dieser allgemeinen Merkmale im einzelnen empirisch zu ermitteln. Aber nicht nur die so erhaltenen absoluten Zahlen sind bedeutungsvoll, sondern aufschlußreich sind Gegenüberstellungen über das kombinierte Auftreten verschiedener Merkmale bzw. Merkmalgruppen. So werden wir z. B. aus den weiter unten veröffentlichten Tabellen sehen, daß die reine Arkadenbindung in einer erheblichen Zahl aller Fälle in unverbundenen Schriften auftritt, während andererseits reine Girlandenschriften in überwiegendem Maße eine hohe Verbundenheit zeigen.

Die Möglichkeit der Zusammenstellung und Kombination derartiger Merkmalgruppen ist naturgemäß ungeheuer groß. Sie stellt eine für die Schriftvergleichung dankbare und aufschlußreiche Arbeit dar. Wir haben uns auf die uns so wichtig erscheinenden Gruppen von Merkmalen beschränkt, da eine erschöpfende Ausarbeitung bei der Vielzahl der sich bietenden Kombinationen überhaupt nicht möglich ist. Außerdem muß hier in Betracht gezogen werden, daß keineswegs alle wechselseitigen Kombinationen Aufschlüsse bieten können, die für die Schriftvergleichung von nennenswerter Bedeutung wären. Eine Wiedergabe derartiger zahlenmäßiger Ergebnisse wäre daher unberechtigt, weil zwecklos.

Die Unterlagen für die durchgeführten Versuche bildeten, wie bereits geschildert, die 2600 Schriftproben, die entsprechend den 2 großen Gruppen völlig getrennt untersucht wurden. Diese Art der Arbeit ergab auch sofort sehr aufschlußreiche vergleichende Kontrollmöglichkeiten für die Stichhaltigkeit der erzielten Versuchsergebnisse. Wiederum muß hierbei betont werden, daß die Merkmale unabhängig vom Grade ihrer mehr oder weniger leichten Verstellbarkeit untersucht wurden, denn es ging bei diesen Versuchen darum, Angaben für unverstellte, natürliche Schriften zu erhalten. In welchem Maß der Wertcharakter des einen oder anderen Merkmals bei der Verstellung Einbuße erleiden kann, dazu wird in einem der nachfolgenden Kapitel Stellung genommen.

Zur Erzielung einer guten Übersichtlichkeit müssen die zur Analyse vorliegenden allgemeinen Schriftmerkmale entsprechend den Tabellen des ersten Teiles einmal in zusammenhängender Aufstellung gebracht werden:

Bewegungsmerkmale:

groß	—	klein
eilig	—	nicht eilig
druckstark	—	druckschwach
weit	—	eng
teigig	—	scharf
stark verbunden	—	unverbunden

Formgebungsmerkmale:

vorherrschend Arkadenbindung
„ Winkelbindung
„ Girlandenbindung
(unausgesprochene Bindungsform)

voll	mager
gewandt verknüpft	ungewandt verknüpft

Raumverteilungsmerkmale:

Schriftlage:	schräg	normal übersteil
Richtungscharakter:	rechtsläufig	linksläufig
Anfangszüge:	betont	unterbetont
Endzüge:	betont	unterbetont
Oberzeichen:	hoch	tief
Längenteilung:	oberlängenbetont	unterlängenbetont
Höhe:	hoch	niedrig
Breite:	breit	schmal
Längenunterschiedlichkeit:	groß	klein

Ordnungsmerkmale:

gegliedert — ungegliedert
regelmäßig — unregelmäßig
gleichförmig — ungleichförmig.

Die Begriffsbestimmung dieser allgemeinen Merkmale findet sich jeweils bei den entsprechenden Abschnitten im I. Teil des Buches.

Wir sind nun so vorgegangen, daß wir an Hand der Schriftproben feststellten, in wie vielen Fällen das betreffende Merkmal in klarer Ausprägung auftrat. Hierbei zeigte es sich auch, daß stichprobenweise durchgeführte Versuche mit nur 100 Schriftproben jeweils nicht unerhebliche Abweichungen in den Resultaten ergaben, wogegen schon 400 Schriftproben solche Durchschnittswerte in den Merkmalgruppierungen boten, welche den Werten der Sammlung von 2000 Proben weitgehend entsprachen. Selbstverständlich können bei der Untersuchung von Handschriften niemals mathematisch genaue Übereinstimmungen hinsichtlich der Häufigkeit des Auftretens von Merkmalen erzielt werden, denn wir haben es bei Handschriften nicht mit exakt meßbaren Gebilden zu tun.

Ferner braucht hier der Umstand nur noch gestreift zu werden, daß eine kleine Schriftprobensammlung von Personen ausschließlich überdurchschnittlichen Bildungsgrades hinsichtlich mancher Elemente abweichende Ergebnisse zeigen würde gegenüber einer ähnlich kleinen Sammlung von Schriftproben von Personen mit durchgehend geringerem Bildungsgrad. Es ist darum notwendig, daß eine Sammlung, die derartigen Untersuchungen, wie wir sie vornehmen, zugrunde gelegt wird, hinsichtlich des Bildungsgrades und der Intelligenz der Schrifturheber keine Einseitigkeit zeigt, sondern einen normalen Querschnitt darstellt. Es sei noch darauf hingewiesen, daß bei geringer Schreibfertigkeit der Wertcharakter der allgemeinen und besonderen Merkmale gewisse Veränderungen erfahren kann. Ebenso nämlich, wie die charakterologische Deutung einer ungewandten Schrift besondere Anforderungen an die Erfahrung stellt, so muß auch die vergleichende Analyse derartiger Schriften mit besonderer Vorsicht duchgeführt werden.

Die nachfolgenden Tabellen sind jeweils mit den erforderlichen Erläuterungen versehen: die zahlenmäßigen Ergebnisse sind stets auf 100 Schriften berechnet.

Darüber hinaus werden diese Tabellen dem deutungstechnisch interessierten Leser in einzelnen Fällen zweifellos auch mancherlei psychologisch wertvolle Fingerzeige geben können.

Bewegungsmerkmale.

Von je 100 Schriften sind:

Tabelle I:

auffallend groß	14
auffallend klein	17
eilig	14
nicht eilig	8
teigig	16
scharf	14
druckbetont	30
drucklos	8
sehr verbunden	44
mittel verbunden	41
unverbunden	15
weit	17
eng	16

Tabelle II:

Formgebungsmerkmale.

Von je 100 Schriften zeigen:

vorherrschende Arkadenbindung	14
vorherrschende Winkelbindung	28
vorherrschende Girlandenbindung	43
Faden oder ausgesprochene Bindungsform	15

Von je 100 Schriften waren:

voll	16
mager	18

Tabelle III:

Raumverteilungsmerkmale.

Von je 100 Schriften waren:

Lage

schräg	13
normal	26
übersteil	14

Höhe		
	hoch	7
	niedrig	3
Breite		
	breit	6
	schmal	3
betont rechtsläufig		7
betont linksläufig		8

Von je 100 Schriften wiesen auf:

große Längenunterschiedlichkeit	8
kleine Längenunterschiedlichkeit	20
betonte Anfangszüge	16
unterbetonte Anfangszüge	7
betonte Endzüge	1
unterbetonte Endzüge	1
hohe Oberzeichensetzung	9
tiefe Oberzeichensetzung	8
oberlängenbetont	5
unterlängenbetont	27

Tabelle IV:

Ordnungsmerkmale.

Von je 100 Schriften waren:

gegliedert	23
ungegliedert	11
regelmäßig	22
unregelmäßig	10

Die Ergebnisse aus den vorstehenden Tabellen machen die Aufstellung einer Stufenleiter möglich, die uns die allgemeinen Schriftmerkmale in der Reihenfolge ihres Seltenheitswertes bzw. des daraus zu folgernden Wertcharakters zeigt.

Tabelle V:

Die allgemeinen Schriftmerkmale

in der Reihenfolge ihres Seltenheitswertes.

In nachfolgender Tabelle sind die Schriftmerkmale: Verknüpfung, Strichart und Strichführung nicht mit in Betracht gezogen worden. Zu dieser Ausscheidung waren folgende Gründe maßgebend: während die Verknüpfung in zu hohem Maß von der Schreibgewandtheit abhängig ist, ist die Strichart für die Identifizierung nicht von Bedeutung, weil sie durch die Federwahl bestimmt wird. Die Strichführung, als rhythmisches Element nimmt dagegen eine Sonderstellung ein.

	Von 100 Schriften:
1. Betonte Endzüge	1
2. Unterbetonte Endzüge	3
3 Niedrige Schrift	3
4. Schmale Schrift	3
5. Oberlängen betont	5
6. Breite Schrift	6
7. Unterbetonte Anfangszüge	7
8. Betonte Rechtsläufigkeit	7
9. Tiefgesetzte Oberzeichen	8
10. Betonte Linksläufigkeit	8
11. Große Längenunterschiedlichkeit	8
12. Nicht eilige Schrift	8
13. Drucklose Schrift	8
14. Hochgesetzte Oberzeichen	9
15. Unregelmäßige Schrift	10
16. Ungegliederte Schrift	11
17. Schräge Schrift	13
18. Faden oder unausgesprochene Bindungsform	14
19. Übersteile Schrift	14
20. Auffallend große Schrift	14
21. Scharfe Schrift	14
22. Eilige Schrift	14
23. Vorherrschende Arkadenbindung	14
24. Unverbundene Schrift	15
25. Volle Schrift	16
26. Betonte Anfangszüge	16
27. Enge Schrift	16
28. Teigige Schrift	16
29. Auffallend kleine Schrift	17
30. Weite Schrift	17
31. Magere Schrift	18
32. Kleine Längenunterschiedlichkeit	20
33. Regelmäßige Schrift	22
34. Gegliederte Schrift	23
35. Normale Schriftlage	26
36. Unterlängenbetont	27
37. Vorherrschende Winkelbildung	28
38. Druckbetonte Schrift	30
39. Mittelverbundene Schrift	41
40. Vorherrschende Girlandenbindung	43
41. Stark verbundene Schrift	44

Diese Tabelle zeigt uns nun z. B., daß von allen allgemeinen Schriftmerkmalen eine besondere Behandlung der Endzüge das seltenste Merkmal darstellt, wogegen die Girlande und die starke Verbundenheit zu den häufigsten Allgemeinmerkmalen zählen. Dazwischen haben wir im abnehmenden Wert ihres Seltenheitsgrades die Stufenleiter aller allgemeinen Schriftmerkmale.

Wir können jene Allgemeinmerkmale, die in weniger als 10 Prozent der Schriften auftreten, als selten bezeichnen und ihnen zweifellos einen nicht geringen Wertcharakter in bezug auf die Identifizierung zumessen. Nach der Tabelle V gehören in diese Gruppe die ersten 14 Merkmale. Durch Schaffung von Merkmalkomplexen ist es nun aber unschwer möglich, Merkmalgruppen von höherem Wertcharakter zu konstruieren.

Rein mathematisch lassen sich aus 41 Merkmalen 820 Koppelungen von je 2 Merkmalen bilden, Es ist selbstverständlich, daß für unsere Zwecke nur solche Koppelungen bedeutsam sind, die eine Merkmalgruppe mit größerem Seltenheitswert darstellen, als die sie bildenden Einzelmerkmale.

Die Angaben in den nachfolgenden Tabellen enthalten die von uns bearbeiteten bedeutsamsten Koppelungen. Weitere Forschungsarbeiten könnten auf diesem Gebiet angesetzt werden. Ein Beispiel soll das Gesagte vorerst kurz erläutern. Unter Punkt 10 und 11 unserer Tabelle finden wir die Merkmale: betonte Linksläufigkeit und große Längenunterschiedlichkeit. Jedes für sich leistet uns bereits bei einer vorzunehmenden Schriftvergleichung wertvolle Dienste. Wir fragen nun aber, ob diese Merkmale auch häufig in einer und derselben Handschrift zusammen auftreten. Das Ergebnis der diesbezüglich durchgeführten Untersuchung lautet dahin, daß in 2000 untersuchten Handschriften Linksläufigkeit und betonte Längenunterschiedlichkeit auch nicht einmal gleichzeitig auftraten. Erst bei einer hier vorgenommenen Ausdehnung der Untersuchung auf insgesamt 3000 Schriften wurde das Zusammentreffen dieser Merkmale einmal beobachtet.[15]) Wir erkennen daraus sofort die Steigerung des Wertcharakters vom Einzelmerkmal zum Merkmalkomplex. Hier sind Grundlagen für die Identifizierung gegeben, die — trotzdem es sich vorerst nur um allgemeine Schriftelemente handelt — von weit größerer Bedeutung sind, als sie die früher so bevorzugt herangezogenen Formen von Einzelbuchstaben sein konnten. Man ersieht daraus, worauf später noch ausführlicher eingegangen werden wird, daß die Analyse der allgemeinen Schriftmerkmale entscheidende Richtlinien für die Beantwortung der Frage nach der Urheberschaftsidentität geben kann. Stellen wir beispielsweise in zwei zu vergleichenden Schriften das gleichartige Auftreten mehrerer Allgemeinmerkmale aus der Gruppe 1 bis 15 der Tabelle V fest, so dürfte der Nachweis für das Vorliegen einer Identität schon in seinen Grundzügen gegeben sein. Denn allen Merkmalen dieser Reihe kommt ein sehr hoher Wertcharakter zu.

Ähnliche Steigerungen der Bedeutung einzelner Merkmale ergeben sich selbstverständlich auch bei der Kombination von an sich weniger seltenen Merkmalen der Gruppe 16 bis 41. Auch hierzu ein Beispiel an Hand der Merkmale Unverbundenheit (24) und übersteile Schriftlage (19). Die übersteile Schriftlage finden wir nach Tabelle V immerhin bereits in 14 von 100 Schriften, während eine starke Unverbundenheit in 15 von 100 Schriften festgestellt werden konnte. Jedes Merkmal für sich hat also eine verhältnismäßig nur geringe Bedeutung, denn man könnte sagen: „Jeder 7. Mensch schreibt so". Prüfen wir aber die uns zur Verfügung stehenden 2600 Schriften auf das gemeinsame Auftreten beider Merkmale, so sehen wir, daß von 390 unverbundenen Schriften nur 11 gleichzeitig auch eine übersteile Schriftlage aufweisen. Die Häufigkeit, die bei diesen Einzelmerkmalen mit 14 Prozent bzw. 15 Prozent bezeichnet werden konnte, ist durch die Kombination zum Merkmalkomplex auf 3 Prozent vermindert, d. h. also ums 5-fache erhöht worden[16]). Das gemeinsame Auftreten von Unverbundenheit und Linksschrägheit ist somit selten.

Umgekehrt ist es klar, daß nicht alle Gruppen von Merkmalen mit geringem Seltenheitswert eine Handhabe für die Feststellung der Urheberschaftsidentität darstellen. Auch hierzu ein Beispiel: 43 Prozent aller Schriften zeigten bei der Analyse eine vorherrschende Girlandenbildung (40) und 44 Prozent aller Schriften eine hohe Verbundenheit (41). Keines dieser beiden Merkmale kann somit noch als individuell gewertet werden. Ist das nun vielleicht beim Auftreten ihrer Kombination, der verbundenen Girlande der Fall?

Die Analyse zeigt, daß von allen Girlandenschriften etwa 65 Prozent einen hohen Verbundenheitsgrad aufweisen. Das Auftreten einer verbundenen Girlande ist also außerordentlich häufig und es kommt ihr, obwohl es sich hier bereits um einen Merkmalkomplex handelt, nur ein Bruchteil des Wertcharakters zu, den eine Kombination von zwei allgemeinen Merkmalen des ersten Teiles der Tabelle V besitzt.

Koppeln wir dagegen die Girlande mit einem weiter vorne in der Tabelle befindlichen selteneren Merkmal, so ergeben sich sofort wesentlich andere Resultate. Nehmen wir an, wir stellten in zwei zu untersuchenden Schriften das gleichzeitige Auftreten von Girlande (40) und Unverbundenheit (24) fest. Ist das eine seltene Kombination? Die Untersuchung ergibt, daß von allen Girlandenschriften nur etwa 5 Prozent unverbunden sind, daß somit dem Befund „unverbundene Girlande" ein beachtlicher Wertcharakter zugeschrieben werden kann.

Diese wenigen Beispiele sollen die wesentlichen Grundgedanken zur Erläuterung dieser wichtigen Tabelle bieten.

Sie gibt uns die Möglichkeit zur Abstufung des Wertcharakters dieser Merkmale und beantwortet auch die Frage nach der Häufigkeit des Auftretens von Merkmalgruppen.

Zweifellos stellen 2600 Handschriften noch kein so umfangreiches Material dar, daß man das Ergebnis als mathematisch feststehend ansehen könnte. Die Zugrundelegung einer noch umfangreicheren Sammlung von beispielsweise 10 000 Schriften könnte möglicherweise Verschiebungen in der Skala ergeben, es würde sich aber wohl nur um kleine Schwankungen in der Reihenfolge der Merkmale handeln — in dem Sinne vielleicht, daß ein Merkmal, das wir in unserer Tabelle an zehnter Stelle führen, in dieser anderen an neunter oder elfter Stelle stünde.

Die folgenden Tabellen bringen nun Durchschnittswerte der Gegenüberstellung einiger in erster Linie interessierender Merkmalgruppen.

Tabelle VI:

Die wechselseitigen Beziehungen zwischen Bindungsformen und Verbundenheitsgrad.

Von 100 Schriften mit vorherrschender Arkadenbindung
zeigen 32 Unverbundenheit,
34 mittlere Verbundenheit,
34 starke Verbundenheit.

Von 100 Schriften mit vorherrschender Winkelbildung
zeigen 13 Unverbundenheit,
40 mittlere Verbundenheit,
47 starke Verbundenheit.

Von 100 Schriften mit vorherrschender Girlandenbindung
zeigen 5 Unverbundenheit,
29 mittlere Verbundenheit,
66 starke Verbundenheit.

Von 100 Schriften mit Fadenbindung oder unausgesprochener Bindungsform
zeigen 5 Unverbundenheit,
33 mittlere Verbundenheit,
66 starke Verbundenheit.

Neu ist bei der Aufstellung dieser Tabelle, daß bei ihr nicht die Gesamtzahl der Schriftproben zum Ausgangspunkt gewählt wurde, sondern daß z. B. sämtliche Proben mit vorherrschender Arkadenbindung auf ihren Verbundenheitsgrad hin überprüft wurden und dann diese Ergebnisse zur Erzielung vergleichbarer Resultate auf je 100 Schriften umgerechnet wurden.

Unterzieht man die in dieser Tabelle niedergelegten Untersuchungsergebnisse einer Auswertung, so ergeben sich starke Unterschiede in der Häufigkeit des Auftretens der verschiedenen Merkmalkomplexe. Wir halten es daher für angebracht, diese beiden wichtigsten Gruppen: Verbundenheitsgrad und Bindungsform einer noch weitergehenden Aufteilung zu unterziehen, um eine noch feinere Differenzierung zu erhalten und eine Stufenleiter für den Seltenheitswert der einzelnen Kombinationen aufzustellen. Allein schon die Häufigkeit der Merkmalgruppe „unverbundene Arkade" einerseits und der Gruppe „verbundene Arkade" andererseits lassen den Schluß zu, daß hier in den Komplexbildungen gewisse Gesetzmäßigkeiten zu erkennen sein würden.

Tabelle VII:

Die zwischen Bindungsformen und Verbundenheitsgrad gebildeten Merkmalgruppen, geordnet nach ihrem Wertcharakter:

uv = unverbundene Schrift
mv = mittlere Verbundenheit
v = starke Verbundenheit

Von je 1000 Schriften zeigen:

uv = Arkade + Girlande	10
v = Arkade	11
uv = Arkade	14
uv = Arkade + Winkel	14
uv = Girlande	14
v = Arkade + Girlande	14
mv = Arkade + Girlande	14
uv = Winkel + Girlande	20
mv = Arkade	21
uv = Faden oder unausgesprochene Bindungsform	22
uv = Winkel + Arkade + Girlande	26
uv = Winkel	30
mv = Arkade + Winkel	40
mv = Faden oder unausgesprochene Bindungsform	44
v = Winkel + Arkade + Girlande	50
v = Faden oder unausgesprochene Bindungsform	70
mv = Winkel + Arkade + Girlande	75
mv = Winkel + Girlande	75
v = Winkel	75
mv = Girlande	75
v = Winkel + Girlande	120
v = Girlande	140

Die kombinierte Auswertung der bisher gebrachten Tabellen bietet bereits in großer Zahl Anhaltspunkte für die Einschätzung der betreffenden Schriftmerkmale hinsichtlich ihrer Bedeutung bei der Identifizierung von Handschriften.

Die Anwendungsmöglichkeiten werden nachstehend an einigen Beispielen kurz gezeigt:

1. Wir werfen die Frage auf, wie der Wertcharakter der Arkadenbindung beurteilt werden kann.

Noch einmal zurückgreifend auf Tabelle II stellen wir erst einmal fest, daß nur 14 Prozent aller Schreiber sich in der Verbindung der Buchstaben einer vorherrschenden Arkade und wie die weitere Untersuchung zeigte, nur etwa 4,6 Prozent der reinen Arkade bedienten. Die Arkadenbindung an sich gehört also schon zu den seltensten Formen der Buchstabenverbindung. Tabelle VI zeigt nun, daß von den Arkadenschreibern fast genau ein Drittel eine überwiegende unverbundene Schrift aufwies. Ein vergleichender Blick auf die entsprechenden Zahlen für Girlanden und Faden läßt sofort die unverhältnismäßig häufige Unverbundenheit bei den Arkadenschreibern erkennen. Unter Einbeziehung der Angaben für die mittlere und starke Verbundenheit beobachten wir eine gleichmäßige Verteilung der Arkadenbindung auf alle drei Verbundenheitsgrade und ziehen hieraus den Schluß, daß wir keiner der möglichen Kombinationen zwischen Arkade und Verbundenheitsgrad hinsichtlich des Wertcharakters einen Vorrang geben können.

In der Tabelle VII können wir nun aber die Einordnung der Arkade innerhalb der anderen möglichen Komplexbildungen zwischen Bindungsform und Verbundenheitsgrad erkennen. Während wir aus Tabelle V lediglich ersehen konnten, daß die Arkade, als an 23. Stelle stehend, von allen Bindungsformen den höchsten Seltenheitswert für sich beanspruchen konnte, und die Girlande den niedrigsten überhaupt, bekommen wir nun in Tabelle VII immerhin neue Anhaltspunkte für eine weitgehend differenzierte Auswertung der verschiedenen Merkmalkomplexe und damit auch im engeren Sinne der einzelnen Bindungsformen für sich.

Wie es gemäß Tabelle VI nicht anders zu erwarten war (gleichmäßige Verteilung der Arkade auf alle Stufen des Verbundenheitsgrades) stehen alle Arkadenkomplexe an der Spitze dieser Stufenleiter (1 bis 9), lassen unter sich keine nennenswerten Differenzierungen erkennen, schließen aber gewissermaßen als „Fremdkörper" an 5. Stelle die unverbundene Girlande in sich ein. Dies ist ein außerordentlich aufschlußreicher Befund, der uns nun zur Untersuchung der Girlandenkomplexe führt.

Die Girlandenbindung (Tab. V, 40) stellt bekanntlich die allerhäufigste Bindungsform dar. Ihr Seltenheitswert ist minimal, da praktisch von 100 Schriften ungefähr die Hälfte Girlandenformen zeigen. Wie uns nun die Tabellen zeigen, kann jedoch durch Anwendung der Merkmalkomplexbildungen die Girlande höchsten Wertcharakter erzielen: lediglich in 14 von 1000 Schriften fanden wir nämlich die Girlande kombiniert mit Unverbundenheit. Die unverbundene Girlande bildet somit einen Merkmalkomplex von erheblicher individueller Bedeutung.

Wir haben an dem Beispiel der Girlande und Arkade gezeigt, wie der Seltenheitswert von Merkmalkomplexen an Hand der Tabelle VII gefunden werden kann.

In den anschließenden Tabellen werden nun die wechselseitigen Beziehungen zwischen den Bindungsformen und einigen anderen wichtigen Schriftelementen zur Darstellung gebracht. Da es sich um bisher in der Literatur noch nicht veröffentlichte Untersuchungen handelt, werden bewußt auch solche Tabellen gebracht, die lediglich theoretisches Interesse besitzen und für die eigentliche praktische Arbeit des Sachverständigen keine direkten Handhaben enthalten.

Tabelle VIII:

Die wechselseitigen Beziehungen zwischen Bindungsform und Längenteilung:

Von je 100 Handschriften mit vorherrschender Girlandenbindung

zeigen	9	überwiegende Oberlängen
zeigen	47	ein ausgeglichenes Verhältnis zwischen Ober- und Unterlängen
zeigen	44	überwiegende Unterlängen.

Von je 100 Handschriften mit vorherrschendem Winkel

zeigen	8	überwiegende Oberlängen
zeigen	50	ein ausgeglichenes Verhältnis zwischen Ober- und Unterlängen
zeigen	42	überwiegende Unterlängen.

Von je 100 Handschriften mit unausgesprochener Bindungsform

zeigen	9	überwiegende Oberlängen
zeigen	48	ein ausgeglichenes Verhältnis zwischen Ober- und Unterlängen
zeigen	43	überwiegende Unterlängen.

Von 100 Schriften mit vorherrschender Arkadenbindung

zeigen	7	überwiegende Oberlängen
zeigen	63	ein ausgeglichenes Verhältnis zwischen Ober- und Unterlängen
zeigen	30	überwiegende Unterlängen.

Diese Tabelle zeigt in anschaulicher Weise, in wie hohem Maße die Längenteilung unabhängig ist von der Bindungsform. Die Längenteilung ist eine Verhältniszahl. Wir werden später noch sehen, daß derartige Elemente, die nicht absolute Größen darstellen, sondern auf Verhältniswerten beruhen, bei der Schriftidentifizierung ganz allgemein eine höhere Bedeutung besitzen, weil sie gleichzeitig auch in viel geringerem Maß der Verstellungsmöglichkeit unterliegen. Wenn man nämlich normalerweise groß schreibt, so ist es wohl leicht möglich, eine kleine Handschrift zu erzeugen, es werden aber bei einer derartigen Verstellung die Verhältnisse zwischen Kurzlängen und Langlängen sowie zwischen Oberlängen und Unterlängen stets die gleichen bleiben.

Von Bedeutung ist hier jedoch der hohe Wertcharakter der überwiegenden Oberlängen, die wesentlich seltener in Handschriften auftreten, als betonte Unterlängen. Tabelle V brachte das schon zur Darstellung, wo die betonten Oberlängen den fünften, die betonten Unterlängen erst den 36. Platz einnehmen.

Demjenigen, der für charakterkundliche und deutungstechnische Fragen Interesse hat, wird diese Feststellung in Verbindung mit den Tabellen des ersten Bandes interessante psychologische Hinweise bieten können.

Tabelle IX:

Die wechselseitigen Beziehungen zwischen Bindungsform und Richtungscharakter (Links- bzw. Rechtsläufigkeit)

Lilf = Linksläufigkeit.

Von je 100 Handschriften mit reiner Arkadenbindung
zeigen 10 charakteristische Lilf.

Von je 100 Handschriften mit vorherrschender Arkadenbindung
zeigen 8 charakteristische Lilf.

Von je 100 Handschriften mit reiner Girlandenbindung
zeigen 5 charakteristische Lilf.

Von je 100 Handschriften mit gemischter bzw. unausgesprochener
zeigen 8 charakteristische Lilf.

Von je 100 Handschriften mit Winkel + Girlande
zeigen 3 charakteristische Lilf.

Von je 100 Handschriften mit reiner Winkelschrift
zeigen 3 charasteristische Lilf.

Die Zahlenwerte dieser Tabelle entsprechen im allgemeinen den theoretischen Erwartungen, denn es ist selbstverständlich, daß eine Arkadenschrift, die an sich schon eine linksläufige Schreibbewegung zur Grundtendenz hat, auch in größtem Umfang linksläufige Hinzufügungen und Abbiegungen zeigen wird.

Zu beachten und für den Praktiker von Bedeutung ist die Erkenntnis des verminderten Auftretens von Linksläufigkeiten in Girlanden- und insbesondere in Winkelschriften.

Wir sehen in Tabelle IX, daß im Durchschnitt in 8 von 100 Handschriften Linksläufigkeiten zu finden sind und erkennen aus der Gegenüberstellung, wie verhältnismäßig selten diese in Winkelschriften sind.

Der Wertcharakter linksläufiger Schriftelemente in Winkelschriften ist daher besonders hoch einzuschätzen.

Wählen wir auch noch weiter die Bindungsform als Ausgangspunkt für die Merkmalgruppenbildung, so interessiert ergänzend zur gegenüberstellenden Untersuchung mit dem Verbundenheitsgrad besonders noch die Häufigkeit des Auftretens eingebundener Oberzeichen („i-Punkte", „Umlautzeichen", „u-Haken"), eines Merkmals, das allerdings nicht in der Stufenleiter der allgemeinen Schriftmerkmale angeführt ist, jedoch als Steigerung des Verbundenheitsgrades anzusehen ist. Im I. Teil wird es als Merkmal der gewandten Verknüpfung besprochen.

Es handelt sich hier allerdings um ein Merkmal, das in stärkerem Maß als andere Merkmale eine Abhängigkeit vom Grade der Schreibgewandtheit bzw. der Bildungsstufe des Schreibers erkennen läßt. Schwankungen in der Einschätzung der Häufigkeit des Auftretens dieses Merkmals können sich infolgedessen auf Grund von uns getroffenen Feststellungen bei einseitiger Untersuchung schreibgewandter oder schreibungewandter Schriften in einem Spielraum von 5 Prozent und mehr bewegen.

Die Zahlen in der nachfolgenden Tabelle bilden Durchschnittswerte, die auf das gesamte von uns untersuchte Material bezogen sind.

Tabelle X:

Die wechselseitigen Beziehungen zwischen Bindungsform und Oberzeichenknüpfung.

Allgemeines: Auf je 100 Schriften kamen 15, die eine Einbindung von Oberzeichen erkennen ließen. In durchschnittlich fünf Schriften trat die Oberzeichenknüpfung häufig in Erscheinung, während je zehn Schriften nur ein gelegentliches Auftreten derartiger Verbindungen erkennen ließen.

Von 100 Schriften mit vorherrschender Arkadenbindung zeigen 7 eingebundene Oberzeichen.

Von 100 Schriften mit vorherrschender Winkelbindung zeigen 4 eingebundene Oberzeichen.

Von 100 Schriften mit vorherrschender Girlandenbindung zeigen 9 eingebundene Oberzeichen.

Von 100 Schriften mit gemischter Bindungsform (Arkade + Girlande + Winkel) zeigen 9 eingebundene Oberzeichen.

Von 100 Schriften mit unausgesprochener Bindungsform (einschließlich Fadenbindung) zeigen 20 eingebundene Oberzeichen.

Ein für uns beachtliches Ergebnis enthält diese Tabelle. Die Einbindung von Oberzeichen ist offensichtlich in Schriften mit ausgeprägter, reiner Bindungsform selten, in Schriften mit unausgesprochener Bindungsform sehr häufig. Oder: es besitzen schon wenige eingebundene „i"-Punkte in einer reinen Winkelschrift einen hohen Wertcharakter für die Identifizierung, wogegen zahlreichen Oberzeichenknüpfungen in Schriften mit unausgesprochener Bindungsform allein für sich noch keine nennenswerte Bedeutung zukommt. Dies im Auge zu behalten ist für jeden Sachverständigen wichtig, weil die Erfahrung lehrt, daß die Einbindung von Oberzeichen hinsichtlich des ihr zukommenden Wertcharakters häufig überschätzt wird.

Die Untersuchung der Bedeutung der Oberzeichenknüpfung wäre aber nur zur Hälfte durchgeführt, wenn wir nicht auch die Beziehungen zwischen Verbundenheitsgrad und ihr untersuchen würden.

Hier wurden folgende Ergebnisse erzielt:

Tabelle XI:

Die wechselseitigen Beziehungen zwischen Verbundenheitsgrad und Oberzeichenknüpfung.

In je 100 Schriften mit starker Verbundenheit zeigen 13 eingebundene Oberzeichen.

In je 100 Schriften mit mittlerem Verbundenheitsgrad zeigen 6 eingebundene Oberzeichen.

In je 100 unverbundenen Schriften zeigen 2 eingebundene Oberzeichen.

Wir erkennen ein den theoretischen Überlegungen entsprechendes Absinken der Häufigkeit der Oberzeichenknüpfung im Einklang mit dem allgemeinen Verbundenheitsgrad. Es ergibt sich ohne weiteres der Schluß, daß eingebundenen Oberzeichen in unverbundenen Schriften ein hoher Wertcharakter zukommt. Wir werden später im Abschnitt über besondere Schriftelemente mehrere Beispiele für die Einbindung von Oberzeichen auch in derartigen Schriften bringen, da gerade in diesem Schriftmerkmal häufig individuelle Bewegungseigentümlichkeiten von höchstem Wertcharakter auftreten.

Diese nicht unwesentliche Bedeutung der Oberzeichenknüpfung berücksichtigend, wurde auch noch die Abhängigkeit von einem weiteren allgemeinen Schriftmerkmal — dem Neigungswinkel — einer gesonderten Untersuchung unterzogen.

Tabelle XII:

Von 100 Schriften mit häufiger bzw. ab und zu auftretender Einbindung von Oberzeichen zeigen:

52 eine normale bis steile Lage,
45 eine rechtsschräge und nur
3 eine übersteile Lage.

Somit ist das Auftreten der Oberzeichenbindung in übersteilen Schriften sehr selten (nach Tabelle III sind von 100 Schriften durchschnittlich 14 übersteil).

Wir haben zur Abrundung des Gesamtbildes über die möglichen Komplexbildungen des Schriftmerkmals (Bindungsform) schließlich auch noch die Beziehungen zwischen Bindungsform einerseits und Neigungswinkel sowie Schriftweite andererseits einer weitgehend differenzierten Analyse unterzogen. Hinsichtlich des Neigungswinkels wurden hierbei Verhältniszahlen gefunden, die der Aufteilung der Schriften in schräg, normal und übersteil entsprachen, in dem Sinne also, daß das Auftreten der reinen Arkade oder des reinen Winkels in übersteilen Schriften der Häufigkeit des Auftretens solcher Schriften annähernd entsprach. In diesem und ähnlichen Fällen, wo keinerlei für die Schriftvergleichung wertvolle Anhaltspunkte in Erscheinung traten, wurde von der Wiedergabe der zahlenmäßigen Ergebnisse Abstand genommen.

Dagegen ergaben die Koppelungen der verschiedenen Bindungsformen mit Weite und Enge durchaus eindeutige Feststellungen; danach sind als seltene Merkmalkomplexe zu werten:

Tabelle XIII:

	eine weite Winkelschrift
selten:	eine weite Arkadenschrift
	eine enge Girlandenschrift.

Die Merkmale Weite und Enge wurden ferner auf ihre Komplexbildung mit der Schriftlage geprüft. Als einzige hervortretende und einen immerhin beachtlichen Seltenheitswert beanspruchende Merkmalkomplexbildung ist hier im Auge zu behalten, daß das Zusammentreffen von Weite mit Linksschrägheit sehr selten ist.

Wir legen nun weiter der Merkmalgruppenbildung als feststehendes Element den Verbundenheitsgrad zugrunde und koppeln ihn mit einzelnen Schriftmerkmalen aus der Spitzengruppe der Tabelle V.

Tabelle XIV:

Die wechselseitigen Beziehungen zwischen Verbundenheitsgrad und Schriftweite.

Von 100 weiten Schriften zeigen

50 eine stark verbundene Schrift
39 eine mittlere Verbundenheit
11 überwiegende Unverbundenheit.

Von 100 engen Schriften zeigen

50 eine stark verbundene Schrift
41 eine mittlere Verbundenheit
9 überwiegende Unverbundenheit.

Wir erkennen, daß uns hier das normale Verhältnis in der Abstufung von verbunden bis unverbunden entgegentritt, daß somit durch diese Koppelung eine Steigerung des Wertcharakters nicht erzielt werden konnte.

Tabelle XV:

Die wechselseitigen Beziehungen zwischen Verbundenheitsgrad und Längenunterschiedlichkeit.

Die Schriften mit einer auffallend geringen Längenunterschiedlichkeit verteilten sich in gleicher Weise auf verbundene und mittelverbundene Schriften.

Von 100 Schriften mit großer Längenunterschiedlichkeit wies nur eine Schrift Unverbundenheit auf.

Daraus kann gefolgert werden, daß die an sich schon seltene und stets individuell zu wertende große Längenunterschiedlichkeit bei einem Auftreten in unverbundener Schrift einen besonders hohen Wertcharakter besitzt.

Weitere Ergebnisse solcher Koppelungen, die eine Steigerung des Wertcharakters ergaben, werden in nachstehender Tabelle gebracht.

	unverbunden	**mittelverbunden**	**O. Z. eingebunden**	**weit**	**eng**	**O > U**	**U > O**	**Linksläufigkeit**	**Übersteile Schrift**	**L U groß**
Arkade			+	+		+ +		+		+ +
Winkel			+ +	+		+		+ +		
Girlande	+ +		+		+	+		+ +		
Faden	+ +					+		+		
unverbunden			+ +		+					+ +
mittelverbunden			+							
O. Z. eingebunden		+							+ +	
weit										
eng										+ +

Die mit zwei Kreuzen bezeichneten Merkmalkoppelungen (z. B. unverbundene Girlande, große Längenunterschiedlichkeit in enger Schrift) stellen Merkmalgruppen von hohem Wertcharakter dar. Derartige Koppelungen traten weniger als fünfmal in je 100 Schichten auf. Merkmalgruppen, die mit einem Kreuz bezeichnet sind (z. B. enge Girlandenschrift) stellen Merkmalgruppen dar, die in je 100 Schriften mehr als fünf, aber weniger als zehnmal zu beobachten waren.

Wir haben zum Schluß noch die Frage zu beantworten, ob auch schon die Einteilung der Schriftmerkmale nach den vier Merkmalklassen für die Schriftvergleichung gewisse Aufschlüsse bieten kann. Bezeichnen wir die in der Tabelle V mit den Nummern 1 bis 14 bezeichneten Merkmale als solche mit hohem Wertcharakter, diejenigen mit den Nummern 15 bis 31 als Merkmale mit mittlerem Wertcharakter und die weitere Gruppe als Schriftmerkmale mit geringem Wertcharakter, so erhalten wir folgende Aufstellung:

Gruppe 1 — 14 (Merkmale mit hohem Wertcharakter)
setzt sich zusammen aus:

12 Raumverteilungsmerkmalen
2 Bewegungsmerkmalen.

Gruppe 15 — 31 (Merkmale mit mittlerem Wertcharakter)
setzt sich zusammen aus:

2 Raumverteilungsmerkmalen
5 Formgebungsmerkmalen
8 Bewegungsmerkmalen
2 Ordnungsmerkmalen.

Gruppe 32 — 41 (Merkmale mit geringem Wertcharakter)
setzt sich zusammen aus:

3 Raumverteilungsmerkmalen
3 Bewegungsmerkmalen.
2 Formgebungsmerkmalen
2 Ordnungsmerkmalen.

Von den Merkmalen mit hohem Wertcharakter stellen somit 12 Raumverteilungsmerkmale dar.

Von den Merkmalen mit geringem Wertcharakter gehören nur 3 zu den Raumverteilungsmerkmalen.

Es kann hier entsprechend unseren bereits früher gegebenen Hinweisen, jedoch entgegen der Ansicht von Groß, die allgemein gültige Feststellung formuliert werden, daß die Raumverteilungsmerkmale einen hohen Wertcharakter besitzen, während demgegenüber den Formgebungs- und Ordnungsmerkmalen sowie auch den Bewegungsmerkmalen eine geringere Bedeutung zukommt.

So ergeben sich hier abschließend bedeutungsvolle Aufschlüsse, die gleichzeitig eine Bestätigung der auf theoretischem Wege abgeleiteten Merkmalklassenbildung darstellen.

V. DIE BESONDEREN SCHRIFTMERKMALE

Das vorige Kapitel hat uns mit dem Wertcharakter der allgemeinen Schriftmerkmale bekannt gemacht und Wege gezeigt, wie Merkmalgruppen gebildet werden können, welche wiederum wertvolle Anhaltspunkte für die Durchführung einer Identifizierung darstellen. Immer, wenn es uns gelungen ist, auf diesem Wege der Analyse der allgemeinen Schriftmerkmale den Nachweis zu erbringen, daß die Möglichkeit einer Identität der zu vergleichenden Schriftstücke vorliegen kann, müssen wir danach trachten, die besonderen Merkmale in Gestalt charakteristischer, individueller Bewegungseigentümlichkeiten und eigenartiger Formgebungen zu suchen.

Eine Gruppierung dieser Merkmale, nach der Art der Einteilung der allgemeinen Schriftmerkmale, ist nicht durchführbar, weil bei diesen Besonderheiten, die sich auf einzelne Buchstaben oder nur Elemente von solchen beziehen, nicht mehr streng zwischen Bewegung, Raumverteilung und Formgebung an sich unterschieden werden kann. Die Begriffe überschneiden sich.

In den bisherigen Anleitungen zur Schriftvergleichung sind diese Merkmale als solche definiert worden, welche am meisten Abweichungen von der Schulschrift erkennen lassen. Wir haben bereits darauf hingewiesen, daß wir unter besonderen Merkmalen jene verstehen wollen, die eine jeweils individuelle Schreibbewegung darstellen, die zugleich in der Formgebung und dem Richtungscharakter der einzelnen Buchstaben und Ziffern in Erscheinung tritt. Die Feststellung, daß ein Merkmal von der Schulvorlage abweichend sei, bietet nämlich allein für sich noch nicht eine ausreichende Handhabe zur Behauptung, es handele sich um ein besonderes Merkmal. Ein Beispiel möge das erläutern: von der Schreibvorlage abweichend ist die Girlandenbindung beim „n“ und „m“ in deutscher und in lateinischer Schrift. Daß es sich hier aber keineswegs um ein besonderes Merkmal handelt, das ist nach den Ausführungen im vorigen Kapitel bezüglich der Häufigkeit des Auftretens der Girlande ohne weiteres klar.

Beim Herausfinden und Bewerten eines besonderen Merkmals hat also die Erfahrung des Schriftsachverständigen den entscheidenden Anteil. Das Ermitteln dieser Merkmale ist einem graphologisch geschulten und praktisch erfahrenen Sachverständigen ein Leichtes: ehe noch an die Analyse der allgemeinen Schriftmerkmale geschritten wird, treten schon bei der Betrachtung einer Handschrift die wirklich individuellen Besonderheiten wie Kristallisati nspunkte deutlich auf dem Untergrund des noch nicht analysierten Gesamtschriftbildes hervor.

Doch ergeben sich hier noch gelegentlich Schwierigkeiten besonderer Art, die ein Schriftsachverständiger nie aus dem Auge lassen darf, obgleich sie wohl nur selten eine ernsthafte Gefahrenquelle bei der Handschriftenidentifizierung darstellen werden. Wir denken hier daran, daß nicht nur innerhalb eines Volkes die Normen der Schulschrift erheblichen Schwankungen unterworfen sind, sondern daß auch mit einem Nationalcharakter der Handschriften verschiedener Völker gerechnet werden muß, welcher ganz erhebliche Abweichungen in den Einzelheiten zahlreicher Buchstaben des lateinischen Alphabets zur Folge hat. Es besteht auf Grund dieser Tatsachen die Gefahr, daß Schriftmerkmale als besondere Merkmale bezeichnet werden, die es in Wirklichkeit gar nicht sind, weil sie der normalen Schreibvorschrift, wie sie in dem in Frage stehenden Staat gelehrt wird, entsprechen.

Verfasser hat mit anderen Sachverständigen in umfassendster Weise Gelegenheit gehabt, zu diesen angeschnittenen Fragen Stellung zu nehmen und fremdsprachige Schriftsätze vergleichend zu analysieren. So konnten eingehende Studien über die verschiedenen Schreibvorlagen der slawischen Völker des Ostens und Südostens getroffen werden und gleichfalls die von der deutschen Normalschrift bzw. Sütterlinschrift in manchen Punkten abweichenden Buchstabenformen der romanischen Völker (französisch, belgisch) untersucht werden. Zu ähnlichen Problemen werden Privatsachverständige, die nur im Bezirk eines Landgerichts ihres Heimatortes arbeiten, nur in den seltensten Fällen Stellung zu nehmen haben. Sollte es aber doch das eine oder andere Mal der Fall sein, so wird es jeder gewissenhafte Schriftsachverständige für seine Pflicht ansehen, genaue Unterlagen über die Besonderheiten und den Nationalcharakter der zu untersuchenden Schrift zu erhalten. Anhand einiger praktischer Beispiele soll jedoch das Gesagte kurz erläutert werden:

In einem Ermittlungsverfahren galt es, die Urheberschaft eines inkriminierten Schriftstückes festzustellen. Das Schriftstück war in französischer Sprache abgefaßt, bei dem Verdächtigen handelte es sich um einen Belgier. Zum Nachweis der großen Wahrscheinlichkeit der vermuteten Urheberschaftsidentität hatte der Sachverständige u. a. als besonders individuelles Merkmal die Erscheinung angeführt, daß der Querstrich des „t" in den zu vergleichenden Schriften den Grundstrich nicht berührte, sondern stets nach rechts vorgesetzt worden sei. Hätte es sich um deutsche Schriften gehandelt, so wäre die Hinzuziehung dieses Merkmals ohne Zweifel berechtigt gewesen, im vorliegenden Falle jedoch n i c h t, denn in Belgien wird in der Schulschrift das Ansetzen des Querstriches rechts an den Grundstrich g e l e h r t.

Ein weiteres Beispiel: das tschechische Alphabet ist reich an Besonderheiten, die es von der deutschen Schrift unterscheiden und durch das Auftreten zahlreicher zusätzlicher Akzentuierungen charakterisieren. Abweichend ist aber auch die Schreibweise des „p" hinsichtlich dessen Höhenausdehnung: es überragt um weniges die Kurzlängen. Diese Vorschrift tritt nun in tschechischen Schriften meist in Erscheinung, wobei die Oberlänge des „p" häufig noch stärker als vorgeschrieben betont wird. Gerade hier, wo es sich um ein Merkmal auf dem Gebiet relativer

Größenverhältnisse handelt, liegt bei Unkenntnis des wahren Sachverhalts wiederum eine Gefahrenquelle.

Im allgemeinen ziemlich bekannt ist die vorschriftsmäßig geringe Höhe des „t“ in englischen und italienischen Schriften, die weit hinter der Höhenausdehnung der übrigen Oberlängen zurückbleibt.

Um schließlich noch ein weiteres Beispiel anzuführen, sei auf die in Fachkreisen wohl vertraute eigenartige Schreibweise der „8“ im Holländischen hingewiesen.

Zur Illustration des Gesagten sind die angeführten Merkmale in Abbildung 53 wiedergegeben. Ähnliche Probleme ergeben sich nun noch insofern, als auch die Schriftformen innerhalb der Grenzen eines und desselben Staates und Volkes nicht konstant bleiben. Einmal wechseln hier die Schulvorlagen im Laufe der Jahrzehnte, zum anderen traten wenigstens bis zur Einführung der Sütterlinschrift örtlich bedingte Abweichungen und besondere Eigenarten in den Schreibnormen auf. Die hierin sich verbergende Gefahrenquelle für die Objektivität der Schriftidentifizierung ist bereits erheblich größer. Es kann z. B. ein in Norddeutschland tätiger Sachverständiger, der die älteren Schreibvorlagen aus süddeutschen Gebieten nicht kennt, sehr wohl Schriften von dort stammenden Personen zur Prüfung erhalten.

Hier sei auf die in Österreich früher üblich gewesene Schreibweise der Großbuchstaben „A“, „G“ und „O“ verwiesen, die mit einem von oben nach unten verlaufenden Anstrich versehen werden; das gilt auch für die in Abbildung 53 wiedergegebene zweiteilige Schreibweise des „c“, bei der es sich also gleichfalls nicht etwa um eine individuelle Schreibbewegung handelt.

Glücklicherweise sind es aber nur vereinzelte Schriftelemente, die derartige Schwankungen aufweisen, und wir können sagen, daß sie keineswegs eine Gefährdung der Schriftvergleichung darstellen. Abänderungen in den geltenden Schriftnormen müssen selbstverständlich von jedem verantwortungsbewußten Sachverständigen im Auge behalten und bei der praktischen Arbeit berücksichtigt werden. Unerläßlich ist ferner die Kenntnis der geltenden Schriftnormen. Wir geben daher anschließend eine bildliche Gegenüberstellung der um 1900 gebräuchlichen deutschen Schrift und der Sütterlinschrift mit der vor zwei Jahren neu eingeführten Normalschrift. Abb. 54, Abb. 55, Abb. 56.

Wir haben uns im vorigen Kapitel bemüht, erstmalig in systematischer Weise Anhaltspunkte und Wege zur objektiven Einschätzung des Wertcharakters allgemeiner Merkmale zu geben. Die nächstliegende Frage eines jeden angehenden Sachverständigen dürfte die sein, ob ähnliches auch bei den noch wichtigeren besonderen Merkmalen durchführbar ist. Diese Frage muß verneint werden. Schon die Charakterisierung dieser Merkmale als individuelle Bewegungselemente schließt die Möglichkeit einer zusammenfassenden Behandlung, einer Systematisierung aus. Wie ferner schon betont wurde, ist es hier nicht mehr möglich, eine scharfe Grenze zwischen Bewegungs-, Formgebungs- und Raumverteilungsmerkmalen zu ziehen.

Um nun aber auch hier Anhaltspunkte wenigstens in dem Sinne zu bieten, daß das Auge des Lesers sich mit Begriff und Wesen eines besonderen Merkmals vertraut machen kann, bringen wir nachstehend aus eigener Praxis eine größere Auswahl von Bewegungseigentümlichkeiten, die als unbedingt individuell anzusprechen sind und bei dem Nachweis der Urheberschaftsidentität jeweils einen entscheidenden Ausschlag geben konnten.

Es scheint uns dies der einzige Weg zu sein, um über die in der bisherigen Literatur übliche Gepflogenheit hinaus zu gehen, die sich auf die Äußerung beschränkte: es handele sich hier um Abweichungen von der Schulform. Wir sehen in den nachfolgenden Tafeln derartige Merkmale, deren Entstehungsursache teils in besonderer Formgebung, teils in der Koppelung einer solchen mit einer eigentümlichen Bindungsweise zu finden ist.

Sie sind der besseren Übersichtlichkeit wegen in entstehungs- bzw. bewegungsmäßig ähnliche Gruppen zusammengefaßt. Zu den einzelnen Gruppen werden kurze Erläuterungen gegeben.

Erläuterungen zu den Tafeln I bis X:

Die Tafeln zeigen Ausschnitte von Handschriften, welche reich an „besonderen Merkmalen" sind. Sie sollen einen Beitrag dazu darstellen, das Auge des Lesers an das Erkennen solcher, ganz individueller Bewegungseigentümlichkeiten zu gewöhnen.

Wir greifen im folgenden einzelne markante Merkmale hervor:

Tafel I:

Schriftprobe a: Die Einbindung der „u"-Haken wird vorgenommen, bevor noch der Buchstabe zu Ende geschrieben ist, d. h. zwischen der Niederschrift der beiden Grundstriche. Siehe „Zugang" und „Zum".

Schriftprobe b: Beachtenswert ist vor allem die vereinfachte Schreibweise vieler Buchstaben. Es treten sogenannte Ligaturen auf — Verschmelzungen zweier oder mehrerer Buchstaben. Siehe „der" in „wieder" und „er" in „junger"; hinsichtlich der Vereinfachungen ist das „t" in den Worten „ist", „braucht" und „stiller" zu beachten.

Schriftprobe c: Aus Vereinfachungen werden hier bereits Vernachlässigungen. Siehe das Weglassen des „i" in „sich", des „a" in „nach" (beide Worte in der ersten Zeile). Von höchstem Wertcharakter ist die vereinfachte Schreibweise von „ih" in „ihrer". Darüber hinaus finden sich in großer Zahl Ligaturen.

Tafel II:

Schriftprobe a: besonders eigenartig ist die Einknüpfung der „u"-Haken (zurück).

Schriftprobe b: die Verbindung des „i"-Punktes mit dem nachfolgenden Buchstaben in Form langer horizontaler leicht geschwungener Striche beherrscht dieses Schriftbild. (Siehe „leider", „beruflich".)

Schriftprobe c: Noch einmal treffen wir auf eine ungewöhnliche Art der Knüpfung der „u"-Haken. Siehe „grüßt" und „u". (Zweite Zeile mittleres Wort.)

Tafel III:

Schriftprobe a: Höchsten Wertcharakter besitzt die Buchstabenzerstückelung zum Zweck des Schreibens der Oberzeichen. Siehe „über" und „Gutachten".

Schriftprobe b: Vor allem auf das rechts-konvexe „u"-Häkchen in senkrechter Stellung muß aufmerksam gemacht werden.

Schriftprobe c: In dieser Schriftprobe finden wir immer wieder die Gewohnheit, daß der „i"-Punkt doppelt gesetzt wird, wie es in diesem Ausschnitt im Wort „meiner" zu sehen ist.

Tafel IV:

Schriftprobe a: Das reproduzierte Wort bedeutet: „Kraftfahrzeugbau". Folgende Bewegungseigentümlichkeiten fallen auf: das „r", in der Schriftlage von den übrigen Buchstaben abweichend, bildet lediglich ein schleifenähnliches Verbindungselement zwischen zwei Buchstaben („. . . fahrzeug"). Im „g" ist äußerste Vereinfachung durch völlige Fortlassung des Kopfelementes zu beobachten.

Das Schluß-„u" zeigt eine angedeutete Einbindung des „u"-Hakens. Eine derartige Bildung von „Luftstrichen" gehört zu „besonderen Merkmalen".

Schriftprobe b: Diese Schrift zeigt ungewöhnlich starke Ligaturen, die zu direkter Unleserlichkeit führen. Es handelt sich um die Worte „Wissenschaften" und „(Frei) willige mit".

Schriftprobe c: Im „tz" treten wiederum Ligaturen auf. Die Schreibweise des „k" ist gleichfalls beachtlich, wenn wir auch an dieser Stelle darauf aufmerksam machen können, daß gerade der Buchstabe „k" ein bevorzugtes Objekt für variable Formgestaltung darstellt.

Tafel V:

Schriftprobe a: Die arkadig geformten Verbindungen geben dieser Schrift ihr völlig eigenartiges Gepräge („anderen").

Schriftprobe b: Verschmelzungen von Buchstaben sowie eigenartige Knüpfungen führen hier dazu, daß die Schrift schwer leserlich wird. So bedeutet das erste Wort der mittleren Zeile: „Deiner". Zu beachten sind die Komplexe „De" und „er".

Schriftprobe c: Noch einmal beachten wir eine individuelle Knüpfungsart, diesmal zwischen „be" in „befördert".

Tafel VI:

Schriftprobe a: Großbuchstaben zeigen allgemein eher eine eigenartige Formgebung als Kleinbuchstaben. Jedoch sind sie deswegen noch lange nicht als besonders individuell anzusprechen, weil es sich um bewußte Gestaltungstendenzen handeln kann. In dieser Probe ist jedoch das Größenverhältnis zwischen den beiden Grundstrichen des „m" außergewöhnlich („mögen" in Zeile 3).

Schriftprobe b: Anstriche am Anfang und in der Mitte der Worte gehören oft zu sehr individuellen Bewegungseigentümlichkeiten. Ihr Wertcharakter kann, wie auch im vorliegenden Falle, sehr erheblich sein. Wir finden die Anstriche hier girlandig geformt bei gleichzeitiger starker Anfangsbetonung.

Schriftprobe c: Die Knüpfung der Oberzeichen ist eigenartig („erhielt", „Vervollständigung"), dazu beobachten wir eine Art Lötbindung. Siehe die Unterbrechungen zwischen „z" und „u" in „zur" (Zeile 2), zwischen „m" und „i" in „mir" (Zeile 4).

Tafel VII:

Schriftprobe a: Starke Linksläufigkeit verleiht dieser Handschrift ein höchst eigenartiges Allgemeingepräge mit individuellem Reichtum an außergewöhnlichen Bewegungseigentümlichkeiten („glücklich", „Grüße", „und").

Schriftprobe b: Höchsten Wertcharakter besitzt die Art der Schreibweise des „g" in dieser Schrift. Das erste Wort soll bedeuten: „sorgen". Das „g" wird somit in zwei voneinander völlig getrennten Schreibimpulsen geschrieben.

Schriftprobe c: Diese Schreiberin hat die Gewohnheit, alle Unterlängen nachträglich anzusetzen. Sie schreibt also anstatt „Aussig" (zweite Zeile) vorerst das Wort „Auttia" und setzt dann die Unterlängen der beiden „ss" und des „a" hinzu.

Tafel VIII:

Schriftprobe a: Linksläufige Abbiegungen zählen allgemein zu den besonderen Merkmalen. Wir sehen hier eine im Buchstaben „s".

Schriftprobe b: Linksläufige Hinzufügungen können einem Schriftbilde ein eigenartiges Gepräge verleihen, wie in diesem Falle bei den Unterlängen der Buchstaben „g" und „z".

Schriftprobe c: Hier finden wir linksläufige Abbiegungen, gepaart mit einem ganz eigenartigen Schwelldruck. Nehmen wir noch die Arkade hinzu, die hier in selten reiner Form auftritt, so erhalten wir Merkmalkomplexe von höchstem Wertcharakter.

Tafel IX:

Schriftprobe a: Diese Tafel bringt Beispiele für eine eigenartige Formgebung einzelner, ausgewählter Buchstaben. In Schriftprobe a ist das „p" im Wort „persönlich" zu beachten. In den Schriftproben b, c, d und e zeigt das „d" ganz eigenartige Buchstabenbilder.

Tafel X:

Schriftprobe a: Die senkrechte Abbiegung im Schlußzug des „t" („liegt") ist zu beachten.

Schriftprobe b und c: Auch das „h" ist ein Buchstabe, dessen Formgebung sehr großen Variationen unterliegt. Eine Überschätzung ungewöhnlich geformter kleiner „h"-Buchstaben liegt im Bereich der Möglichkeit und daran muß, ebenso wie beim „k", gedacht werden. Zwei eigenartige Formen führen wir hier an.

Schriftprobe d: Der Schreiber hat hier die Gewohnheit, anfänglich offen gebliebene Buchstaben nachträglich zu überdecken. Siehe „ä" in „tätig" und „a" in „Handelsschule".

VI. SCHRIFTVERÄNDERUNGEN

Wenn wir bei der Besprechung der besonderen Schriftmerkmale darauf hinweisen konnten, daß die Fehlerquellen, die in der Ungleichartigkeit der Schreibnormen begründet sind, kaum ein Gefahrenmoment für die Schriftvergleichung darstellen könnten, so gibt es doch noch eine Reihe von Faktoren, die einen großen Einfluß im Sinne der Veränderung einer Handschrift ausüben können.

Es handelt sich hier um die Begriffe der Schriftverstellung, der Schriftentstellung und der Schriftwandlung, sowie um das Auftreten ähnlicher Schriften, sogenannter Doppelgängerschriften.

Von einer Schriftverstellung sprechen wir dann, wenn ein Schreiber bewußt den Versuch unternimmt, seine Handschrift in den wesentlichen Elementen soweit als irgendmöglich abzuändern. So hätten wir es mit einer extremen Schriftverstellung dann zu tun, wenn es gelungen ist, in reiner Schulschrift oder aber einer absolut stilisierten Blockschrift zu schreiben.

Von einer Schriftentstellung sprechen wir dann, wenn eine Handschrift durch Einwirkung einer Krankheit, durch Erregung oder andere außergewöhnliche seelische Zustände bleibende oder vorübergehende Veränderungen gegenüber dem normalen Schriftbild aufweist. Mit einer entstellten Schrift haben wir es auch dann zu tun, wenn die Schreibbedingungen bei der Entstehung eines Schriftstückes ungünstige waren. Hierbei kann es sich sowohl um eine unbequeme Handhaltung, eine ungeeignete Schreibunterlage und untaugliches Schreibmaterial als auch um die Folgen vorübergehender körperlicher Überanstrengung handeln.

Wenn wir von Schriftwandlung sprechen, so verstehen wir darunter diejenigen Veränderungen einer Handschrift, die durch die normale Charakterentwicklung oder durch einschneidende seelische Erlebnisse oder Schicksalsschläge verursacht werden.

Veränderungen, die durch Einflüsse der oben geschilderten Art in Handschriften hervorgerufen werden können, sind unter Umständen so erheblich, daß auch ein Schriftsachverständiger im Falle ungenügenden Vergleichsmaterials zu Fehlschlüssen gelangen kann. Diese Erscheinungen müssen daher auch einer besonderen Berücksichtigung unterzogen werden.

Die Schriftverstellung.

Die Verstellung einer Handschrift erfolgt zumeist zum Zweck, das Erkennen des Schrifturhebers unmöglich zu machen. Anonyme Briefschreiber, die unerkannt bleiben wollen, versuchen häufig, ihre Handschrift zu verstellen — bei Aufnahme von Schriftproben versuchen Personen, die des Schreibens anonymer Briefe oder aber irgendwelcher Verfälschungen von Urkunden bezichtigt werden, diese Proben in verstellter Schrift zu schreiben, um die nachfolgende Vergleichsarbeit der Schriftsachverständigen soweit als möglich zu erschweren. Schließlich können Verstellungversuche zu Täuschungszwecken, zu Irreleitung der die Ermittlung führenden Polizei- und Justizbehörden vorgenommen werden, indem die Schriften anderer Personen nachgeahmt werden.

Der Schriftsachverständige hat sich darum in der Praxis regelmäßig mit der Frage auseinanderzusetzen, ob eine Handschrift natürlich oder verstellt ist und welches die Elemente der Verstellung sind, die dann bei der Schriftvergleichung einer gesonderten Behandlung unterzogen werden müssen. Praktische Versuche, die auch in der Fachliteratur näher geschildert worden sind, haben zu einer weitgehenden Klärung dieser Fragen geführt, auf die nun in erster Linie eingegangen werden muß.

Zwei Fragen erfordern hier eine Beantwortung:

1. Ist es möglich, seine Handschrift zu verstellen, und unterliegen derartige Verstellungsversuche bestimmten Regeln?
2. Kann die Verstellung als solche erkannt werden, und in welchem Maß muß mit der Erschwerung einer Schriftidentifizierung infolge der Verstellung gerechnet werden?

Als grundlegend für die Beantwortung der ersten Frage sind die Untersuchungen von Meyer anzusehen, deren Ergebnisse erstmalig 1899 in dem damaligen Organ der Deutschen Graphologischen Gesellschaft „Graphologische Monatshefte" veröffentlicht wurden[17]). Aufbauend auf diesen formuliert Klages[18]) seine 3 Gesetze betreffend der Bestimmung des Gepräges der erworbenen Schrift[19]). Diese Gesetze müssen wir in erster Linie kennenlernen, da sie für die Beurteilung verstellter Schriften auch heute maßgeblich sind.

Sie lauten:

1. Das Gesetz der Aufmerksamkeitsrichtung. Es besagt: Der Abänderung unterliegen vor allem diejenigen Merkmale, die dem Schreiber am meisten ins Auge fallen. Klages führt hierzu aus: „Aus welchen Günden immer jemand sich veranlaßt fühle, seine Schriftzüge dauernd umzugestalten, jedenfalls kann er nur diejenigen Eigenschaften abändern wollen, die ihm als abänderungsbedürftig aufgefallen sind. Wir müßten daher für sämtliche Züge wissen, was wir für einige schon dargetan haben: in welchem Grade nämlich sie geeignet sind, dem Schreibenden auffällig und wichtig zu werden. Da haben nun Praxis und Theorie übereinstimmend folgendes festgestellt.

   Am meisten fallen ins Auge die Großbuchstaben, weit weniger die Kleinbuchstaben; unter den Kleinbuchstaben am meisten die Langbuchstaben, nächst dem die Mittelbuchstaben, am wenigsten die Kurzbuchstaben. Falls die Formungswünsche nicht bloß auf Zutaten oder Fortlassungen zielen, heften sie sich in erster Linie an Größe, Lage und Breite der Grundstriche, während die Führung der Nebenteile unberücksichtigt bleibt. Angezogen und festgehalten von den darstellungsfähigen Schriftelementen pflegt der Formungswille unmittelbar demnach nur folgende Ziele anzugreifen: Anfänge der Wörter und Sätze, Großbuchstaben, Langlängen und Mittellängen, Grundstriche (nach Schwere und Lage), Weite der Schrift; und wir hätten daher nur diese gegen die übrigen Schrifteigenschaften abzuwägen, um sowohl den Grad der Absichtlichkeit als auch deren Wege zu ermitteln.

2. Das Gesetz der Herstellungsschwierigkeit der Schrifteigenschaften. Es lautet: Ein Schriftmerkmal wird um so schwerer hergestellt, je weniger es zum Ausdrucksbilde des Willens gehört.

   Auch hierzu bringen wir die erläuternden Ausführungen von Klages selbst: „. . . wir müssen noch wissen, welche Schriftmerkmale rein mechanisch am schwersten abzuändern wären. Diese Frage hat ein ganz anderes Gesicht, als die soeben behandelte nach der Vorzugsrichtung der Aufmerksamkeit. Es gibt doch gewiß nichts Leichteres, als den „i"-Punkt niedrig statt hoch oder hoch statt niedrig zu setzen, und wenn gleichwohl die Setzungsart der Oberzeichen zu den beständigsten Schrifteigenschaften gehört und fast niemals dauernd willkürlich beeinflußt wird, so rührt das nur davon her, daß man bei einigermaßen fließendem Schreiben alsbald verabsäumt, d a r - a u f z u a c h t e n. Ebenso läßt sich unschwer die Zeilenbehandlung verändern; aber gerade diese wird selbst bei raffinierten Verstellungen oft zum Verräter des Fälschers . . . . . umgekehrt liegt es sicher nahe, auf die Längenunterschiede der Lautzeichen, und zwar beständig zu achten; allein hier zeigt es sich nun, daß es außerordentlich Mühe kostet, eine geringe Längenunterschiedlichkeit in eine große oder gar eine große und eine geringe zu verwandeln! Wer also seine Schrift stilisiert und in betreff der Längenunterschiedlichkeit das Gegenteil der ihm natürlichen herzustellen gedächte, der würde auf die Dauer den Versuch als mechanisch unausführbar finden. Wir müßten also unterrichtet sein, ob es für die verhältnismäßige Abänderungsschwierigkeit jeder Duktuseigenschaft ohne Rücksicht auf die persönliche Verstellungsgabe eine allgemeine Regel gibt."

3. D a s G e s e t z d e r B e g l e i t v e r ä n d e r u n g e n. Es besagt: „Mit jeder gewollten Schriftveränderung gehen ungewollte Nebenwirkungen einher."

Nachdem wir diese 3 Gesetze mit einer teilweisen Wiedergabe der Definitionen ihres Schöpfers kennen gelernt haben, wollen wir nun näher die Einzelheiten zu den beiden ersten Gesetzen untersuchen. Wir fragen uns, welche Schriftmerkmale der Verstellung unterliegen, und welche Merkmale von graphologisch nicht vorgebildeten, also unvoreingenommenen Personen bei der Abänderung ihrer Handschrift bevorzugt werden.

Diese Fragen, denen naturgemäß die größte Bedeutung bei der Untersuchung der Verstellungsmöglichkeiten zukommt, sind häufig Gegenstand größerer praktischer Versuchsreihen gewesen. Diesbezügliche Veröffentlichungen liegen vor von M e y e r, S c h n e i c k e r t, S a u d e k und M ü l l e r. Die von M e y e r durchgeführten umfangreichen Versuche bildeten die Grundlage für die Ausarbeitung der Klages'schen Gesetze. Da weder die Graphologischen Monatshefte, noch die später von S c h n e i c k e r t herausgegebene Arbeit mit der Wiedergabe der M e y e r schen Versuche[20]) käuflich zu haben und auch sonst einem Interessenten nur äußerst schwer zugänglich sein dürften, so sei hier wenigstens kurz auf die Fragestellung M e y e r s hingewiesen, die in ihrer präzisen Art alles das umfaßt, was bei derartigen Versuchsanordnungen überhaupt in Betracht zu ziehen wäre.[21])

Folgende Fragen legte Meyer seinen Versuchen zugrunde:

I. Welche handschriftlichen Eigenarten können unterdrückt werden?
II. Welche können willkürlich hervorgerufen werden?
III. Wie fallen die eigentlichen Verstellungen aus?
IV. Wieweit ist eine Nachbildung fremder Handschriften möglich?

Folgendes Material legte er seinen Fragen zugrunde:

A: Ein ca. fünfzeiliger Satz beliebigen Inhalts in der gewöhnlichen Handschrift als Vergleichsmaterial.
B: Derselbe Satz möglichst schulvorschriftsmäßig geschrieben — zur Beantwortung der Frage I.
C: Derselbe Satz möglichst bis zur Unerkennbarkeit der Urheberschaft verstellt — zur Beantwortung der Frage III.
D: Darauf gerichtete Versuche, wichtige handschriftliche Eigenheiten in methodischer Weise willkürlich zu verändern — zur Beantwortung der Frage II.
E: Nachbildung vorgelegter Handschriften — zur Beantwortung der Frage IV.

Auf Grund der Ergebnisse dieser Versuchsreihen hat sodann Meyer eine Stufenleiter für die Herstellungsschwierigkeit der allgemeinen Schriftmerkmale zuammengestellt.

Versuchsreihen ähnlicher Art, denen noch systematischere Überlegungen zugrunde gelegt waren, hat in jüngster Zeit Saudek[22]) durchgeführt und die Stufenleiter von Meyer in aufschlußreicher Weise ausgebaut. Auch er stellt im Ergebnis eine Skala von Merkmalen auf, sieht es jedoch für erforderlich an, derartige Stufenleitern dem Nationalcharakter der Handschriften anzupassen. Saudek hat seinen Versuchen noch verschiedene neue Gesichtspunkte zugrunde gelegt. So hat er u. a. den Versuchspersonen die Anweisung gegeben, die Handschrift gleichzeitig durch Abänderung von fünf charakteristischen Merkmalen zu verstellen und konnte die Beobachtung machen, daß keine der Versuchspersonen in der Lage war, mehr als zwei Schriftmerkmale gleichzeitig abzuändern, und daß auch bei diesen zwei Merkmalen im Laufe eines längeren Schreibaktes stets ein Rückfall in die natürlichen Schreibbewegungen stattfand.

Saudek untersucht ferner, wieweit die Setzung der Oberzeichen (i-Punkte, u-Haken, Umlautzeichen, t-Querstrich) einer beabsichtigten Verstellung unterworfen sein kann und kommt zum Schluß, daß es sich hier um eines der am schwersten veränderbaren Schriftmerkmale handelt, daher es auch an den Schluß der Stufenleiter unter der Bezeichnung „unauffällige Buchstabenformen" eingereiht ist. Diese Stufenleiter, deren Reihenfolge heute als feststehend angesehen werden kann, wird nachstehend wiedergegeben.

Wir bringen ferner vergleichsweise noch die Ergebnisse eines von Müller[23]) durchgeführten Versuches. Ihm ging es nicht darum, die Herstellungsschwierigkeit zu ermitteln, sondern er wollte beobachten, in welcher Richtung unvoreingenommene Versuchspersonen ihre Handschrift verändern, d. h. welche Schriftmerkmale unbewußt als am leichtesten abänderbar angesehen werden. Er hatte fünfzig Versuchspersonen verschiedener Bildung und Berufe herangezogen. Eine Besonderheit war in dieser Versuchsanordnung dadurch gegeben, daß die Versuchspersonen nach Möglichkeit ein normales Schreibtempo beibehalten mußten. Seine Fragestellung ergänzte Müller noch durch zwei Punkte:

1. Inwieweit gelang eine Verstellung der mehr unbewußt zustandekommenden Schriftmerkmale, speziell der Oberzeichensetzung?
2. Inwieweit lassen sich die verstellten Schriften identifizieren?

Es kann betont werden, daß die Ergebnisse der von Müller angestellten Versuche in weitestgehendem Umfang den Angaben in der Stufenleiter von Saudek entsprachen, daß somit die Versuchspersonen diejenigen Merkmale abänderten, deren Herstellungsschwierigkeit der Skala nach als gering zu bezeichnen ist. Insbesondere kann betont werden, daß auch nicht eine der Versuchspersonen auf den Gedanken kam, eine Abänderung von Form und Stellung der Umlautzeichen, der i-Punkte und der Kommas anzustreben. Ebenfalls stellte Müller keine zeitlichen Verschiedenheiten in der Setzung der Umlautzeichen fest.

Bezüglich der zweiten von ihm ergänzend aufgeworfenen Frage nach der mehr oder weniger leichten Identifizierungsmöglichkeit gelangte er zur Feststellung, daß lediglich in fünf Fällen (= 10%) diese Identifizierung infolge der Verstellungsergebnisse auf gewisse Schwierigkeiten hätte stoßen können. Und zwar handelte es sich in drei Fällen um Rückfälle in die Schulschrift, einmal um eine sehr weitgehende Verschnörkelung und einmal um die Anwendung einer stilisieren Schrift.

Wir haben selbst mehrfach anläßlich von Kursen oder Vorträgen die Gelegenheit des Beisammenseins interessierter Personen wahrgenommen, um Versuche über die Art und Weise der Durchführung von Verstellungen und die erzielten Ergebnisse anzustellen.

Diese Versuche, die in ähnlicher oder variierender Weise ohne Zweifel auch von manchen anderen Sachverständigen oder Graphologen vorgenommen worden sind, werden ihrerseits stets die Richtigkeit einer derartigen Stufenleiter bestätigen. Geringfügige Abweichungen können sich hier und da ergeben, weil die Versuchsbedingungen nicht immer die gleichen sind.

An unserer hier wiedergegebenen Versuchsreihe waren 47 Versuchspersonen — Beamte — beteiligt. Ihnen wurde vor der Einführung in die Gesetze der Schriftverstellung — in diesem Fall ohne vorbereitende Erklärung und ohne jede Einschränkung — der Auftrag gegeben, die Handschrift zu verstellen. Es handelte sich also um einen gleichartigen Versuch wie den von Müller geschilderten. Wir bringen die Ergebnisse beider Versuche später in der Gegenüberstellung. Vorerst einige Erläuterungen zu den Versuchen:

a) Auch unter Anlage eines kritischen Maßstabes konnte in 21 Fällen eine deutliche, stark ins Auge fallende Abänderung der Schriftlage beobachtet werden: In der Mehrzahl der Fälle wurde die natürliche rechtsschräge Schrift in eine übersteile umgewandelt. In 4 Fällen jedoch, wo die natürliche Schriftlage linksschräg war, wurde ein Wechsel zur Rechtsschrägheit in krasser Form festgestellt.

b) Die weiteren bevorzugten Verstellungsmethoden bestanden in der Abänderung der jeweiligen Schriftgröße, der Schriftweite und der Druckstärke.

c) Weitere Änderungen konnten in einer zunehmenden Verschnörkelung und in der Abänderung des Girlandenduktus zum Winkelduktus beobachtet werden.

An einigen Beispielen sollen die Ergebnisse derartiger Versuche veranschaulicht werden.

In Abb. 57 sehen wir ein typisches Beispiel für Abänderung der Rechtsschrägheit in Übersteilheit unter gleichzeitig stärkerer Druckgebung. Darauf beschränkt sich hier aber auch im wesentlichen die Verstellung. Wählen wir zum Vergleich ein kurzes Wort, wie das „der" in der zweiten Zeile, so sehen wir, daß die feststellbare Abänderung lediglich in der anderen Schriftlage und der dadurch bedingten Druckverlagerung besteht. Insbesondere sind die Größenverhältnisse und die Art und Weise der Setzung der Oberzeichen völlig gleich geblieben.

In Abb. 58 finden wir das Gegenstück zum vorigen Verstellungsversuch. War es dort eine Änderung der Schriftlage von rechts nach links so sehen wir hier eine natürliche linksschräge Schrift, die bei der Verstellung in rechtsschräg umgewandelt wurde. Die Girlandenschrift ist außerdem zu einer starken Winkelschrift geworden, was allerdings z. T. durch den Wechsel des Schriftsystems erklärt werden könnte. Ferner ist eine leichte Zunahme der Unterlängenbetonung mit gleichzeitiger stärkerer Druckgebung festzustellen. Ein Abnehmen des Verbundenheitsgrades ist deutlich zu beobachten (vergl. „wohne" und „ist"). Die Größenverhältnisse der Lang-, Mittel- und Kurzbuchstaben zeigen weitgehende Übereinstimmung. Man beachte z. B. das „t" im Wort „hat". Der Umstand, daß die Versuchsperson ein anderes Schriftsystem gewählt hatte, gab Anlaß dazu, noch einmal einen Versuch unter Beibehaltung der lateinischen Schrift durchzuführen. Das Ergebnis liegt in Abb. 59 vor. Zunahme an Druck und Größe, sowie noch eine größere Linksschrägheit können sofort als Verstellungsergebnisse genannt werden. Während eine Identifizierung der ersten Versuchsschrift mit der natürlichen Handschrift infolge Wechsels des Schriftsystems schwierig wäre, liegt hier bei der lateinischen Schrift die Identität offen zutage.

In Abb. 60 sehen wir eine starke Verkleinerung der Schrift in Verbindung mit einer erheblichen Verengerung des Buchstabenabstandes, zunehmender Steilheit und, was besonders zu betonen ist, trotz Wahl der lateinischen (also bogigen) Schrift einen starren Winkelduktus mit stärkerer Druckgebung. Auch dieses Beispiel gehört zu den wenigen unserer Versuchsreihe wo infolge Wechsel des Schriftsystems eine Identifizierung nicht ohne weiteres durchführbar wäre.

In Abb. 61 sehen wir den Versuch, durch Schriftverkleinerung, sowie durch starke Unregelmäßigkeit in der Zeilenführung und einen Wechsel der Bindungsform die Verstellung zu unternehmen. Der Erfolg ist bei diesem ungewöhnlichen Versuch gering, die Identität ohne weiteres zu erkennen.

Nachstehend bringen wir nun in erster Linie die Tabelle über die Herstellungsschwierigkeit von Schriftmerkmalen nach Saudek und anschließend die Ergebnisse der Versuchsreihen von Müller und von uns.

Stufenleiter über die Herstellungsschwierigkeit von Schriftmerkmalen:

Leicht abzuändernde Schriftmerkmale.

1. Wechsel im Schriftsystem unter Beibehaltung der Kurrentschrift.
2. Herabsetzung des gewohnten Schnelligkeitsgrades.
3. Änderung der Gesamtgröße der Schrift.
4. Änderung der Schriftlage.
5. Änderung in der Bindungsform (Herstellung von Fadenduktus ausgenommen).
6. Änderung auffälliger Buchstabenformen.
7. Anwendung von Kunstschriften.
8. Herabsetzung der Verbundenheit.
9. Betonung der Unterlängen.
10. Änderung des gewohnten Schreibdruckes.
11. Änderung der gewohnten Schriftweite.
12. Gleichzeitige Betonung von Ober- und Unterlängen.
13. Fadenbindung.
14. Betonung von Oberlängen.
15. Änderung unauffälliger Buchstabenformen.
16. Anhaltend starke Beschleunigung über den gewohnten Schnelligkeitsgrad hinaus.

Schwer abzuändernde Schriftmerkmale.

Zur Erläuterung sei noch einmal hinzugefügt, daß die am leichtesten abänderbaren Merkmale jene sind, die an der Spitze der Skala stehen (Punkt 1, 2 usw.), wogegen dann die am Schluß stehenden Merkmale bei der Verstellung die größten Herstellungsschwierigkeiten bereiten.

Welche Merkmale nun im Durchschnitt graphologisch nicht geschulte Versuchspersonen wählen, wenn man ihnen die Art der Verstellung überläßt, das zeigen die nachstehenden Versuchsreihen.

Übersicht über die von Müller, Schneikert und uns angestellten Versuche nach den angewendeten Verstellungsarten:

I. Versuchsreihe Müller:

(50 Versuchspersonen)

Es verstellten die Schrift durch:

1.	Vergrößerung oder Verkleinerung der Schrift	12
2.	Veränderung der Schriftlage	10
3.	Anwendung von Schönschrift	9
4.	Anwendung von Schulschrift	7
5.	Anbringung von Verschnörkelungen	6
6.	Verengerung des Buchstabenabstandes	6
7.	Veränderung der Bindungsform	3
8.	Veränderung des Schreibdruckes	3
9.	Unterlängenbetonung	1
10.	Anwendung einer stilisierten Schrift	1

Müller hat nur jeweils ein dominierendes Merkmal gewählt, während in den nachfolgenden Aufstellungen für eine und dieselbe Schrift mehrere Merkmale angeführt werden.

II. Versuchsreihe Schneikert:

(92 Versuchspersonen)

Es verstellten die Schrift durch:

1.	Veränderung der Schriftlage	66
2.	Vergrößerung der Schrift	12
3.	Verkleinerung der Schrift	14
4.	Verengerung der Schrift	13
5.	Vereinfachung der Schrift	18
6.	Verschnörkelung der Schrift	8
7.	Druckverstärkung	23
8.	Kaligraphische Schrift	14
9.	Lateinisch statt Deutsch und umgekehrt	12
10.	Antiqua und Spiegelschrift	2
11.	Änderung der Bindungsform	14

12. Verbreiterung der Unterschleifen 15
13. Veränderung der Anfangs- und Endstriche und u-Haken 15
14. Veränderung einzelner Formen 5

Diese Übersichtstabelle ist dem Buch von Schneikert: „Die Verstellung der Handschrift“, entnommen.

III. Eigene Versuchsreihe:

(47 Versuchspersonen)

Es verstellten die Schrift durch:

1. Veränderung der Schriftlage 26
2. Verengerung des Buchstabenabstandes . . . 15
3. Veränderung der Schriftgröße 14
4. Veränderung des Schreibdruckes 10
5. Anwendung von Schul- bzw. Schönschrift . . 5
6. Verschnörkelung 5
7. Übergang zur Winkelbindungsform 5
8. Zunehmende Unverbundenheit 2
9. Zunehmende Betonung der Unterlängen . . . 1
10. Abänderung der Girlandenform in die Arkadenform 1

Aus obigen Aufstellungen ist zu sehen, daß die Versuchspersonen zum großen Teil tatsächlich diejenigen Merkmale verstellen, die die geringsten Herstellungsschwierigkeiten bieten.

Zwei der Gesetze von Klages haben wir kennengelernt. Das dritte war als Gesetz der Begleitveränderungen bezeichnet. Es besagt, daß mit jeder absichtlichen Beeinflussung der Schreibvorgänge gewisse Nebenwirkungen einhergehen: „Ungewollt pflegen zu wachsen: Regelmäßigkeit, Enge, Druck, Unverbundenheit.“ Im ersten Teil dieses Buches ist ausführlich auf die Beziehungen der allgemeinen Schriftmerkmale eingegangen worden. Wir können hier noch mit den Worten von Mayer ergänzend sagen, „. . . daß es ohne weiteres verständlich ist, wenn willkürliche Betonung von Unterlängen unbewußt auch zu ihrer Druckverstärkung führt mit Änderungen der Schriftgröße, ebenso wie wesentliche Änderungen im Schnelligkeitsgrad die Schriftform zwangsläufig beeinflussen.

Wir haben somit gesehen, daß eine Stufenleiter für die Herstellungsschwierigkeit der Schriftmerkmale aufgestellt werden kann, und daß das Auftreten von Begleitveränderungen noch weitere Möglichkeiten zur Prüfung auf Verstellungstendenzen in die Hand gibt.

Wir haben aber bereits früher noch weitere Anhaltspunkte kennengelernt, die dazu dienen können festzustellen, ob es sich in dem einen oder anderen Fall um eine Verstellung handelt, sowie zum Ausfindigmachen ursprünglicher natürlicher Schriftzüge innerhalb des verstellten

Schriftbildes, worin ja die Grundlage zum Identifizieren von verstellten Schriften überhaupt zu sehen ist. Klages spricht von den periodischen Aufmerksamkeitsschwankungen, wenn er sagt, daß die Verstellung auch bei starker Konzentration des Schreibers solchen Schwankungen unterworfen ist. Nicht nur Großbuchstaben und Langbuchstaben, sondern auch Wortanfänge unterliegen einer besonderen Beachtung seitens des Verstellers. Nicht nur auffällige Formen sind in erster Linie Verstellungsobjekte, sondern die Konzentration nimmt in bezug auf die Durchführung der Verstellung mit der Länge des Schreibaktes ab. So werden wir in verstellten Schriftstücken feststellen können, daß der Anfang des Textes eine besser durchgeführte Verstellung zeigt als das Ende. Gegen Ende des Briefes oder sonstigen Schriftstückes erlahmt die Aufmerksamkeit des Schreibers und es finden sich in zunehmendem Maße Rückfälle in die natürliche Schreibgewohnheit. Diese Abnahme der Konzentrationsfähigkeit kann bei längeren Schriftstücken meist auch schon im Kleinen, innerhalb der Zeilen und der Wörter beobachtet werden. Jeder neue Schreibimpuls gibt gleichzeitig durch eingeschaltete Überlegungspause einen neuen Ansporn zur Verstellung. Daher werden die Zeilenanfänge oft stärker verstellt sein als das Zeilenende, der Anfang eines Wortes wird oft mehr Anzeichen beabsichtiger Verstellung aufweisen, wogegen im Wortende eher Rückfälle in die natürliche Schrift zu beobachten sind. Es muß hier ergänzend auf eine Beobachtung hingewiesen werden, die wir bereits mehrere Male haben machen können: abweichend zu obigen Darlegungen gibt es nämlich vereinzelt Fälle, wo die Tatsache der Verstellung gerade auch schon am Anfang des Textes in eindeutiger Weise zu erkennen ist: der Schreiber hat sich in der ersten Zeile noch nicht in die verstellte Schrift „hineingefunden", er schwankt noch in der Wahl zwischen der natürlichen und verstellten Schrift. Man erhält in solchen Fällen im Umfang einiger Zeilen ein uneinheitliches, rhythmisch stark gestörtes Schriftbild. Die Erscheinungen geben uns die Mittel in die Hand, einmal die Tatsache der Verstellung an dem ungleichmäßigen, z. T. gekünstelten Schriftbild zu erkennen, zum anderen ursprüngliche Züge zu ermitteln und so den Weg zur Durchführung einer Vergleichung und Identifizierung zu finden.

Wir möchten zum Abschluß die von Saudek formulierten Sätze[24]) auszugsweise wiedergeben, da sie in kurzer und übersichtlicher Weise die Grundgedanken zusammenfassen, die auch heute bei der Untersuchung verstellter Schriften maßgeblich sind:

„Die Einzelversuche des Lesers, wie auch beliebige Massenversuche von Schriftverstellung nach bestimmten Richtlinien werden nur folgende allen Ländern gemeinsame Erfahrungen ergeben:

1. daß die Schwierigkeit bei der Herstellung fremder Schriftmerkmale bei jedem einzelnen Merkmal verschieden ist,

2. daß wir experimentell zuverlässig ermitteln können, welche Merkmale leichter und welche schwerer künstlich herzustellen sind und in welchem Grad sich die Schwierigkeit der einzelnen zueinander verhält,
3. daß, da die Fähigkeit der Nachahmung fremder Schriftelemente von drei Faktoren abhängt (visuelles Gedächtnis, visuelle Impressionabilität, graphische Expressionabilität), immer auffällige Formen oder auffällige Eigenheiten leichter nachzuahmen sind als unauffällige,
4. daß, da die Aufmerksamkeit mit der Dauer und der Schnelligkeit des Schreibaktes proportional erlahmt, die Merkmale der echten Schrift zumeist am Ende des Schreibaktes und die der unechten zumeist zu Beginn sich vorfinden,
5. daß, da der unnatürliche Schreibakt die augenblickliche Schreibreife des sonst voll schreibreifen Menschen von der des Satzimpulses auf die des bloßen Wortimpulses reduziert, die Echtheit sich oft auch schon an den Wortenden (und nicht erst an den Seitenenden oder Zeilenenden oder Satzenden) zeigt, und die Unechtheit an den Wortanfängen
6. daß diese Erscheinung weiterhin dadurch verstärkt wird, daß die Wortanfänge zumeist die auffallenden Buchstaben enthalten,
7. daß es nachweislich eine Stufenleiter gibt, worin die Grade der Schwierigkeit bei der Herstellung von unechten Schriftmerkmalen konstant ausgedrückt sind und die für alle sonst voll schreibreifen Menschen aller Länder (mit Ausnahme der asiatischen Alphabete) gilt,
8. daß aber diese Stufenleiter unvollkommen ist und daß zu ihrer Ergänzung für jedes Nationalalphabet und für jedes grundsätzlich verschiedene Schreibsystem ein Ergänzungskoeffizient in Anrechnung gebracht werden muß."

Wir erwähnten bereits, daß Saudek das Studium der Nationalalphabete einer besonders sorgfältigen Würdigung unterzogen hat und daher mit Recht auf die Variationen in den Stufenleitern der Herstellungsschwierigkeiten hinweisen kann. Ein Beispiel soll das kurz erläutern:

Die Herabsetzung der Verbundenheit steht in der Stufenleiter für deutsche Schriften an achter Stelle. Die weiter von uns veröffentlichten Versuchsreihen zeigen gleichfalls, daß die Verbundenheit nur selten einer Abänderung unterliegt. Völlig anders ist jedoch der Sachverhalt in englischen Schriften. In England werden bekanntlich zwei Schriftformen gelehrt: die normale Schreibschrift und die sogenannte Script-Schrift, eine völlig unverbundene, stilisiert wirkende Schriftart. Die Herstellung einer unverbundenen Schrift ist daher für einen Engländer außerordentlich leicht und daher wäre in einer Stufenleiter für englische Schriften die Zunahme der Unterbrechungen in England an die erste Stelle zu setzen.

Wir müssen nun im Anschluß an obige Ausführungen noch eine Frage berühren, die schon früher kurz gestreift worden ist: Beeinflußt die Schriftverstellung den von uns ermittelten Wertcharakter der allgemeinen Merkmale und bejahendenfalls, in welchem Sinne?

Die Antwort finden wir in der Gegenüberstellung der Tabellen V mit der Stufenleiter von S a u d e k und legen hierbei der engeren Untersuchung die innerhalb der Gruppe 1 bis 11 liegenden Merkmale dieser Stufenleiter zugrunde. Eine Berücksichtigung der schwerer verstellbaren Merkmale, wie z. B. der Abänderung der zunehmenden Betonung der Oberlängen usw. erübrigt sich, da diese Merkmale bereits zu den praktisch nicht mehr zu verstellenden Schriftelementen zählen.

Wir beginnen unsere Untersuchung mit dem Beispiel des Merkmals 11, der Änderung einer weiten Schrift in eine enge Schrift. In unserer Tabelle V steht die enge Schrift an 27. Stelle, ihr absoluter Wertcharakter ist nur gering. Lediglich gekoppelt mit anderen höherwertigen Merkmalen kann sie bei der Identifizierung eine Rolle spielen. Ferner aber ist auch die Enge als Verstellungsergebnis den Aufmerksamkeitsschwankungen unterworfen und Rückfälle in die normale Schrift werden den erfahrenen Sachverständigen sofort warnen und darauf hinweisen, daß man es mit einer erworbenen Enge zu tun hat.

Wir können als Beispiel die Abbildung 60 heranziehen. Die anfangs, insbesondere im Wort „Festgemauert", beachtliche Enge zeigt schon gegen Ende dieser Zeile („gebrannt") eine merkliche Auflockerung und am Schluß des Textes im Wort „oben" finden wir bereits die gleiche Schriftweite wie in der natürlichen Schrift. Wir können hieraus folgenden Schluß ziehen: Die Schriftenge und ihre Begleiterscheinungen (z. B. gesteigerter Druck, langsameres Schreibtempo) werden, wenn es sich nicht um einen allzu kurzen Text handelt, meist als Verstellungsmerkmale zu erkennen sein und sind dann bei der Schriftvergleichung zu eliminieren.

Der zunehmende Schreibdruck als nächstfolgendes Merkmal der Stufenleiter gehört wiederum zu denjenigen allgemeinen Schriftelementen, denen nach Tabelle V nur ein sehr geringer Wertcharakter zuzumessen ist und das gleiche trifft zu für die Betonung der Unterlängen. Nicht weniger als 27 von 100 Schriften wiesen nach unseren Versuchen eine erkennbare Unterlängenbetonung auf. Der Seltenheitswert ist darum minimal. Die Frage ist nun berechtigt, ob nicht alle leicht verstellbaren Merkmale in dem unteren Teil der Tabelle V zu finden sind, d. h. unter den Merkmalen mit sehr geringem Wertcharakter. Ein vergleichender Blick auf diese Tabelle erlaubt die Bejahung dieser Frage.

Mittelverbundene Schrift steht an 39., die verschiedenen Arten der Bindungsform mit Ausnahme des Fadens an 41., 37. und 23., Schriftgröße an 29. Stelle. Schriftverlangsamung und Kunstschriften rufen sowieso sogleich den Verdacht einer unnatürlichen Schrift hervor und werden stets als Warnzeichen zu werten sein. Interessant ist, daß S a u d e k mit Recht den Fadenduktus in Punkt 5 seiner Stufenleiter ausnimmt und ihn an 13. Stelle setzt, also als sehr schwer zu erzeugendes Verstellungsprodukt darstellt. Ausgerechnet der Fadenduktus ist aber auch das einzige Merkmal dieser Stufenleiter, das einen verhältnismäßig hohen Wertcharakter (nach Tabelle V) zu beanspruchen hat. Hierbei ist noch darauf hinzuweisen, daß wir bei unseren Untersuchungen den Faden mit der unausgesprochenen Bindungsform gekoppelt haben. Der reine Faden, den S a u d e k in seiner Tabelle meint, stünde in Tabelle V etwa an 5. Stelle!

Wir fassen zusammen: Die einer Verstellung vornehmlich unterliegenden Schriftmerkmale gehören fast ausnahmslos zu den Merkmalen mit geringem Wertcharakter. Für diese Merkmale gilt in hohem Maß das Gesetz der periodischen Aufmerksamkeitsschwankung. Sie müssen daher stets mit besonderer Sorgfalt auf ihre Konstanz hin geprüft werden. Schwankungen auffallender Art weisen auf die Wahrscheinlichkeit des Vorliegens einer Verstellung hin. Es sei hier nochmals hervorgehoben, daß das Erkennen einer Verstellung die Grundvoraussetzung dafür ist, daß die Schriftvergleichung zu objektiv richtigen Ergebnissen führt.

Abschließend zur Behandlung der Frage der Schriftverstellung bringen wir noch einige praktische Beispiele zur Veranschaulichung der obigen Ausführungen:

Abb. 62 zeigt uns noch einmal einen Versuch zur Verstellung, der gerade im Hinblick auf die Ausführungen von Müller und Saudek in bezug auf die Konstanz der Oberzeichenbildung aufschlußreich ist. Die Versuchsperson hat zur Verstellung die Änderung der Schriftlage, die Verengerung der Schrift und vor allem den Wechsel des Schriftsystems von Deutsch nach Lateinisch gewählt. Trotzdem ist hier die Feststellung leicht zu treffen, daß es sich um eine Verstellung handelt, und daß Schriftidentität vorliegt. Zum ersten Punkt braucht nur darauf hingewiesen zu werden, daß in den ersten Worten, trotz des Überganges zur an sich bogigen lateinischen Schrift, eine Winkelbindung versuchsweise angestrebt wurde, die schon gegen Ende dieser Zeile in die normale Girlande übergeht: ein Wechsel in der Bindungsform und dadurch auch im allgemeinen Schriftbilde, der sofort die Vermutung aufkommen lassen muß, daß man es mit einer Verstellung zu tun hat. Zur Frage der Identifizierung ist nun besonders auf die absolut gleichbleibende Oberzeichensetzung hinzuweisen, wobei hier vor allem auf die girlandig geformte Schreibweise der Umlautzeichen des „ü" und „ä" und die Verbindung derselben mit den nachfolgenden Buchstaben in den Worten „beschäftigt“ hingewiesen werden kann. Äußerst charakteristisch ist ferner die häufig nur angedeutete Verbindung vom „i“ mit dem „i“-Punkt. Die Feder streift dazwischen nur leicht das Papier, läßt jedoch die angestrebte Knüpfung deutlich erkennen. Vergleiche hierzu „1912“ der Normalschrift und „augenblicklich“ im Verstellungsversuch.

In Abb. 63 sehen wir die natürliche Handschrift eines Schreibers, dessen verstellte Schrift in Abb. 64 wiedergegeben ist. Fast alle im oberen Teil der Saudekschen Stufenleiter genannten also leicht abzuändernden Schriftmerkmale sind entweder bewußt oder als Begleiterscheinung in dieser Verstellung zu erkennen. Wir finden eine Herabsetzung des gewohnten Schnelligkeitsgrades (Punkt 2), eine Änderung der Gesamtgröße der Schrift (Punkt 3), eine erhebliche Änderung der Schriftlage (Punkt 4), eine Änderung der Bindungsform (Punkt 5), eine Anwendung auffälliger Buchstabenformen (Punkt 6), eine starke Herabsetzung der Verbundenheit (Punkt 8), eine Änderung des gewohnten Schreibdruckes (Punkt 10) und eine Änderung der gewohnten Schriftweite. Trotz eines an sich recht einheitlichen Verstellungsbildes findet der aufmerksame Beobachter unschwer einzelne Rückfälle ganz markanter Art in die Normalschrift. Sehen wir uns die letzte Zeile des Textes an, so erkennen wir, daß die Worte „auch nicht“ plötzlich ein völlig anderes Schriftbild zeigen, während z. B. auch schon in der 5. Zeile im vorletzten Wort „kann“ Rechtsschrägheit, also Rückfälle in die natürlich Schrift zu beobachten sind.

Bei den 2 Schriftsätzen in den Abb. 65 und 66 handelt es sich wiederum um einen Versuch. Dieses Mal stand die Versuchsperson dem Thema nicht unbefangen gegenüber, da es sich um einen Schreiber mit Kenntnissen sowohl auf dem Gebiet der Schriftvergleichung als auch der Graphologie handelt. Die Aufgabestellung, die Handschrift in der Richtung nach Schriftverengung und Übersteilheit zu verändern, mußte jedoch unvorbereitet und rasch durchgeführt werden. Das Ergebnis ist aufschlußreich zur Erläuterung der vorhergegangenen theoretischen Ausführungen. Drei Fragen können wir uns bei der Beurteilung dieser zwei Schriftproben stellen:

1. Liegen Merkmale dafür vor, daß es sich bei der verstellten Schrift tatsächlich um eine Verstellung handelt?
2. Ist eine Identifizierung mit der Normalschrift möglich?
3. In welcher Richtung ist hier die Verstellung vorgenommen?

Zur 1. Frage kann gesagt werden, daß mehrere Merkmale sofort für das Vorliegen einer Verstellung sprechen: in erster Linie fällt die außerordentlich ungleichmäßige Schreibweise des „t“ innerhalb des kurzen Textes auf, da dieses z. T. mit weitausholenden nach rechts oben gerichteten Querstrichen versehen ist, zum anderen Teil jedoch Querstriche überhaupt vermissen läßt. Ferner treten bei einem regelmäßig wirkenden Schriftbilde doch erhebliche Schwankungen in der

Buchstabengröße auf, wie wir das z. B. beim „d“ in den Worten „Mägdelein“ (Zeile 1) und „sind“ (Zeile 3) beobachten können. Ein gleiches unnatürliches Größenverhältnis zeigt der Buchstabe „l“ in den Worten „lange“ und „Mägdelein“ in der 1. Zeile des Textes. Besonders „verdächtig“ ist sodann das krasse Mißverhältnis zwischen der leicht gekünstelten und verzierten Schreibweise der Buchstaben „D“ in der ersten Zeile und den stark vereinfachten übrigen Großbuchstaben in den Worten „wenn“, „Jahre“, „Winkel“ u. a. Diese bereits erhebliche Anzahl schwerwiegender Verdachtsmomente wird jedoch noch vervollständigt durch ein weiteres sehr charakteristisches Merkmal: in der Normalschrift ist das „a“ oben fast immer ganz geschlossen. Durch die Wahl der Schriftverengung und Übersteilheit ist der Buchstabe „a“ in der verstellten Schrift grundsätzlich offen geschrieben (vergleiche „haben“ in Zeile 3). Der Schreiber hat dieses beobachtet, und die ihm auffallende Abweichung stets sofort durch Hinzufügung kleiner Überdeckungen zu korrigieren versucht. Vergleiche hierzu die Buchstaben „a“ in den Worten „habe“, „dann“, „Jahre“ und „habe“. Der Tatbestand der Verstellung ist somit trotz der Kürze des Textes und einer auf den ersten Anschein hin verblüffend guten Verstellung einwandfrei festzustellen.

Die dritte aufgeworfene Frage nach der Art der Verstellung zeigt wiederum die völlige Übereinstimmung mit den theoretischen Ausführungen, die nun jeder Leser selbst unschwer ermitteln wird. Hingewiesen sei noch auf die auch hier völlig unverstellte Schreibweise der Oberzeichen, sowie der Interpunktion hinsichtlich ihrer Formgebung und Lokalisation.

Die nachfolgenden beiden Abbildungen zeigen uns einen Ausschnitt von einem Fall umfangreicher anonymer Briefschreiberei. Verschiedenartigkeit der Schriftsysteme und des allgemeinen Schriftbildes in den zahlreichen anonymen Schreiben ließen von vornherein auf eine sehr schreibgewandte Person als Urheber schließen.

Es gelang auf dem Wege der Vergleichung der Handschriften einen Angestellten einer Behörde als Schreiber aller Briefe zu identifizieren. Wir sehen oben eine kurze Probe der außerordentlich schnellen, unregelmäßigen und ungewöhnlich labilen Schrift dieser Person und unten eines der zahlreichen Verstellungsprodukte, das infolge Wechsel des Systems (lateinisch — deutsch) der Identifizierung nicht unerhebliche Schwierigkeiten in den Weg stellt. Eine Identität scheint für den nicht fachlich geschulten Beobachter im ersten Augenblick mehr als unwahrscheinlich, kann jedoch bei der näheren Analyse nachgewiesen werden. Insbesondere weisen wir hier auf ein individuelles Merkmal schöner Prägung hin, das in der Schreibweise des Kommas besteht. Obwohl ein derartiges Komma an sich nur aus einem Strich besteht, haben wir hier, um mit K l a g e s zu sprechen, eine deutliche dreigliedrige Komplexion: das Komma ist sowohl in der unverstellten als auch in der verstellten Schrift außergewöhnlich lang, linkskonvex und mit einem winklig nach rechts abgebogenen Anstrich versehen. (Das Komma folgt in beiden Schriften dem Wort „Schneidemühl".) Charakteristisch und für die Identifizierung bedeutungsvoll ist die Schreibweise der ungewöhnlich langen Anstriche. Darüber hinaus finden sich auch Gleichheiten in der Formgebung der Buchstaben, nämlich dort, wo wir in der Normalschrift deutsche Buchstaben haben: innerhalb der wiedergegebenen drei Zeilen ist es das „r" im Wort „Rücksprache" der 1. Zeile, das in allen charakteristischen Bewegungseigentümlichkeiten weitgehend übereinstimmt mit dem „r" im Worte „sehr" der letzten Zeile des verstellten Textes.

Bei Besprechung der in Abb. 65 und Abb. 66 wiedergegebenen Handschriften erwähnten wir erstmalig die Anbringung nachträglicher Korrekturen als Verstellungssymptom. Hierzu muß noch ein Wort gesagt werden: Es steht fest, daß wir in einer großen Zahl verstellter Schriften immer wieder nicht nur Nachbesserungen und ergänzende Korrekturen beobachten können, sondern daß auch durch Hinzufügungen Abänderungen von Buchstaben, insbesondere von Großbuchstaben, zu Verstellungszwecken vorgenommen werden. Betont werden muß jedoch, daß derartige Nachbesserungen allein für sich nicht in jedem Fall als Element der Verstellung gewertet werden können, da es Schreiber gibt, die die Gewohnheit haben, während des natürlichen Schreibvorgangs gelegentliche Verdeutlichungen in Gestalt von Nachbesserungen durchzuführen. Eine hierher gehörende Erscheinung ist das Anflicken zusätzlicher Schleifenelemente an magere Oberlängen, die wir verhältnismäßig häufig in Schriften sowohl schreibgewandter als auch schreibungewandter Personen gefunden haben.

Einige Worte noch zu den verschiedenen Arten der Ausführung einer Schriftverstellung. Wir erwähnten bereits, daß nach unseren Feststellungen der weitaus größte Teil aller anonymen Schreiben — und um solche handelt es sich meistens, wenn von Verstellung die Rede ist — nur eine scheinbare Verstellung aufweist, indem die leicht abänderbaren Merkmale eine Veränderung erfahren haben. Für das Auge des Sachverständigen handelt es sich hier kaum um eine Verstellung, vielmehr nur um den primitiven Versuch zu einer solchen. Vielen Personen wird aber auch bei bestem Willen eine einigermaßen geglückte Schriftabänderung nicht gelingen. Denn es gehört auch hierzu eine gewisse Begabung. Liegt eine solche vor — und das ist in ausgeprägter Form glücklicherweise nur sehr selten der Fall —, so haben wir es im extremen Fall mit den sogenannten Handschriftenkünstlern zu tun. Vereinzelte Veröffentlichungen über die überraschenden Variationsmöglichkeiten der Handschriften solcher Personen liegen vor. So beschreibt Busse[25]) einen ihm bekannt gewordenen Fall, in dem er 33 gestellte Proben eines derartigen Handschriftenkünstlers erhalten konnte: „. . . dieser verwendete in 8 Handschriften lateinische Schriftzeichen, die übrigen 25 Proben zeigten deutsche Schrift. In beiden Systemen verfügte er über eine große Vielseitigkeit der Buchstabenformen. Dieses wird durch die unten folgende Zusammenstellung anschaulich gemacht. Die ersten 7 Wörtchen sind einigen Briefen mit gewöhnlicher Schrift entnommen und ermöglichen einen Vergleich mit den übrigen 20 Wörtchen, deren graphische Eigentümlichkeiten übrigens konsequent und ohne die geringste Unsicherheit in den diesbezüglichen 20 Proben der Handschriftenverstellung durchgeführt sind."

Wir bringen diese ungewöhnlich guten Verstellungsergebnisse in der Abb. 69.

Ein besonderes Interesse verdient hier ferner ein von Schneickert geschilderter Fall aus neuerer Zeit, den wir in den nachfolgenden Abbildungen teilweise unseren Lesern vermitteln. Es handelt sich hier um die Schrift eines Beamten mit Hochschulbildung, der bei seinen anonymen Eingaben an Behörden jedesmal einen anderen Schriftcharakter vorzutäuschen verstand, um dadurch bei den Empfängern den Eindruck einer Vielheit von Personen hervorzurufen.

Die Abb. 70, 71, 72, 73 und 74 zeigen einen Teil der geschickt durchgeführten und konstant eingehaltenen Verstellungsarten.

Dieser Fall ist u. a. auch ein anschauliches Beispiel dafür, daß unter Umständen sowohl der prinzipiellen Feststellung, daß es sich um eine Verfälschung handelt, als auch der Identifizierungsmöglichkeit Grenzen gesetzt sein können. Die letzte Art der Verstellung in Abb. 74 weist auch bereits darauf hin, daß die besten Ergebnisse bei der Wahl der Druckschrift oder Blockschrift erzielt werden. Allerdings muß hier wiederum ein gewisses zeichnerisches Talent zur Erzeugung derartiger Kunstschriften vorausgesetzt werden. Wir können also, die vorstehenden Ausführungen zusammenfassend, dreierlei Arten von Verstellung unterscheiden:

1. Teilweise Verstellung des Schriftbildes durch Abänderung von Schriftmerkmalen.
2. Totale Verstellung durch Wahl von Druckbuchstaben.
3. Absolute Verstellung durch nur sehr selten auftretende, besonders begabte Handschriftenkünstler.

Die Schriftentstellung

Von einer Schriftentstellung im Gegensatz zur Verstellung sprechen wir dann, wenn eine Handschrift Veränderungen erfährt durch Einflüsse, welche nicht bewußten Willensäußerungen des Schreibers entspringen.

Die Ursachen können physiologischer oder psychischer Natur und schließlich auch schreibtechnischer Art sein. In den ersten Fällen handelt es sich z. B. um Krankheit, seelische Erregungen, Depressionen; im letzten Fall kann der Schreibvorgang von ungünstigen Nebenumständen begleitet und dadurch der natürliche, freie Bewegungsablauf gehindert sein.

Alle diese Faktoren können nicht nur vorübergehende, sondern z. B. in Fällen ernstlicher Erkrankungen ganz erhebliche, dauernde Veränderungen einer Handschrift nach sich ziehen. Sie vermögen also sehr wohl zur Irreführung eines noch nicht genügend erfahrenen Sachverständigen Anlaß zu geben, stellen daher eine nicht zu unterschätzende Gefahrenquelle in der Schriftvergleichung dar und müssen in ihren Auswirkungen hier zur Anschauung gebracht werden.

Sehr zahlreich sind die Veröffentlichungen über pathologische Merkmale in Handschriften. Wir haben bereits erwähnt, daß namhafte Wissenschaftler auf dem Gebiet der gerichtlichen Medizin sich der wissenschaftlichen Unterbauung der Schriftvergleichung gewidmet haben. Nichts ist natürlicher, als daß sie sich in solchen Fällen auch besonders eingehend mit den Auswirkungen von Krankheiten in der Handschrift befaßt haben.

Über die Erscheinungsformen derselben muß man als Sachverständiger im Bilde sein, um sie nicht mit bewegungsmäßig ähnlichen, aber durch andere Ursachen hervorgerufene Formen zu verwechseln.

Im Abschnitt „Möglichkeiten — Grenzen“ (I. Teil) ist bereits kurz auf Schriftveränderungen hingewiesen, welche durch Erkrankungen hervorgerufen werden können, und es sind vor allem die Ausdrücke Ataxie und Tremor, denen wir im Zusammenhang mit der Behandlung von Krankenschriften in allen wissenschaftlich-graphologischen Lehrbüchern begegnen.

Von Ataxie sprechen wir dann, wenn die Schreibbewegung in unregelmäßigen Abständen plötzlich in nicht gewollter, häufig ausfahrender, zickzackförmiger Richtung verläuft. Es handelt sich hier um ein Versagen in der Koordination der Muskelbewegungen — „. . . denn um eine geordnete, koordinierte Schrift zu erhalten, ist es erforderlich, daß eine bestimmte Anzahl von Muskeln in bestimmter Gruppierung und Reihenfolge und unter gesetzmäßiger Verteilung der Kraft in Aktion tritt“.[20])

Saudek unterscheidet mehrere Arten von Ataxie[27]) und sagt: „Die Ataxie ist auf versagende Koordination der Muskelbewegungen zurückzuführen. Bei der einen Art der Ataxie gerät die Schreibbewegung in eine nicht gewollte Richtung, bei der anderen wird wohl die gewollte Richtung eingehalten, aber der Schreibende ist nicht fähig, die eingeschlagene Richtung an der gewollten Stelle zum Stillstand zu bringen. Daneben gibt es eine Ataxie, die durch zu starren Griffdruck erzeugt wird und nur bei den Aufstrichen (wegen der erschwerten Muskelstreckung) in Erscheinung tritt.“

Die Ursachen zu ataktischen Erscheinungen können sehr verschiedener Natur sein und sind durchaus nicht immer ein Hinweis auf Erkrankung, wie wir später sehen werden.

Unter dem „Tremor" verstehen wir die Zitterschrift. Im Gegensatz zur Ataxie verläuft die Schreibbewegung hier wohl in der gewollten Richtung, die Schriftzüge stellen aber zittrige Wellenlinien dar. In ausgeprägtester Form finden wir den Tremor in Fällen des Zitterns der Hände im Alter, der sogenannten Zitterlähmung. Ferner kennen wir den alkoholischen Tremor.

Ataxie und Tremor treten sehr häufig gleichzeitig in ein und derselben Handschrift auf. Der schon erwähnte akute Alkoholrausch bildet gleichfalls eine Ursache für das Auftreten der Ataxie. Jeserich[28]) gibt eine Zusammenstellung einer Reihe weiterer Entstehungsgründe für das Auftreten derartiger Schriftentstellungen.

1. Echtes Alterszittern,
2. augenblickliche heftige Erregung,
3. schwere Krankheit,
4. kurz vor dem Schreiben erfolgte schwere Muskelarbeit,
5. zitternde Unterlage,
6. kombinierte Ursachen (z. B. Erregung eines älteren Menschen),
7. künstliche Nachahmung von Unterschriften (Urkundenfälschung).

Zu beachten ist der Hinweis von Mayer[29]), daß beim Alkoholberauschten ein übermäßiger, ungeordneter und ungehemmter Bewegungsimpuls ein Ausfahren der Schreibbewegung über das gewollte, zweckmäßige Maß hinaus erzeugt. Im Gegensatz zum Symptom der Berauschtheit hat man in der Handschrift des chronischen Trinkers, der momentan nicht unter Alkoholeinwirkung steht, keine ataktischen Merkmale, dagegen einen äußerst „schnellschlägigen" Tremor.

Die Abb. 75 zeigt uns die charakteristische Ataxie einer Greisenschrift in Verbindung mit Tremor.

Ataxie finden wir hier z. B. in der Unterlänge des „g" — „langschlägigen" Tremor im Grundstrich des „l".

In Abb. 76 sehen wir als Folgeerscheinung einer Erkrankung die charakteristische Ataxie in der Handschrift eines nur 44jährigen Mannes.

Nach Mayer können auch Angst und Besorgnis Ursache zum sogenannten affektiven Tremor verbunden mit Ataxie und Schriftverlangsamung sein. In Abb. 77 sehen wir ein Beispiel dafür.

Der vierte Punkt der Jeserich'schen Zusammenstellung muß noch dahingehend ergänzt werden, daß außer schwerer Muskelarbeit auch andere Einflüsse zu ataktischen Erscheinungen in der Handschrift führen können. Als Beispiel sei hier erwähnt, daß ein längerer Aufenthalt in der Kälte die Ursache dazu bilden kann. Ein Umstand, der leider bei der Kritik von Schriftproben, die im Winter genommen werden, nur zu oft nicht in Betracht gezogen wird.

Häufig findet sich ferner in der Literatur der Hinweis, daß auch das Schreiben auf einer zitternden Unterlage (im fahrenden Zuge oder

Auto) den Grund zum Auftreten ataktischer Schriftzüge bilden würde. Nirgends jedoch ist unseres Wissens dieser Hinweis experimentell belegt worden. Wir haben darum durch mehrere Versuchspersonen eine größere Zahl diesbezüglicher Schreibversuche in fahrenden Personen- und D Zügen bei verschiedener Körperhaltung durchführen lassen. Da wir auch Gelegenheit gehabt haben, zu sehen, daß in Gutachten von Sachverständigen das Auftreten verschieden gestalteter Bewegungshemmungen gelegentlich als Ergebnis des Schreibens im fahrenden Zuge bezeichnet wurden, sollen die markantesten unserer Versuchsergebnisse in nachstehenden Abbildungen wiedergegeben werden. Sie bieten die Gelegenheit, Studien darüber anzustellen, in welcher Richtung sich eine Handschrift unter derartigen Schreibbedingungen verändert. Die Versuchsperson, von der diese Proben stammen, ist die gleiche, von der die Schriftprobe 16 herrührt. Somit ist auch eine unmittelbare Vergleichsmöglichkeit mit der Normalschrift gegeben.

Abb. 78a zeigt uns einen der zahlreichen Schreibversuche im D-Zug. Die Versuchsanordnung geht aus dem Text der Abbildung hervor.

Abb. 78b zeigt einen Versuch im schlecht federnden und sehr stark rüttelnden Wagen eines schnell fahrenden Personenzuges.

Wie auch hier aus dem Text zu ersehen ist, sind die Zeilen 9 bis 13 beim Halten auf der Station geschrieben worden, wodurch der Gegensatz zwischen zitternder und fester Unterlage besonders gut zu beobachten ist. Wenn auch das Schreiben freistehend naturgemäß weniger den Erschütterungen unterliegt als ein Schreiben in sitzender Haltung mit aufgestützter Unterlage, so können zusammenfassend doch folgende allgemeine Schriftveränderungen festgestellt werden:

1. Starke Unregelmäßigkeit;
2. Neigung zur Schriftvergrößerung;
3. unsichere und im Verhältnis zur natürlichen Schreibweise veränderte Oberzeichensetzung; die Oberzeichen sind häufiger eingebunden, weil das Bestreben vorliegt, die Feder möglichst wenig von der zitternden Unterlage abzuheben;
4. plötzliche, ausfahrende Schreibbewegung.

Nur selten und zwar beim Überfahren von Weichen oder im Moment des „Hineinfahrens" in eine Kurve kommt es zu ruckartigen, ausfahrenden Schreibbewegungen, wie sie im Wort „bewußtes" beim „s" (Abb. 78a) Zeile 9, im Wort „anlehnen" in Zeile 7 und auch im Wort „Hand" in Zeile 4 zu erkennen sind.

Alle diese Erscheinungen sind jedoch mit Ataxie überhaupt nicht zu verwechseln, und darum müssen die hier und da in der Literatur geäußerten Ansichten, eine zitternde Unterlage könnte gleichfalls Ataxie verursachen, als experimentell nicht erwiesen, ja als den Experimenten widersprechend bezeichnet werden.

In ähnlicher Weise, wie wir es bei den durch Krankheit bedingten Schriftveränderungen gesehen haben, rufen nun andererseits auch seelische Vorgänge erhebliche Veränderungen in der Handschrift gegenüber dem natürlichen Schriftbilde hervor. An einigen besonders eindrucksvollen Beispielen aus der Praxis soll das näher erläutert werden. Wir sehen in Abb. 79, wie sich die Handschrift unter der Einwirkung des Geschriebenen, d. h. bei ständig zunehmender seelischer Anspannung und Erregung außerordentlich stark verändern kann. Wir bringen oben in der Abb. 79a einen Ausschnitt aus der noch in ruhiger Verfassung geschriebenen ersten Seite eines Briefes, welchem Gedanken an einen freiwilligen Abschied vom Leben zugrunde liegen. Unten sehen wir einige Zeilen der letzten Seite des gleichen Briefes, die nun schon in größter innerer Erregung niedergeschrieben worden sind. Wir stellen eine größere Schreibeile, eine sich steigernde Unregelmäßigkeit, eine zunehmende Weite und Größe, fallende Zeilenrichtung, ausfahrende, verlängerte Endzüge und Vernachlässigungen fest.

In der folgenden Abb. 80 sehen wir die letzte Aufzeichnung eines Selbstmörders: „Ich h ich habe mich vergifftet."

Höchste Erregung spricht aus diesen verworrenen, außerordentlich unregelmäßigen Schriftzügen.

Die Entstellung der natürlichen Schrift ist in solchen Fällen sehr erheblich. Darauf muß besonders hingewiesen werden, weil einem Sachverständigen nicht selten die Frage vorgelegt wird, ob eine am Tatort vorgefundene Notiz vom angeblichen Schreiber selbst geschrieben wurde — ob es sich also tatsächlich um einen Selbstmord handelt —, oder aber ob die Schriftzüge von einer anderen Person stammen, also mit dem Versuch einer bewußten Irreführung der Polizei gerechnet werden muß, eventuell ein Mord vorliegt.

Die vielfältigen Ursachen zur Entstellung einer Schrift durch Erregung sind jedoch in den geschilderten Fällen nur angedeutet — sie können den allerverschiedensten Beweggründen entspringen. Wir bringen nachstehend noch einen interessanten Fall aus unserer Praxis. Es handelt sich hier allerdings um fremdsprachige Schriftsätze, jedoch gelangt einem Sachverständigen nur selten ein derartiges Material in die Hände, und der Anlaß zur Veröffentlichung dürfte daher trotz der Fremdsprachigkeit gegeben sein.

Zuvor der Fall: Ein gewisser Eduard S. wurde von einem Beschuldigten in einer Strafsache als Entlastungszeuge aufgegeben. Im weiteren Verlauf der Angelegenheit kam es zu einem Meineidsverfahren, in welchem der S. seine, nicht der Wahrheit entsprechende, Aussage hätte wiederholen müssen. Er wollte jedoch nicht darauf eingehen. Die an der falschen Aussage Interessierten erzwangen danach durch Druckmittel die schriftliche Formulierung dieses falschen Geständnisses, das also erneut einen Meineid darstellt. Eduard S. war zum

Nachgeben gezwungen. Das Ergebnis dieser, in äußerster Gemütsbewegung und Erregung geschriebenen Aussage sehen wir in Abb. 81 und als Gegenüberstellung dazu in Abb. 82 die völlig natürliche, in Gegenwart des Sachverständigen geschriebene Handschriftprobe des Eduard S.

Ein anschaulicheres Beispiel für die Veränderung einer Handschrift durch Einwirkung stärkster Erregung ist schwer denkbar. Wir nennen kurz die charakteristischen, durch die Erregung bedingten Veränderungen: Zunahme der Schreibeile, der Schriftweite, der Schräglage; Druckverstärkung und Tendenz zur Fadenbildung, schärfer werdende Schrift, ausfahrende, in horizontaler Richtung verlängerte, scharf auslaufende Endstriche.

*

Wir haben weiter noch die Frage zu untersuchen, in welchem Maß schreibtechnische Einflüsse eine Handschrift verändern können. Ein Beispiel haben wir bereits bei der Besprechung des Schreibens auf einer zitternden Unterlage durchgenommen, als wir die von Jeserich aufgestellten Punkte analysierten.

Eine häufige Ursache zu einer vorübergehenden Veränderung der Handschrift kann in ungeeigneter Körper- bzw. Handhaltung gesehen werden. Wer stehend schreibt oder wer das Schreibblatt gegen die Wand stützt und somit in senkrechter Lage schreiben muß, der ist im Bewegungsablauf gehemmt, und wird daher in seiner Handschrift ein von der natürlichen Schrift in mancher Hinsicht abweichendes Schriftbild zeigen können. Veränderung der Schriftgröße, der Schriftlage (steiler werdende Schrift) und des Schreibdruckes sind hier die häufigsten Begleiterscheinungen.

Daneben aber sind auch die durch die Art der Schreibunterlage hervorgerufenen Erscheinungen zu beachten: Das Schreiben auf einem Wachstuchdeckel eines Notizbuches zum Beispiel erzeugt Striche, die bei näherem Hinsehen infolge des Durchdrucks der Leinenstruktur des Wachstuchs wie Zitterlinien aussehen, jedoch im Gegensatz zum eigentlichen Tremor ein völlig geregeltes, gleichartiges „Zittern" aufweisen. Es dürfte daher schon ein Laie ohne jede Mühe eine echte Zitterschrift von einer Wachstuchschrift unterscheiden können.

Wesentlich gröbere Hemmungserscheinungen treten auf beim Schreiben auf einer ungehobelten, rohen Tischplatte. Die Maserung des Holzes behindert das glatte Weitergleiten des Schreibstiftes oder der Feder und man erhält ein Strichbild, das gelegentlich schon Anklänge an die echte Ataxie vortäuschen kann. Die nähere Untersuchung zeigt aber sofort erhebliche Unterschiede. Während man bei der Ataxie von einem ausgesprochenen Richtungswechsel sprechen kann, erzeugt eine derartige Tischplatte lediglich eine leichte Knickung im gleichgerichteten Strichverlauf.

Die linkshändige Schrift.

Mit einer „technischen Unzulänglichkeit“ im weiteren Sinne haben wir es dann zu tun, wenn zum Schreiben die linke Hand benutzt wird, sei es, weil die betreffende Person eine Verletzung der rechten Hand davongetragen hat — sei es, weil durch Anwendung der linkshändigen Schrift eine Verstellung angestrebt wird. Wer überhaupt imstande ist, mit der linken Hand einigermaßen frei zu schreiben, so daß ein leserliches Schriftbild entsteht — für den stellt diese Art der Schriftverstellung den einfachsten Weg dar, seiner Handschrift ein scheinbar völlig verändertes Aussehen zu geben.

Grundlegend ist hier jedoch die von vielen Autoren experimentell getroffene Feststellung, daß die linkshändige Handschrift die gleichen Schreibeigentümlichkeiten aufweist wie die rechtshändige. Mangelnde Übung im Schreiben mit der linken Hand einerseits und die Lage des Schreibblattes andererseits bilden jedoch die Ursache zu erheblichen Abweichungen der linkshändigen von der rechtshändigen Schrift und geben eindeutige Anhaltspunkte dafür, daß mit der linken Hand geschrieben wurde.

In der einschlägigen Literatur wird als Beispiel für die Übereinstimmung zwischen der später erlernten linkshändigen mit der natürlichen rechtshändigen Schrift stets auf den geschichtlichen Fall des Wechsels von rechtshändiger zu linkshändiger Handschrift hingewiesen, der mit der Person des englischen Admirals Nelson in Verbindung steht: Nelson verlor bekanntlich seinen rechten Arm und stellte sich auf das Schreiben mit der linken Hand um. Saudek[30]) bringt Proben beider Schriften und führt aus, daß Veränderungen nur soweit festzustellen sind, wie sie sich schon durch die Übersteilheit der linkshändigen Schrift erklären lassen.

Trotzdem zeigt jedoch die Praxis immer wieder, daß die Identifizierung des Schrifturhebers eines linkshändig gefertigten Schriftstückes an Hand von rechtshändig geschriebenen Proben äußerst schwierig ist. Steht also die Tatsache einer linkshändigen Schrift fest, so muß versucht werden, zum Zweck der Durchführung einer Erfolg versprechenden Schriftvergleichung, auch eine linkshändig gefertigte Probe zu beschaffen.

Um nun zu ermitteln, welches die typischen Merkmale einer linkshändigen Schrift sind, bringen wir die nachstehende Abbildung, die ein typisches Beispiel für eine solche Schrift darstellt (Abb. 83).

Auf folgende Eigentümlichkeiten kann hingewiesen werden:

1. Spiegelschrift („heraus“ in Zeile 4, „bist“ in Zeile 8). Zur Erläuterung der Entstehung der Spiegelschrift bringen wir einen Absatz aus dem Kapitel „Zur Psychologie der linkshändigen Schrift“ von Meyer[31]). Er schreibt: „Bei Personen, die nach völlig erhaltener Schreibreife sich auf linkshändige Schrift umstellen müssen und in Spiegelschrift ver-

fallen, überdeckt das Schreibbewegungserinnerungsbild zunächst das optische Buchstaben- und Wortbild und führt so zwangsläufig zur Spiegelschrift, da der gewohnten Rechtsläufigkeit beim Schreiben mit der rechten Hand die spiegelbildliche, links gerichtete Bewegung bei der linken Hand entspricht.

2. Starke Hemmungen im natürlichen Schreibfluß, die sich insbesondere in der Unmöglichkeit, gewandte Bogenformen zu erzeugen zeigen („heraus" in Zeile 4, „Augen" in Zeile 5, „den" in Zeile 7 u. a. m.).
3. Zahlreiche Nachbesserungen infolge mißglückter und daher unleserlicher Buchstabenformen (z. B. Ansetzen der Schleife am „h" im Wort „dich" in Zeile 2, — Ansetzen der Schleife am „l" im Wort „Bluthund" Zeile 3, Verbesserung des Wortes „dir" in Zeile 6, des Wortes „vorgemerkt" in Zeile 8 u. a. m.).
4. Zunehmende Betonung horizontal gerichteter Striche, was sich besonders in der Entstehung langer ausfahrender horizontaler Endstriche zeigt.
5. Häufiges Auftreten ungeschickt geformter, völlig natürlich wirkender Schleifenformen, sowohl bei den Kurz- als auch Mittelbuchstaben.
6. Starke Unregelmäßigkeit sowohl hinsichtlich der Buchstabenhöhe, der Schriftweite als auch der Schriftlage.
7. Zunehmende Unverbundenheit.

So ergibt sich ein von der rechtshändigen Handschrift in vieler Hinsicht abweichendes, und was vor allem wesentlich ist, in seiner Art typisches Schriftbild. Die Erfahrung zeigt, daß wohl in fast jeder linkshändigen Schrift einzelne spiegelschriftlich gefertigte Buchstaben gefunden werden. Diese bilden das wichtigste Erkennungsmerkmal für die Linkshändigkeit[32]).

Wenn nun auch die Identifizierung bei linkshändigen Schriften erheblich erschwert ist und nicht oft gelingt, so kann allein die Tatsache des Vorliegens einer linkshändigen Schrift gewisse Hinweise auf die Person des Täters geben.

Zur Frage der wissenschaftlichen Erforschung der Spiegelschriftentstehung, sowie der Zusammenhänge zwischen rechts- und linkshändiger Handschrift sind außer den bereits genannten Arbeiten in der Fachliteratur noch einige Veröffentlichungen zu finden[33]). Critschley hat auf folgende interessante Tatsache hingewiesen: wenn ein Kind, das von Natur Linkshänder ist, in der Schule das rechtshändige Schreiben lernt, so verfällt es anfänglich oft vollständig oder teilweise in die Spiegelschrift. Mayer (a. a. O.) — selbst Linkshänder — bestätigt die Richtigkeit dieses Hinweises aus eigener Erinnerung.

*

Weitere Ursachen zur Veränderung einer Handschrift haben wir unter dem Begriff Schriftwandlung zusammengefaßt. Im Gegensatz zu den bewußt verstellten oder unbewußt entstellten Handschriften haben wir es hier mit einer natürlichen Entwicklung einer Handschrift in größeren Zeiträumen zu tun.

Entsprechend den im ersten Teil geschilderten engen Zusammenhängen zwischen Charakter und Handschrift ist es ohne weiteres verständlich, daß die Handschrift auch nach erlangter Schreibreife nicht unverändert bleiben kann, sondern sich den Wandlungen des Charakters gemäß verändert. Diese Feststellung bietet dem Leser nichts Neues, kann doch jeder auch ohne graphologische Vorbildung an seiner eigenen sowie an den Handschriften seiner Bekannten derartige Veränderungen im Laufe der Jahre und Jahrzehnte beobachten.

Zweierlei Arten von Schriftwandlung müssen unterschieden werden:

a) Die normale, langsame Veränderung einer Handschrift von der Schulschrift bis zur Altersschrift.
b) Spontane Veränderungen einer Handschrift durch einschneidende seelische Erlebnisse.

Allgemeine Hinweise über die Art der Veränderung einer Handschrift im Verlauf eines Menschenlebens können selbstverständlich nicht gegeben werden. Wir haben Menschen, die schon frühzeitig den Kulminationspunkt in der Entwicklung ihres Charakters erreichen und dann durch Jahrzehnte auf dem gleichen geistig-seelischen Niveau verharren: Die Handschrift solcher Naturen kann — im extremen Fall — unter Hinzunahme nur geringfügiger eigenartiger Bewegungselemente während des ganzen Lebens im wesentlichen unverändert bleiben. Andererseits finden wir bei Menschen von ausgeprägter Persönlichkeit auch in der Handschrift aus verschiedenen Lebensjahren den Widerschein einer stetig fortschreitenden Entwicklung des Charakters, einer zunehmenden Eigenart der Persönlichkeit.

Diese Veränderungen können sich häufig gerade auch in der Schreibweise der Unterschriften in stärkstem Maß auswirken und so Anlaß zu Irrtümern bei der Bestimmung der Echtheitsfrage geben. Insbesondere ist hier an Testaments- und Quittungsunterschriften zu denken, die längere Zeit vor dem Tode des Namensträgers geschrieben wurden. Begnügt sich in solchen Fällen ein Sachverständiger mit Unterschriftsproben aus den letzten Lebensjahren der betreffenden Person, so werden diese nicht selten erhebliche Abweichungen von solchen Unterschriften zeigen, die vor einem Jahrzehnt oder früher geschrieben wurden.

Zur Veranschaulichung der stetigen Veränderung einer Handschrift einer und derselben Person im Verlauf des Lebens bringen wir in der Abbildung 84a—e Proben der Handschrift eines Menschen aus verschiedenen Abschnitten seines Lebens.

Neben dieser stetigen, „normalen", zeitlichen Veränderung einer Handschrift, können es auch plötzliche einschneidende Erlebnisse oder aus dem Rahmen des Üblichen fallende seelische Vorgänge sein, die beträchtliche Veränderungen in der Schrift hervorrufen. Wer kennt nicht aus eigener Erfahrung den Fall, wo sich nach der Eheschließung eine rasche und weitgehende Veränderung der Handschrift der Frau beobachten läßt, sei es infolge von Beeinflussung durch den Mann oder aus dem Streben nach Angleichung an den Charakter des Ehepartners. Wie häufig ist auch ein Ähnlichwerden der Handschriften von Ehepartnern nach jahrzehntelangem Zusammenleben.

Aber noch andere Schriftwandlungen ähnlichen Ursprungs sind bekannt. So haben wir beobachten können, wie die Handschrift einer wissenschaftlichen Assistentin in verhältnismäßig kurzer Zeit ein überraschend starkes Streben nach Angleichung an die Schrift des vorgesetzten Wissenschaftlers erkennen ließ. Die Veränderung ihrer Handschrift führte zu einer beachtlichen Ähnlichkeit mit der seinen, so daß ein ungeschultes Auge eine Unterscheidung der Schriften kaum sofort hätte treffen können.

Psychologisch und graphologisch sagen wir hiermit allerdings nichts Neues: Mögen die Gründe zur Anpassung bzw. Angleichung an den Charakter eines anderen verschiedenen Ursprungs sein, daß damit aber eine Veränderung der Handschrift vor sich gehen muß, ist nach den Ausführungen in Teil I ohne weiteres klar.

Zur Erläuterung einer plötzlichen Handschriftveränderung durch besonders gelagerte seelische Umstände können wir folgenden interessanten Fall aus unserer Praxis heranziehen: In einer staatlichen Behörde war ein Beamter L. S. u. a. auch mit der Sicherstellung und Verwaltung von Geldbeträgen beauftragt. Nach Lage der Dinge unterlagen die Eintragungen über die Höhe der einzelnen Beträge nicht mehr einer weiteren regelmäßigen Kontrolle von anderer Seite, sondern wurden von L. S. verantwortlich getätigt. Wie so häufig in Kriminalfällen brachte auch hier der Zufall in Gestalt einer unerwarteten, an sich nicht vorgesehenen Nachfrage über eine Einzahlung die Aufdeckung erheblicher Unterschlagungen: Der Genannte hatte sich durch Verfälschung der Eintragungen hinsichtlich der Höhe der ihm anvertrauten Summen große Beträge angeeignet. Er verfuhr hierbei so, daß er beispielsweise in Gegenwart des Einzahlers die richtige Summe von 10,— RM buchte, jedoch sofort darauf vor diese „10" ein „0," setzte und somit „9,90" RM für sich behielt.

Soviel zum Tatbestand. Uns interessiert hierbei die gleichzeitig auftretende überraschende Veränderung der Art und Weise der Unterschriftsleistung des L. S. Überraschend allerdings nur für den Laien, nicht für den graphologisch Geschulten, der hierin nichts anderes als eine Spiegelung der psychologischen Vorgänge sehen wird. In der Abb. 85 bringen wir neun Unterschriften des L. S., geschrieben im Verlauf von zwei Jahren, während der Zeit der Ausführung der geschilderten Unterschlagungen.

Die erste Unterschrift stammt aus dem Herbst des Jahres 1931, sie entspricht in allen Teilen der Schreibweise des L. S., wie sie auch in den vorangegangenen Jahren zu erkennen war. Mit einer in den folgenden Monaten in Erscheinung tretenden Verkleinerung der Unterschrift gehen Hand in Hand das Fortlassen des Vornamens und eine Zunahme der Unleserlichkeit. Hier treffen wir bereits auf Merkmale, die — deutungstechnisch beurteilt — für Unaufrichtigkeit sprechen, worauf insbesondere P u l v e r hingewiesen hat.[34]) Diese Unleserlichkeit steigert sich rasch und führt zu Beginn des Jahres 1933 (Unterschrift Nr. 7) zu einer ausgesprochenen Schriftzerstückelung. Beim besten Willen kann aus den letzten Unterschriften der Name nicht mehr erlesen werden. Dieses seltene Beispiel einer Unterschriftsveränderung verdient somit nicht nur von dem uns vornehmlich interessierenden Gesichtspunkt der Schriftvergleichung aus ein erhebliches Interesse, sondern beweist darüber hinaus die Richtigkeit der auf Grund ausdruckstheoretischer Überlegungen abgeleiteten Merkmalgruppen der Unaufrichtigkeit (vergl. Bd. I, Kap. XIII).

Zu ersteren ist noch zu sagen, daß der Beweis für die Urheberschaftsgleichheit der ersten und der letzten Unterschrift nicht zu erbringen sein dürfte, obwohl zwischen der Niederschrift dieser beiden Unterschriften ein Zeitraum von nur zwei Jahren liegt. Wir nehmen diese Feststellung als Hinweis dafür, daß man grundsätzlich danach trachten muß, bei Schriftvergleichungen Vergleichsmaterial zu erhalten, das etwa gleichzeitig mit dem inkriminierten Schriftstück entstanden ist.

Zum zweiten Ergebnis, der Ermittlung von Unaufrichtigkeitsmerkmalen, sei infolge des besonders anschaulichen Materials ergänzend zu den Ausführungen im ersten Teil dieses Buches noch folgendes hinzugefügt:

Wir finden in den ständig variierenden Unterschriften das Auftreten folgender, in der graphologischen Literatur als Unaufrichtigkeitsmerkmale bezeichneten Elemente:

a) Teilweise Deckzüge (Unterschrift 6).
b) Übergang von der Girlanden- zu der Arkadenbindung (Unterschriften 3 und 4).
c) Vermehrte Linksläufigkeiten an Endzügen (Unterschrift 7).
d) Punktierung (Unterschriften 8 und 9, letzte Silbe).
e) Zerbrechen von Buchstaben (beginnend mit Unterschrift 7).
f) Weglassen von Buchstaben (beginnend mit Unterschrift 7).
g) Übermäßige Anfangsbetonung (beginnend mit Unterschrift 7).

Wir können die Ergebnisse dieser Untersuchungen folgendermaßen zusammenfassen: Äußere Umstände (Vertrauensposten mit selbständigem Verfügungsrecht über täglich einlaufende Geldbeträge) begünstigten eine verbrecherische Handlungsweise des L. S. Die zunehmenden Unterschlagungen, die vielleicht eine schon vorhandene kriminelle Veranlagung zum Ursprung haben konnten, führten zwangsläufig eine

Beeinflussung des Charakters herbei. Letztere bedingte die von uns beobachtete Veränderung in der Schreibweise dieser Unterschriften.

*

Die dem Sachverständigen in seiner Arbeit drohenden Gefahren hinsichtlich möglicher Irrtümer sind durch die Aufzählung der bisherigen Fehlerquellen noch nicht erschöpfend behandelt worden. Noch ist ein Faktor in der Schriftvergleichung zu nennen, der Ursache zu manchen Fehlurteilen gegeben hat: Die Tatsache des Auftretens überaus ähnlicher Handschriften.

Wenn wir auch mit aller Bestimmtheit sagen können, daß es zwei g l e i c h e Handschriften in der Welt nicht gibt, so besteht demgegenüber doch die Gewißheit, daß es Menschen gibt, die außerordentlich ähnlich schreiben.[35])

Finden wir nun, was natürlich nur selten der Fall sein wird, anläßlich eines Ermittlungsverfahrens im Kreise der als Täter in Verdacht kommenden Personen zwei mit derartig ähnlichen Handschriften, so ist immerhin mit der Möglichkeit einer Fehlbegutachtung zu rechnen. Fanta beschreibt einen sehr demonstrativen Fall aus seiner Gerichtspraxis, der dieses Gefahrenmoment in besonders krasser Weise veranschaulicht und von uns daher gekürzt wiedergegeben wird:

Einer Gendarmeriestation wurde eine anonyme Anzeige mit Verdächtigungen politischer Natur zugesandt. Es handelte sich angeblich um Spionage in einem Industriewerk, so daß der Sache mit besonderem Nachdruck nachgegangen werden mußte. Die Ermittlungen ergaben die Haltlosigkeit der Anschuldigungen und bestärkten die von vornherein geäußerte Vermutung des Beschuldigten, daß es sich um einen Racheakt handeln müßte. Die weiteren Ermittlungen hatten nun somit die Feststellung des Anonymus zum Ziel. Aus dem Kreise der in Frage kommenden Personen wurde von zwei Sachverständigen ein gewisser H. mit großer Wahrscheinlichkeit als Täter bezeichnet. Nach Inhaftnahme gestand H., die anonyme Anzeige gegen zugesagte Belohnung auf Vorschlag eines Bekannten Richard J. geschrieben zu haben. Richard J. wird in Haft genommen, verhört und gibt eine ausführliche Darstellung der Hintergründe dieser Anzeige und der daran beteiligten Personen. Er bezeichnet hierbei jedoch nicht den H. als tatsächlichen Schreiber, sondern einen Sch. Letzterer wird geladen und gesteht sofort ohne Zögern, die Anzeige geschrieben zu haben.

Es bekennen sich also zwei Personen zur Urheberschaft des gleichen Schriftstückes.

Die Schriftsachverständigen, denen das gesamte Material erneut vorgelegt wird, stellen folgendes fest:

Die Handschriften der beiden Personen H. und Sch. stimmen in den wichtigsten allgemeinen und besonderen Merkmalen sowohl untereinander als auch mit der inkriminierten Schrift weitgehend überein. Die Ähnlichkeit ist verblüffend; die Untersuchung ergab jedoch nun, wo beide Handschriften einer gegenüberstellenden Untersuchung unterworfen werden konnten, in ausreichendem Maße besondere Merkmale, um den Sch. als wahren Schrifturheber zu bezeichnen.

Ein Eingehen auf die Hintergründe und Tatmotive dieser Angelegenheit, in die ein großer Personenkreis verwickelt war, und wo es sich um Neid und Feindschaft zwischen konkurrierenden Fabrikanten handelte, erübrigt sich hier. Es interessiert uns lediglich die Tatsache, daß zwei Personen, die weder verwandt waren noch irgendwie in Beziehungen zueinander standen (keine gemeinsame Schule, der eine im Sudetenland, der andere in Deutschland aufgewachsen), so ähnliche Handschriften aufwiesen, daß die Sachverständigen zu einem, wenn auch nur ein Wahrscheinlichkeitsurteil darstellenden Identitätsschluß gelangen konnten. Wichtig ist es, darauf hinzuweisen, daß, wenn beide Schriften von vornherein den Sachverständigen vorgelegen hätten, die Gefahr eines Fehlurteils kaum bestanden hätte.

Worauf kann das Auftreten derartiger „Doppelgängerschriften" beruhen?

Dieses wichtige Problem der Schriftvergleichung hat vielfach zu Untersuchungen Anlaß gegeben. Sind es bei Verwandten erbbedingte Anlagen (nach Seelig[36]) eine endogen bedingte Ähnlichkeit, oder sind es Schulähnlichkeiten, somit umweltbedingte exogene Einflüsse, die hier in Betracht zu ziehen sind?

Nichts lag näher, als das Problem der Schriftenähnlichkeit an Hand von Handschriften solcher Personen zu untersuchen, bei denen größte Ähnlichkeit bzw. sogar Schriftengleichheit am ehesten erwartet werden könnte, d. h. bei Zwillingen. Zu dieser Frage liegen Untersuchungsergebnisse von Kockel[37]) vor. Er schreibt: „Es haben mir die Handschriften von drei Zwillingspaaren vorgelegen, von ihnen sind zwei EZ-Brüderpaare (EZ = Eineiige Zwillinge, ZZ = Zweieiige Zwillinge), Juristen im Staatsdienst, das dritte Paar sind weibliche ZZ, Verkäuferinnen. Alle drei Paare haben je bei demselben Lehrer schreiben gelernt, der bei EZ 1 der eigene Vater war . . . EZ 1 zeigen im Gesichts- und Körperbau sehr große Ähnlichkeit . . . EZ 2 sind in den Gesichtszügen einander fast noch ähnlicher als die vorhergehenden." Die Handschriften der einzelnen Zwillinge zeigten dagegen nun aber — wie aus den ausführlichen Darlegungen von Kockel hervorgeht — erhebliche Abweichungen. Er schreibt bezüglich des Zwillingspaares EZ 1, daß sie neben einer gewissen Ähnlichkeit des Gesamteindrucks der Schrift mit Ausnahme eines übereinstimmenden „d" durchweg voneinander abweichende Einzelformen der Buchstaben aufwiesen. Beim Zwillingspaar EZ 2 ist die Verschiedenheit der Handschriften eine ganz ausgesprochene.

Beim dritten Zwillingspaar ZZ ist die Ähnlichkeit im Gesicht und Körperbau gering. Die Handschrift bei den beiden Schwestern hat sich nur wenig über die Schulschrift hinaus entwickelt, sie sind jedoch trotzdem stark abweichend voneinander: „Die Einzelformen zeigen außer einigen flüchtigen Ähnlichkeiten nur Verschiedenheiten.“ Kockel faßt das Ergebnis seiner Untersuchungen folgendermaßen zusammen: „Die Handschriften eineiiger Zwillinge sind einander nicht annähernd in so hohem Maße ähnlich, wie man nach der sonstigen, fast an Identität grenzenden körperlichen Ähnlichkeit anzunehmen berechtigt wäre. Die bestehenden Ähnlichkeiten der Handschrift erstrecken sich auf einzelne allgemeine, aber wenig bezeichnende Merkmale, fehlen hingegen fast völlig in den Einzelformen.“

Wer sich auf Grund des Studiums des I. Teiles mit den Grundlagen der Graphologie vertraut gemacht hat, den wird das Ergebnis dieser Untersuchungen nicht überraschen können. Wenn auch ihre Basis keine umfangreiche war — nur drei Zwillingspaare —, so besagt das Ergebnis doch klar, daß auch größte Ähnlichkeit und gleiche Erbanlagen auf die Ausprägung der Handschrift ohne Einfluß bleiben muß, weil eben das Bild der Handschrift in maßgeblicher Weise von dem Charakter des Schreibers bestimmt wird.

Es kann also im weiteren auch von den bekannten „Schulähnlichkeiten“ nur sehr bedingt gesprochen werden: Hand in Hand mit der Formung der Individualität nimmt auch die Handschrift ein zunehmend eigenartiges Gepräge an. In der Fachliteratur ist zudem wiederholt darauf hingewiesen worden, daß auch in den Volksschulklassen eine Unterscheidung der an sich gewiß ähnlichen, weil schulmäßigen Schriften sehr wohl möglich ist. Welcher Sachverständige sollte übrigens in seiner Praxis nicht auch mit der Feststellung irgendwelcher anonymer Schreibereien in Schulen beauftragt worden sein? Es wird wohl keiner gesagt haben, daß infolge der Ähnlichkeit der Schülerschriften eine Unterscheidung derselben nicht möglich wäre.

Ruml[38]) meint die Ursache zum Auftreten ähnlicher Handschriften in der Beschränkung der Variationsmöglichkeit suchen zu müssen. Wir möchten diese Annahme nicht teilen, denn daß die Variationsmöglichkeit der Handschriften unendlich groß ist, sagt uns nicht nur die theoretische Überlegung, sondern das beweisen auch praktische Versuche. Hier wären die Experimente von Crepieux-Jamin[39]) zu nennen, der schon in der Schreibweise einfachster Ziffern eine sehr große Mannigfaltigkeit feststellen konnte. Wir können daher nur den von ihm formulierten Thesen beistimmen, wenn er sagt:

„Die Mannigfaltigkeit der Handschriften ist unendlich, keine Handschrift ist der anderen gleich“.

Die unendliche Mannigfaltigkeit der Handschriften erklärt sich aus der unendlichen Mannigfaltigkeit der Charaktere.

Jeder Sachverständige weiß es aus eigener Erfahrung und auch die wenigen in der Fachliteratur veröffentlichten Beispiele beweisen es ihrerseits, daß sich ähnliche Handschriften fast immer nur innerhalb wenig eigenartiger Schriften von Personen mittlerer oder unterdurchschnittlicher Bildung finden. Es wird sich in solchen Fällen stets um eigenartsarme Durchschnittscharaktere handeln, Menschen, die also auch tatsächlich einen „ähnlichen" Charakter aufweisen. Niemals wird man wirklich ähnliche Handschriften hoher Eigenartsstufen feststellen.

Auch dem Satz von Meyer muß widersprochen werden, daß es Eigentümlichkeiten, die wirklich einzigartig und nur für eine Handschrift kennzeichnend wären, wie etwa der Fingerabdruck in der Daktyloskopie, in der Handschrift nicht gäbe.[40]) Wir müssen nämlich bei einem solchen Vergleich von Daktyloskopie und Handschriftvergleichung von gleichwertigen Voraussetzungen ausgehen: Der Fingerabdruck in seiner Gesamtheit darf natürlich nicht mit einer handschriftlichen Eigentümlichkeit, wohl aber mit der Handschrift als solcher verglichen werden. Die einzelnen charakteristischen Elemente eines Fingerabdrucks — Schlingen, Gabelungen, Inseln usw. — sind an sich auch noch nicht einzigartig, erst der Komplex einer bestimmten Anzahl derartiger Elemente ergibt das individuelle Bild des Fingerabdrucks eines Menschen. Genau so können wir sagen, daß eine einzelne eigentümliche Schreibbewegung zweifellos nicht einmalig zu sein braucht — daß aber das Zusammentreffen mehrerer charakteristischer Eigentümlichkeiten im Ergebnis doch eine einzigartige Handschrift erzeugt.

Ebenso wie zur Frage der Schulähnlichkeit kann auch zur Familienähnlichkeit gesagt werden, daß einerseits eine nahezu nicht unterscheidbare Schriftengleichheit auch bei nahen Verwandten sicherlich noch nie beobachtet wurde, und daß andererseits die sogenannte Familienähnlichkeit von Handschriften keineswegs häufig ist. Wir zitieren nach Fanta (a. a. O.) eine Feststellung des Kenners der Physiologie und Psychologie der Kinderschriften A. Legrün, der schreibt[41]), daß er „nur äußerst wenige Fälle von Handschriftenähnlichkeiten bei Familienmitgliedern zu Gesicht bekommen habe, und daß selbst die Ähnlichkeit der Handschriften schulpflichtiger Zwillinge (7. bis 14. Lebensjahr) im allgemeinen nicht größer zu sein scheint, als die von Klassengenossen untereinander."

Der Leser hat Gelegenheit, zwei verhältnismäßig recht ähnliche Handschriften von Geschwistern im Schriftenatlas (Abb. 16 und 17) zu prüfen. Er wird bald feststellen, daß die Ähnlichkeit sich im Wesentlichen auf das allgemeine Schriftbild bezieht, und daß sowohl im Bindungscharakter als auch in den Besonderheiten der Buchstabengestaltung ganz charakteristische Abweichungen zu erkennen sind.

Wir können auf Grund obiger Ausführungen den Schluß ziehen, daß es zwei Menschen mit gleichen Handschriften nicht gibt, und daß auch beim gleichzeitigen Vorliegen außergewöhnlich ähnlicher

Schriften ein Sachverständiger stets noch die Nichtidentität feststellen können wird.

Wohl aber müssen wir zwei Folgerungen treffen:

1. Wenn zwischen einem strittigen Schriftsatz und einer Probeschrift eine weitgehende Übereinstimmung in den allgemeinen und besonderen Merkmalen festgestellt werden kann und daneben doch noch einige scheinbar belanglose, aber konstant auftretende Unterschiedlichkeiten in der Schreibbewegung zu finden sind, so ist Vorsicht bei der Abfassung des Schlußurteils dringend am Platz. In solchen Fällen ist es geraten, die Möglichkeit ähnlicher Schriften im Auge zu behalten und insbesondere eine solche verwandter Personen zu berücksichtigen. Es wäre dann bei den die Ermittlungen führenden Stellen anzufragen, ob nicht eventuell nahe Verwandte auch mit in den Verdachtskreis zu ziehen wären. Bejahendenfalls sind Schriftproben anzufordern.
2. Andererseits müssen wir stets im Auge behalten, daß auch die Handschrift einer und derselben Person nicht absolut konstant ist, sondern daß wir hier nur von einer relativen Konstanz sprechen können, da die Handschrift nicht nur im Lauf größerer Zeitabschnitte (siehe den Abschnitt über Schriftwandlung), sondern auch von Niederschrift zu Niederschrift Unterschiedlichkeiten hinsichtlich allgemeiner Schriftmerkmale aufweisen kann. Seelig[42]) spricht in diesem Zusammenhang von der Variabilität der Handschrift (in der graphologischen Literatur findet man hierfür die Ausdrücke Schwankungsspielraum und Schwankungsbreite) und unterscheidet zwischen der „Simultanvariabilität" und der „Sukzessivvariabilität". Von ersterer ist dann zu sprechen, wenn innerhalb desselben Zeitabschnittes einzelne Niederschriften eines und desselben Menschen größere Abweichungen zeigen; unter der Sukzessivvariabilität wäre demgegenüber die von uns als Schriftwandlung bezeichnete Erscheinung zu verstehen, die in der Veränderung der Handschrift eines Menschen innerhalb größerer Zeiträume besteht.

Uns interessiert in Verbindung mit obigen Ausführungen somit noch die Simultanvariabilität, die Erscheinung, daß auch bei mehr oder weniger gleichzeitig getätigten Aufzeichnungen gelegentlich Abweichungen im Schriftbilde auftreten können, die über den Rahmen der normalen Schwankungsbreite hinausgehen und somit ihrerseits bei der Schriftvergleichung doch ein gewisses Gefahrenmoment darstellen können. Wenn sie auch nicht Anlaß zu Fehlgutachten geben dürften, so kann doch eine Erschwerung der Arbeit des Sachverständigen hervorgerufen und eine Beeinflussung der Urteilsformulierung erreicht werden.

An einem Beispiel aus der Praxis soll das Gesagte veranschaulicht werden:

Wir sehen in der Abb. 86 ganz oben einige Zeilen eines inkriminierten Schreibens, das mit der Schriftprobe in der Mitte dieser Abbildung zu vergleichen war. Neben einer weitgehenden Übereinstimmung in den allgemeinen und besonderen Schriftmerkmalen fiel jedoch der Umstand ins Auge, daß die im strittigen Schreiben ausnahmslos immer mit dem nächsten Buchstaben verknüpften „d"-Köpfe in der Schriftprobe konstant keine Einbindung aufwiesen.

Wenn auch die festgestellten Übereinstimmungen für den Identitätsnachweis ausreichend waren, so gab diese konstant auftretende Abweichung doch den Anlaß zur Anforderung weiterer Schriftproben. U. a. wurde nun eine Schriftprobe eingesandt, deren Niederschrift am gleichen Tage mit der zuerst übersandten erfolgt war. Einen Ausschnitt dieser zweiten Probe sehen wir ganz unten in der Abb. 86.

Nun waren die Schwierigkeiten mit einem Schlage behoben, denn die neue Probe läßt bei sonst völlig gleichbleibendem Schriftbild zur bisherigen Schriftprobe in Übereinstimmung mit dem strittigen Schreiben eine konstant durchgeführte Verknüpfung der „d"-Köpfchen erkennen.

In diesem Fall unterliegt somit die Art und Weise der Verknüpfung des „d"-Köpfchens in besonderem Maße der Simultanvariabilität dieser Handschrift.

Ein einfaches Übersehen dieser Abweichung zwischen dem inkriminierten Schreiben und der ersten Schriftprobe seitens eines Sachverständigen hätte zumindest eine Unvorsichtigkeit bedeutet und der Versuch zur Klärung ihres Ursprungs mußte in jedem Fall unternommen werden.

VII. DAS GUTACHTEN

Wir haben in den vorhergehenden Abschnitten das Prinzip und die Methoden der Schriftvergleichung kennengelernt, unterschieden die allgemeinen und besonderen Schriftmerkmale, haben Anhaltspunkte zur Einschätzung ihres Wertcharakters erhalten und kennen schließlich auch die besonders zu berücksichtigenden Gefahrenquellen, welche die Ursachen zu Irrtümern in der Begutachtung bilden können.

Wir gehen somit nun zur Ausarbeitung des Gutachtens selbst über.

Inhalt und Aufbau eines Gutachtens müssen folgenden drei grundlegenden Fragen angepaßt werden:

1. Was wird vom Sachverständigen verlangt?
2. Welchen Befund hat die Untersuchung ergeben?
3. Welche Schlußfolgerung kann auf Grund dieses Untersuchungsbefundes gezogen werden?

An Hand dieser Fragestellung wollen wir die Arbeit bei der Erstellung eines Gutachtens kurz analysieren:

1. Auf Grund des von der einsendenden Stelle formulierten Ersuchens ist das handschriftliche Material einer sorgfältigen Prüfung, der sogenannten Materialkritik, zu unterziehen.

   Diese Materialkritik entscheidet über folgende Fragen:

   a) Ist die Beschaffenheit des inkriminierten Schriftsatzes eine derartige, daß eine erfolgversprechende Schriftvergleichung durchführbar ist? Diese Frage wird nur dann zu verneinen sein, wenn es sich beispielsweise nur um einzelne Ziffern oder kurze Schriftzeichen (Durchstreichungen oder Ergänzungen bei der Verfälschung von Urkunden) handelt, in allen anderen Fällen wird sie zu bejahen sein.
   Handelt es sich um eine mehr oder weniger natürliche Schrift oder liegen Anzeichen einer Verstellung vor? Wenn es sich um eine „absolute" Verstellung in Gestalt einer gut durchgehaltenen Blockschrift handelt, so wird auch in solchen Fällen gelegentlich die Durchführung einer Vergleichung für unmöglich bezeichnet werden müssen.

   b) Ist das übersandte Vergleichsmaterial ausreichend? Diese Frage birgt den Kernpunkt der Schriftvergleichung in sich, denn von der Qualität und Quantität des Vergleichsmaterials hängt in entscheidender Weise der Erfolg der Arbeit eines Sachverständigen ab. Wir werden im folgenden Abschnitt im einzelnen auf die Beschaffung von Schriftproben zu sprechen kommen, hier sei nur vorgreifend erwähnt, daß mangelhaftes Vergleichsmaterial sowohl den Anlaß zur Entlastung schuldiger Täter geben kann, als auch andererseits die Ursache dazu sein kann, daß beispielsweise echte Unterschriften als gefälscht bezeichnet werden.

   Es muß somit in der Kritik des Vergleichsmaterials darauf geachtet werden, ob es quantitativ ausreichend ist, ob es in natürlicher Schrift geschrieben wurde oder ob Anzeichen der Verstellung zu erkennen sind, und ob es wenigstens z. T. aus der gleichen Zeit stammt, wie das strittige Schreiben. Fast immer wird es hierbei wünschenswert, in manchen Fällen unumgänglich erforderlich sein, unbeeinflußte Schriftproben mit heranzuziehen, um dadurch gleichzeitig eine Kontrolle hinsichtlich der Natürlichkeit und Unverstelltheit der Diktatproben ausführen zu können.

   Von besonderer Bedeutung kann hier ferner die Durchsicht des Aktenmaterials werden, dessen Mitübersendung aus nachstehenden Gründen in jedem Fall dringend erwünscht ist.

Nicht, weil der Sachverständige in jeder Sache vom Akteninhalt in Kenntnis gesetzt werden müßte — sondern weil sich unter den Vernehmungsniederschriften oder sonstigen Eingaben und Protokollen in den Akten häufig Unterschriften, bzw. Schriftsätze finden, die bei der durchzuführenden Vergleichung nur zu oft eine entscheidende Rolle spielen können. Wie häufig begegnet einem in der Praxis der Fall, daß man sich noch nicht schlüssig darüber ist, ob das eingesandte Vergleichsmaterial zum Nachweis der Echtheit einer Unterschrift ausreichend ist. Man findet vielleicht in den übersandten Diktatproben nicht ganz den gleichen Rhythmus, den gleichen lebendigen Eigenartsgrad, der aus der angeblich falschen Unterschrift spricht, weil diese Diktatproben doch um einiges gehemmter, „kalligraphischer" geschrieben wurden. Fällt dann der Blick auf einige völlig zwanglos geschriebene echte Unterschriften in den Akten, so sind alle Bedenken zerstreut, weil man nun wirklich „echte und lebendige Unterschriften" und nicht nach Diktat geschriebene Namenszüge vor sich sieht.

Es ist das eine Erfahrungstatsache von gar nicht hoch genug einzuschätzendem Wert. Ermittlungsverfahren, die durch zusätzliche Anforderung von ergänzenden Schriftproben zum Ärger aller Beteiligten Verzögerungen von Wochen oder Monaten erleiden können, lassen sich so mitunter in kürzester Zeit entscheiden.

Erst wenn die Materialkritik zu einem befriedigenden Ergebnis geführt hat, sind die Voraussetzungen für die Durchführung der Schriftvergleichung gegeben.

2. Wir beginnen nun mit der eigentlichen vergleichenden Untersuchung. Ein systematisches Vorgehen ist hier die Grundbedingung für eine alle Besonderheiten der Schrift erfassende, objektive Arbeit. Gefährlich ist es, ohne systematische Analyse einzelne, besonders ins Auge fallende Formen herauszugreifen und unter Nichtberücksichtigung der anderen, insbesondere der allgemeinen Schriftmerkmale, eine Vergleichung nur auf erstere aufzubauen. Derartige, besonders ins Auge fallende, scheinbar charakteristische, Formen können nur zu leicht zu einer gewissen Voreingenommenheit führen. Weniger auffallende, aber vom Gesichtspunkt der Identifizierung aus beurteilt, viel wichtigere Schriftmerkmale werden übersehen, weil die auffallenden Buchstabenformen sich immer wieder ins Blickfeld drängen.
Hier ist also strenge Selbstkontrolle zur Vermeidung einer derartig voreiligen, unsachlichen Stellungnahme erstes Erfordernis. Unbedingt davon zu unterscheiden ist hingegen das Erfassen

der rhythmischen Qualitäten und der Eigentümlichkeiten der Strichführung. Es bietet dem erfahrenen Sachverständigen eine wertvolle, nicht zu entbehrende Handhabe, bei der Schriftvergleichung. Dieser Feststellung wird jeder Praktiker zustimmen müssen: noch vor der eingehenden Merkmalsanalyse erfaßt man in geeigneten Fällen sofort den Unterschied beispielsweise einer federnden, schwingenden Strichführung in einem inkriminierten Schriftsatz im Gegensatz zur starren, schlaffen Strichführung in der Schriftprobe eines Verdächtigten. Daß dann eine Identität nicht vorliegen kann, ist sicherlich manchem Sachverständigen sofort, zumindest unbewußt klar geworden, wenngleich er sich vielleicht mitunter darüber keine Rechenschaft abgibt, daß er dieses erste, noch durch die systematische Analyse zu erhärtende, Urteil auf Grund der Erfassung der rhythmischen Qualitäten gefällt hat.

Die Untersuchung leitet nun über zur Analyse der allgemeinen Schriftelemente, d. h. den unter den Begriffen Bewegung, Formgebung, Raumverteilung und Ordnung zusammengefaßten Merkmalen. Zweckmäßigerweise ist hierbei so vorzugehen, daß vorerst die inkriminierte Handschrift einer vollständigen Analyse unterzogen wird. Die Ergebnisse werden kurz notiert und zwar am besten in einer derartigen Anordnung, daß später eine übersichtliche Gegenüberstellung mit den Resultaten der Analyse der Schriftproben bequem ermöglicht ist. Hierzu eignet sich besonders gut der im ersten Teil (siehe auch Schriftatlas) beschriebene Merkmalsucher.

Es ist ohne Zweifel besser, erst jede Schrift auf alle Allgemeinmerkmale hin zu überprüfen, um eine möglichst weitgehende Vertiefung in die Feinheiten der Bewegung zu erzielen. Ein Abschweifen von einer Handschrift zur anderen kann leicht verwirrend wirken.

In entsprechender Weise werden sodann die Schriftproben des bzw. der Tatverdächtigten durchanalysiert. Es folgt danach die Gegenüberstellung der Ergebnisse. Sind überwiegende Abweichungen der allgemeinen Schriftmerkmale festzustellen, so kann schon mit größter Wahrscheinlichkeit auf Nichtidentität geschlossen werden. Überwiegende Übereinstimmungen sprechen für die Möglichkeit bzw. auch schon Wahrscheinlichkeit einer Urheberschaftsidentität.

Die Entscheidung gibt nun die Analyse der besonderen Merkmale in Gestalt derartiger ganz individueller Bewegungseigentümlichkeiten, wie wir sie im Abschnitt: „Die besonderen Merkmale“ in möglichst anschaulicher Form zu charakterisieren versucht haben.

Hier muß sorgfältigste Kleinarbeit geleistet werden; eingehendste Durchsicht auch umfangreicher Schriftproben ist unerläßlich, besonders auch noch dann, wenn es gilt, die früher genannten Bewegungsinkonsequenzen aufzusuchen. Ferner sind gerade Variationen in der Schreibweise eines und desselben Buchstabens häufig von hoher individueller Bedeutung und größter Beweiskraft. Ihr gleichzeitiges Auftreten in strittigen Schreiben und inkriminierten Schriftstücken muß daher genauestens überprüft werden.

Nach abgeschlossener Analyse und übersichtlicher Gegenüberstellung (beispielsweise gekennzeichnet durch „Plus und Minus" für übereinstimmend und nicht übereinstimmend) erhalten wir sofort einen Überblick, zwischen welchen Schriften Identität vorliegen könnte und welche als nichtidentisch nunmehr ausgeschieden werden können. Wo eine gute Übereinstimmung vorliegt, da hat nun eine direkte Gegenüberstellung und Vergleichung, verbunden mit einer Einschätzung des Wertcharakters, der festgestellten Merkmale einzusetzen. In schwierigeren Fällen, besonders dann, wenn im beschreibenden Teil des Gutachtens neben überwiegenden Übereinstimmungen auch auf einzelne Abweichungen hingewiesen werden mußte (und beim Vorliegen von Abweichungen irgendwelcher Art hat das unbedingt zu geschehen), folgt hier zweckmäßigerweise ein kurzer Absatz, der noch eine Begründung dessen darstellt, warum der Sachverständige den übereinstimmenden Merkmalen den Vorrang gibt und wodurch das Vorhandensein der Unterschiedlichkeiten erklärt werden könnte.

Nun — immer erst zum Schluß — erfolgt kurz gefaßt in wenigen Sätzen die Schlußfolgerung. Sie kann entweder mit Sicherheit[43]) mit einer an Sicherheit grenzenden Wahrscheinlichkeit oder einem geringeren Wahrscheinlichkeitsgrade erstattet werden.

Hinsichtlich der technischen Ausführung des Gutachtens kann gesagt werden, daß im Text desselben die Belege für einzeln angeführte Merkmale genau gebracht werden müssen. Der Auftraggeber, bzw. die Parteien im Gericht, müssen die Möglichkeit haben, die im Gutachten dargelegten Erwägungen hinsichtlich des einen oder anderen Merkmals nachzuprüfen, um sich erforderlichenfalls von der Stichhaltigkeit des Vorgebrachten überzeugen zu können. Es steht außer Zweifel, daß eine fotografische Illustration des Gutachtens durch Beifügung von Aufnahmen der besonderen Merkmale die zweckmäßigste und objektivste Methode zu einer näheren Erläuterung der Ausführungen des Gutachtens darstellt. Voraussetzung ist allerdings, daß derartige Aufnahmen fachlich einwandfreie Leistungen darstellen, denn ein schlechtes Lichtbild kann unter Umständen nicht nur nichts beweisen, sondern das

Gegenteil von dem in Erscheinung treten lassen, was damit gezeigt werden sollte. Die zeitraubende und auch kostspielige Anfertigung von Fotos dürfte jedoch nicht in allen Fällen gerechtfertigt sein. So muß es doch als sehr fraglich bezeichnet werden, ob es berechtigt ist, daß Sachverständige in Ermittlungsverfahren, wo es sich z. B. um den Verdacht der Fälschung einer Rechnung in Höhe von vielleicht RM 50.— oder aber um ein inhaltlich belangloses, weil rein privaten Charakter tragendes anonymes Schreiben handelt, Gutachten mit umfangreichen Lichtbildmappen herstellen und Honorare beanspruchen, die ein Vielfaches der umstrittenen Summe darstellen.

Einen gewissen Ersatz kann hier die zeichnerische Wiedergabe von Schriftmerkmalen bieten[44]).

Römer[45]) spricht sich wohl dagegen aus, doch können wir diesen grundsätzlich ablehnenden Standpunkt nicht teilen. Ganz ohne Zweifel sind Zeichnungen nicht objektiv im Sinne einer fotografischen Aufnahme, doch gibt es zahllose Fälle, wo es gar nicht auf eine absolute Genauigkeit der Wiedergabe ankommt, sondern wo der Sachverständige bestrebt sein muß, dem Richter einzelne, besonders charakteristische, Feinheiten der Bewegung auch ohne Voraussetzung der Kenntnis graphologischer Grundbegriffe klar und anschaulich darzulegen. So kann es zum Beispiel erforderlich sein, durch schematische Zeichnungen den Begriff der linksläufigen Abbiegungen und Hinzufügungen bei einzelnen charakteristischen Buchstaben wiederzugeben, oder aber überhaupt auf Verschiedenheiten des Richtungcharakters im inkriminierten Schreiben und in den Schriftproben hinzuweisen. Dies kann durch Zeichnungen in völlig einwandfreier Weise erreicht werden.

Obige Ausführungen stellen Richtlinien zum Aufbau eines Gutachtens dar. Wir bringen zusammenfassend und zur Erleichterung für den Anfänger noch ein kurz skizziertes Schema eines solchen Analysenganges.

Der Aufbau des Gutachtens, demonstriert an Hand eines schematischen Beispiels.

Fragestellung des Auftraggebers: Ist der anonyme Brief an A. von B. oder C. geschrieben worden?

Arbeit des Sachverständigen:

1. Der anonyme Brief wird bezeichnet mit „Tatschrift A". Im Falle, daß mehrere inkriminierte Schriftstücke vorliegen, bezeichnet man sie zweckmäßigerweise mit „Tatschrift B" usw. Bezeichnung der Schriftproben mit „Schriftprobe I" und „Schriftprobe II".
2. Ermöglicht A hinsichtlich der quantitativen Beschaffenheit die Durchführung einer Vergleichung?
   Antwort: ja, denn es handelt sich um ein längeres Schreiben.

Ist A in natürlicher oder verstellter Schrift geschrieben?

Antwort: Anzeichen einer Verstellung können lediglich in einer steilen Schriftlage vermutet werden.

3. Sind die Schriftproben ausreichend?

Antwort: ja, denn es liegen neben Diktatproben auch zwanglos entstandene Schriftstücke in Form von Briefen und Tagebuchaufzeichnungen aus der gleichen Zeit, in der der anonyme Brief geschrieben wurde, vor.

Besteht Anlaß zur Annahme, daß die Diktatproben in zum Teil verstellter Schrift geschrieben worden sind?

Antwort: wenn eine derartige Annahme auch vorläge, so würde das die Durchführung der Untersuchung nicht verhindern, da zwanglos entstandenes Material vorhanden ist.

4. Systematische Analyse von A hinsichtlich der allgemeinen Schriftmerkmale. Systematische Analyse von I und II hinsichtlich der allgemeinen Schriftmerkmale. Ergebnis: Schriftprobe II zeigt keine Übereinstimmungen, bei Schriftprobe I kann Identität vorliegen.

5. Untersuchung von A und I auf das Vorhandensein besonderer Schriftmerkmale. Vergleichende Gegenüberstellung dieser Merkmale unter gleichzeitiger Berücksichtigung des Wertcharakters der übereinstimmenden allgemeinen Schriftmerkmale.

6. Kritische Wertung der Untersuchungsergebnisse. (Unter diesen Punkt fallen z. B. derartige Erläuterungen wie: „die angeführten vereinzelten Abweichungen zwischen A und I sprechen nicht gegen das Vorliegen einer Urheberschaftsidentität, da ihr Auftreten durch den Versuch einer Schriftverstellung in I erklärt werden kann").

7. Es folgt die Abfassung des Gutachtens, das in folgende Abschnitte unterteilt werden kann".)

   a) Gegenstand des Gutachtens.
   b) Aufzählung und Kennzeichnung der eingesandten Schriftstücke.
   c) Materialkritik.
   d) Vergleichende Untersuchung.
   e) Bewertung der Untersuchungsbefunde.
   f) Schlußfolgerung.

VIII. UNTERSCHRIFTUNTERSUCHUNGEN

Ein besonders wichtiges Teilgebiet der Schriftvergleichung stellt die Prüfung von Unterschriften auf ihre Echtheit dar. Hier gilt es, die Entscheidung darüber zu treffen, ob eine Urkunde „echt" oder gefälscht ist. Das der Untersuchung zur Verfügung stehende Material ist hier geringfügig, viel kleiner als etwa in Fällen der Feststellung des Urhebers von anonymen Schreiben, Testamentsfälschungen u. a. m. Trotzdem, das mag im ersten Augenblick unwahrscheinlich wirken, ist in vielen Fällen die Echtheitsfrage einer Unterschrift leichter und in kürzerer Zeit zu entscheiden, als die Klärung der Urheberschaft bei einem längeren Text. Es liegt dies unseres Erachtens daran, daß bei Unterschriften die rhythmischen Eigenarten besonders stark ausgeprägt in Erscheinung treten, und daß in eine Unterschrift im allgemeinen mehr an eigenartiger Formgebung hineingelegt wird, als in die übliche Handschrift an sich.

Erschwerend tritt allerdings häufig der Umstand hinzu, daß bei Unterschriftsfälschungen der Versuch zur Nachahmung der entsprechenden echten Unterschrift unternommen wird, wodurch die Ermittlung der charakteristischen Merkmale der Handschrift des Schreibers sich noch schwieriger gestaltet.

Die Methode der Unterschriftenvergleichung muß entsprechend dem quantitativ geringen Material eine abweichende sein. Hier, wo wir es häufig nur mit wenigen Buchstaben zu tun haben und wo noch Nachahmungsversuche berücksichtigt werden müssen, beginnt die Untersuchung darum mit einer Auflösung der strittigen Unterschrift in charakteristische Bewegungseigentümlichkeiten. Wie sind die Größenverhältnisse der Buchstaben, welches sind die Buchstabenabstände, wie ist die Bindungsform, wo finden sich charakteristische Bewegungseigentümlichkeiten bei der Verbindung der Buchstaben miteinander, wo treten Vereinfachungen oder Verschnörkelungen auf, wie ist der Richtungscharakter, wo finden sich Abbiegungen oder Hinzufügungen besonderer Art, wie ist die Druckverlagerung, welche Buchstaben haben ein besonders eigenartiges Gepräge? Das etwa sind die Fragen, welche wir bei der Vergleichung von Unterschriften zu berücksichtigen haben.

Insofern gilt übrigens auch hier das gleiche, daß erst die strittige Unterschrift analysiert wird und dann die Gegenüberstellung mit den verschiedenen Vergleichsproben zu erfolgen hat.

Doch stellt bei Unterschriften die eigentliche Schriftvergleichung nur einen Teil der vom Sachverständigen zu leistenden Arbeit dar, und daher nimmt die Unterschriftsprüfung bereits eine Sonderstellung im Aufgabengebiet des Schriftsachverständigen ein. Sie verlangt vom Sachverständigen nicht nur wesentlich weitergehende Kenntnisse theoretischer Art, sondern auch Erfahrungen.

Gäbe es lediglich die Methode der freihändigen Nachahmung fremder Unterschriften, dann könnte auch die Schriftvergleichung das einzige erforderliche Hilfsmittel zur Urheberschaftsfeststellung sein. Das ist jedoch nicht der Fall: Die Wege zur fälschlichen Unterschriftsherstellung sind zahlreich und verschiedenartig, und daher müssen auch optische und unter Umständen chemische Methoden zu Rate gezogen werden.

Selbstverständlich kann nicht von jedem Schriftsachverständigen die theoretische Beherrschung physikalisch-chemischer Methoden erwartet werden, es muß aber jeder in der Lage sein, die sogenannten „objektiven Fälschungsmerkmale“ zu erkennen.

Um was für Merkmale handelt es sich hierbei, und welche sind ihre Entstehungsursachen?

Die Fälschung einer Unterschrift kann entweder auf dem Wege freihändiger Nachahmung oder aber mittels eines Pausverfahrens durchgeführt werden. Wählt der Fälscher den zweiten Weg, so kann er entweder ein direktes Durchschreibeverfahren oder ein Durchkopieren der Unterschrift anwenden. Im ersten Fall wird die als Muster verwendete echte Unterschrift entweder auf eine von unten durchleuchtete Glasplatte gelegt oder aber an die Fensterscheibe gehalten (Durchfensterung). Im zweiten Falle wird die echte Unterschrift mittels Kohlepapier oder einfach auf dem Wege des Durchdrucks auf das Papier der fälschlich herzustellenden Urkunde übertragen. Die Paus bzw. Druckspuren werden nachträglich mit Tinte überschrieben.

Bei allen diesen und ähnlichen Nachahmungsverfahren fällt die Möglichkeit einer raschen, natürlichen Schreibbewegung fort. Alle so entstandenen Unterschriften lassen also in der Strichstruktur Hemmungserscheinungen in Form von Bewegungsunterbrechungen, Zitterlinien, unnatürlichen Haltepunkten und unrhythmischen Druckverlagerungen erkennen. Diese Erscheinungen bezeichnet man als objektive Fälschungsmerkmale, weil sie es uns ermöglichen, in einwandfrei objektiver Weise den Nachweis der Fälschung zu erbringen.

Eine Verwechselung mit der Ataxie oder dem Tremor kann hier einem Laien schon unterlaufen — ein Sachverständiger muß die Unterscheidung ohne weiteres treffen können. Die nachstehenden Abbildungen bringen eine Gegenüberstellung von Krankheitsmerkmalen und objektiven Fälschungsmerkmalen.

In Abb. 87 erkennen wir den uns bekannten Alterstremor (Zitterlinien) in Verbindung mit den plötzlichen Richtungsänderungen, den typischen Ataxiemerkmalen, Abb. 88 zeigt dagegen eine Unterschrift mit charakteristischen, objektiven Fälschungsmerkmalen. Diese Unterschrift ist auf dem Wege des Durchpausens entstanden.

Obwohl alle Feinheiten der Strichstruktur erst bei direkter mikroskopischer Betrachtung erkennbar werden, sind in dieser Reproduktion doch folgende Einzelheiten gut zu erkennen:

a) Der Strichverlauf ist reich an Hemmungen. Diese zeigen sich in gelegentlichen Verzitterungen, insbesondere in nach oben führenden Strichen (Schlußstrich beim „w", Aufstriche beim „f") — in unnatürlichen Haltepunkten (Anstrich des „n") — in Unterbrechungen der Schreibbewegung (Schlußstrich beim „M", Trennung zwischen „ns").

b) Infolge verlangsamter Schreibbewegung ist eine unregelmäßige Strichbreitenunterschiedlichkeit zu beobachten. Auch die Druckgebung ist unrhythmisch in der Verteilung.

c) Anflickungen und direkte Hinzufügungen sind zu beobachten. So schloß das „M" ursprünglich ohne Endstrich, das Endhäkchen ist hinzugesetzt. Das „d"-Köpfchen setzt sich aus zwei Teilen zusammen und auch bei der „s"-Fußschlinge liegt eine Korrektur vor.

Während somit in Abb. 87 ein gleichmäßiges, einheitliches Krankheitsbild in Erscheinung tritt, sehen wir in der durchgepausten Unterschrift eine Anhäufung unregelmäßiger, ungleichartiger Bewegungshemmungen.

Besonders klar ist der Tatbestand einer Unterschriftsfälschung dann zu erkennen, wenn noch Spuren der mit Kohlepapier gefertigten Durchschrift unter oder neben den Tintenstrichen zu finden sind.

Für die Unterschriftsuntersuchung gilt in gleichem Maß alles das, was hinsichtlich der möglichen Schriftveränderung in bezug auf die Schriftvergleichung im allgemeinen gesagt wurde. Insbesondere muß stets daran gedacht werden, daß die Schreibweise der Unterschrift in längeren, aber auch schon kürzeren Zeiträumen mitunter erheblichen Veränderungen unterworfen sein kann. Der im vorigen Abschnitt gezeigte Fall (Abb. 85) kann als besonders instruktives Beispiel hierzu dienen. Es muß darum bei der Echtheitsprüfung von Unterschriften in besonderem Maße darauf geachtet werden, daß die inkriminierte Unterschrift und wenigstens ein Teil der echten Vergleichsunterschriften eine zeitliche Übereinstimmung hinsichtlich ihrer Niederschrift aufweisen.

Die Unterschrift, als der tragende Teil einer jeden Urkunde, stellt begreiflicherweise ein besonders beliebtes Fälschungsobjekt dar. Eine Gruppe für sich bilden die Testamentsunterschriften. Ungezählte echte Testamente werden anfänglich von den mit einem nur kleinen Erbteil bedachten Verwandten angezweifelt, und die Echtheit der Unterschrift des Erblassers mit mehr oder weniger großer Bestimmtheit bestritten.

Wir treffen hierbei auf Fragen, deren Klärung besondere Erfahrungen bei einem Sachverständigen voraussetzt. Einmal, weil Testamentsunterschriften häufig erst kurz vor dem Tode geschrieben werden und daher in sehr zahlreichen Fällen alle Merkmale körperlicher Erkrankung — Ataxie und Tremor bis zur Unleserlichkeit — zeigen können. Zweitens, weil derartige Unterschriften vom Erblasser oft nicht mehr selbständig, sondern nur mit Hilfe einer anderen Person geschrieben werden können. Handführung und Handstützung können aber zu Unterschriftsbildern führen, die leicht Zweifel an der Echtheit einer solchen Unterschrift aufkommen lassen. Hier haben wir es dann mit einem Schriftbild zu tun, das sowohl vom Schreibenden selbst, als auch vom Handführenden beeinflußt wird. Es ist ohne weiteres klar, daß in derartigen Fällen Merkmale der Handschriften beider am Schreibakt beteiligten Personen in Erscheinung treten. Deuten wir nur noch kurz an, daß die in solchen Stunden beim Erblasser weilenden Personen meist auch zum Kreise naher Verwandter gehören, so ist es verständlich, daß bei vorliegendem Fälschungsverdacht auf Grund solcher Merkmale die Vermutung aufkommen kann, daß derjenige die Unterschrift gefälscht hat, der in Wirklichkeit nur durch Handstützung bzw. Führung mitgeholfen hat.

Ein Sachverständiger muß sich daher nicht nur darüber im klaren sein, ob eine Unterstützung durch fremde Hand bei der Niederschrift vorgelegen hat, er muß auch einen Begriff über die Beeinflussung der Schreibweise einerseits durch Stützung und andererseits durch Führung der Hand haben und schließlich einiges über die rechtliche Gültigkeit so entstandener Unterschriften wissen.

Diesbezügliche Untersuchungen sind von Buhtz[46]) durchgeführt worden. Wir bringen die uns am meisten interessierenden, für die Praxis eines Schriftsachverständigen wertvollen Hinweise und Versuchsergebnisse auszugsweise wieder.

Zur Frage der rechtlichen Anerkenntnis derartiger Unterschriften zitiert Buhtz höchstrichterliche Entscheidungen, aus denen hervorgeht, daß die Unterstützung der Hand des Erblassers nur so weit gehen dürfe, daß die Hand des Betreffenden trotzdem in der von ihm gewollten Bewegung noch völlig frei bleibt. Es liegt also nicht mehr eine eigenhändige Schrift vor, wenn der Testator völlig unter fremder Herrschaft und Leitung gestanden hat (Handführung). In diesem Falle bewirkt nämlich nicht mehr die eigene Hand, sondern schon die des Handführenden die Niederschrift.

Wie äußern sich nun Handführung und Handstützung? Buhtz hat zur Klärung dieser Frage zahlreiche Versuche durchgeführt und dabei zur Schaffung ähnlicher Versuchsbedingungen, wie wir sie häufig bei Testamentsfälschungen antreffen, als Versuchspersonen Kranke gewählt, deren Handschriften z. T. sowohl Ataxie als auch Tremor aufwiesen. Es ergab sich gleichzeitig auch die Möglichkeit, die Veränderungen dieser Schriftmerkmale bei Handstützung und Handführung zu beobachten.

Die beiden Abbildungen 89 und 90 sind dem genannten Aufsatz entnommen und beantworten in klarer Weise die aufgeworfenen Fragen. Abb. 89 zeigt die Veränderung der Unterschrift durch bloße Handstützung, Abb. 90 zeigt einmal die durch die Handführung hervorgerufenen, von der Handschrift des Erblassers stark abweichenden Schriftzüge und bringt als Gegenüberstellung gleichzeitig eine Schriftprobe desjenigen, der die Hand führte. Es ist sofort zu erkennen, daß bei der Handführung der Testator selbst allenfalls nur noch ein williges Schreibwerkzeug darstellt, jedoch nicht mehr aktiv am Schreibvorgang teilnimmt.

Diese von Buhtz durchgeführten Versuche zeigen, daß eine Unterscheidung zwischen Stützung und Führung der Hand möglich ist, und daß somit der Arbeit des Sachverständigen bei der Untersuchung von Testamentsunterschriften noch zusätzliche Aufgaben erwachsen.

IX. AUFNAHME VON SCHRIFTPROBEN

Wir haben mehrfach darauf hingewiesen, daß Erfolg und Zuverlässigkeit einer Schriftvergleichung in weitestem Maße von dem Umfang und der Güte des eingesandten Vergleichsmaterials abhängig sind.

Die Schriftvergleichung beruht heute auf zuverlässigen, objektiven Untersuchungsmethoden. Gelegentlich noch vorkommende Fehlgutachten sind zum größten Teil dadurch verursacht, daß die Vergleichsschriftproben nicht den Anforderungen entsprechen. An einer fehlerhaften Schlußfolgerung trägt neben der Einsendestelle vor allem auch der bearbeitende Sachverständige den Hauptanteil der Schuld. Denn ungeachtet dessen, daß es sich vielleicht um eine besonders eilige Untersuchung handelt, hätte er ergänzendes Vergleichsmaterial anfordern müssen.

Erstes Gesetz für jeden Schriftsachverständigen soll es daher sein, Gutachten nur dann zu erstatten, wenn das Vergleichsmaterial ausreichend ist. Anweisungen für die Beschaffung von Schriftproben sind den Ermittlungsbehörden in den letzten Jahrzehnten zur Vermeidung derartiger Fehlgutachten immer wieder in kürzerer und ausführlicherer Art gegeben worden.[47])

Schneickert hat in zahlreichen Veröffentlichungen immer wieder (schon 1905) darauf hingewiesen. Im Jahre 1911 regelte eine von ihm entworfene und von der Kriminalpolizei Berlin eingeführte Anordnung die Aufnahme von Diktatproben und die Beschaffung zwanglos geschriebener Schriftproben. In den späteren Jahren sind wiederholt in der Literatur Hinweise für die Schriftprobenbeschaffung gegeben worden, denen allen die gleichen Grundgedanken — nämlich Herstellung möglichst gleichartiger Schreibumstände, wie sie bei der

Anfertigung des inkriminierten Schriftstückes bestanden — zugrunde lagen.[48])

Von den in neuester Zeit gegebenen Anweisungen und Erläuterungen zur Beschaffung von Schriftproben und der Bedeutung des Umfangs und der Güte des Vergleichsmaterials müssen in erster Linie die von Kanger[49]) formulierten Grundsätze genannt werden. In ausführlicher Weise schildert Kanger hier die Gründe, die eine sorgfältige Ausgestaltung des Vergleichsmaterials erforderlich machen.

Viele der gegebenen Anweisungen haben den Nachteil der allzu großen Länge und Unübersichtlichkeit, so daß die Beamten der Ermittlungsbehörden bei der üblichen starken Inanspruchnahme einfach nicht in der Lage sind, die zahlreichen Punkte dieser Anweisung zu behalten und in der Praxis zu befolgen. Wir nehmen hier von der Veröffentlichung der entsprechenden Anweisung in der Schriftenreihe des Reichskriminalpolizeiamtes-Abstand, da die dort gegebenen Einzelheiten über den Rahmen dieses Buches hinausgehen würden.

Als grundlegend sind bei der Beschaffung von Schriftproben folgende Regeln zu beachten:

1. Die Diktatproben müssen, soweit es irgend geht, die ruhige, normale Handschrift des Probeschreibers zeigen. Schriftproben, die in erregtem Zustand oder unter ungeeigneten technischen Schreibbedingungen geschrieben worden sind, haben für die Schriftvergleichung nur einen sehr beschränkten Wert.
2. Es sind die gleichen Schreibumstände herzustellen, die beim Schreiben des inkriminierten Schriftstückes bestanden: Gleicher Schreibstift, gleichartiges Papier (liniiert, unliniiert), gleiches Papierformat. Erforderlichenfalls, wenn der Akteninhalt auf diese Möglichkeit Rückschlüsse zuläßt, sind auch Schriftproben im Stehen zu nehmen.
3. Unter keinen Umständen darf bei der Aufnahme von Diktatproben die strittige Unterschrift oder das inkriminierte Schriftstück dem Probeschreiber vorgelegt werden. Niemals darf ihm dieses Schriftstück unmittelbar zur Abschrift in die Hand gegeben werden.[50])
4. Die einzelnen Schriftproben sind jeweils auf lose Blätter zu schreiben.
5. In den Diktatproben muß der Text des inkriminierten Schreibens ganz oder teilweise enthalten sein.
6. Sehr wichtig ist, worauf insbesondere Kanger (a. a. O.) hinweist, die Art und Weise des Diktierens, vor allem die Beachtung der Schreibgeschwindigkeit. Kanger schlägt ein zunächst langsames Diktieren vor, um dem Schreiber die Möglichkeit zu geben, so zu schreiben, wie er es will. Dann aber gehe man auf

ein schneller werdendes Tempo über, um dem Schreiber die Möglichkeit der Überlegung, wie und was er schreibt, zu nehmen. Finden sich im inkriminierten Schreiben Rechtschreibungsfehler, so empfiehlt es sich, derartige Worte mehrfach in dem zu diktierenden Text einzuflechten, ohne dabei die Schreibart anzugeben.

7. Ergänzend zu den Diktatproben müssen nach Möglichkeit in jedem Fall unbeeinflußt entstandene Schriftstücke beschafft werden, von denen wenigstens ein Teil zur gleichen Zeit wie das strittige Schriftstück niedergeschrieben sein soll.
8. Auf den Diktatschriftproben muß genau angegeben werden, wer die Probe geschrieben und wer sie diktiert hat und ob bei der Niederschrift der betreffenden Person irgendwelche besondere Anweisungen gegeben wurden. Liegen besondere Umstände vor (z. B. Krankheitszustand, Handverletzung des Schreibenden, Kälte), so ist das auf der Probe zu vermerken. Unbeeinflußte Schriftproben müssen gleichfalls die Angaben des Schrifturhebers aufweisen.
9. Eine Kennzeichnung einzelner Buchstaben oder Worte der Schriftproben seitens des Sachverständigen hat zu unterbleiben. Ebenso ist es selbstverständlich, daß am inkriminierten Schriftstück auch nicht die allergeringsten Veränderungen in Form solcher Kennzeichnungen vorgenommen werden dürfen.

Diese für eine erfolgreiche Schriftvergleichung maßgeblichen Gesichtspunkte bilden die Grundlage für die Beschaffung von Schriftproben.

X. HANDSCHRIFTENSAMMLUNGEN

Eine Sammlung von Handschriften stellt die Grundlage für eigene Forschungsarbeit eines Sachverständigen dar. Es wird daher jeder bemüht sein müssen, sich eine eigene Sammlung anzulegen, um an ihr die theoretischen Grundlagen und die erworbenen praktischen Erkenntnisse zu erproben und so das eigene Wissen laufend zu vertiefen.

Daneben besitzen aber auch die staatlichen Polizeiorgane ein Interesse an der Anlegung von Handschriftensammlungen solcher kriminell veranlagter Personen, deren Straftaten in irgendeiner Form mit handschriftlichen Aufzeichnungen in Verbindung stehen. Derartige Sammlungen stellen somit ein Hilfsmittel des neuzeitlichen polizeilichen Erkennungsdienstes dar. Sie ermöglichen beispielsweise einerseits die Feststellung der Urheberschaftsgleichheit bei anonymen Schreiben und ermöglichen andererseits die Urheberschaftsermittlung bei Quittungen, Rechnungen oder sonstigen Urkunden, die von reisenden Betrügern oder Hochstaplern ausgestellt werden. Sie verhelfen ferner zur Personenfeststellung in solchen Fällen, wo inkriminierte Schriftstücke unbekannter Herkunft zur Einsendung gelangen und mit Schriften bereits bekannt gewordener Täter identifiziert werden können.

Darüber hinaus kommt derartigen Sammlungen hinsichtlich der Ermöglichung systematischer Forschungsarbeit eine überragende Bedeutung zu, denn man hat hier tausende nach graphologischen Gesichtspunkten klassifizierte Handschriften zur Verfügung.

Die Initiative zum Aufbau derartiger Handschriftensammlungen ist in Deutschland von Schneickert ausgegangen.[51]) Sowohl die erfolgreiche Verwertung einer Handschriftensammlung in erkennungsdienstlicher Hinsicht, als auch ihre wissenschaftliche Ausschöpfung ist abhängig davon, welche Gesichtspunkte der Einordnung der gesammelten Handschriften zugrunde gelegt worden sind. Da nach den ersten Schritten in dieser Richtung in Deutschland[52]) auch in anderen europäischen und außereuropäischen Ländern die Einrichtung von Handschriftensammlungen in Angriff genommen wurde, sind mehrfach in der Fachliteratur Hinweise und längere Ausführungen über den Aufbau solcher Sammlungen gegeben worden.

Ein detailliertes Eingehen auf die Einzelheiten dieser Frage gehört nicht in den Rahmen dieses Buches, da es sich bereits um sehr spezielle, nur den erkennungsdienstlichen Apparat staatlicher Polizeiorgane berührende Probleme handelt. Einige grundlegende Ausführungen über den neuzeitlichen Stand der Klassifizierungsmethodik müssen jedoch zur Abrundung des in diesem Buch Gesagten geboten werden.

Der Einrichtung einer Handschriftensammlung für kriminalpolizeiliche Zwecke liegt folgende Forderung zugrunde: Die einlaufenden Schriftproben müssen nach bestimmten Gesichtspunkten so klassifiziert werden, daß an Hand der Klassifizierungsformeln urheberschaftsidentische Schriften als zusammengehörig herausgefunden werden.

Die Schöpfer der bisherigen Sammlungen sind davon ausgegangen, die Klassifizierung der einliegenden Schriften an Hand einiger, ihnen auffallender allgemeiner Schriftmerkmale, sowie auch durch Hervorhebung besonders charakteristischer sogenannter Kennbuchstaben durchzuführen. Das Bestreben ging dahin, Formeln aufzustellen, die es ermöglichen sollten, die eine gesuchte Schrift herauszufinden.

Alle diese Klassifizierungsmethoden weisen jedoch Unzulänglichkeiten auf, die dazu führen, daß die bestehenden Handschriftensammlungen hinsichtlich der erkennungsdienstlichen Ergebnisse doch nicht den an sie gestellten Erwartungen entsprechen.

In neuester Zeit ist es Mally[53]) nach systematischen Experimenten gelungen, ein Klassifizierungssystem auszuarbeiten, das allen an eine Handschriftensammlung zu stellenden Anforderungen gerecht wird und bereits zu den besten Erfolgen in der Praxis geführt hat.

Die Grundgedanken dieses Systems sollen hier nur kurz wiedergegeben werden:

1. Die Klassifizierung der Handschriften darf nur auf Grund solcher allgemeiner Schriftmerkmale vorgenommen werden, die
   a) in jeder Handschrift objektiv zu bestimmen sind,
   b) deren begriffliche Definition in allen Abstufungen soweit klar umrissen ist, daß merkliche Schwankungen in der Einschätzung auch dann nicht zu befürchten sind, wenn verschiedene Sachbearbeiter in der Sammlung tätig sind.
2. Die Klassifizierungsformeln sollen nicht darauf gerichtet sein, eine bestimmte Handschrift ausfindig zu machen, sondern sie müssen den engen Kreis derjenigen Schriften zu finden verhelfen, die hinsichtlich des die Systemgrundlage darstellenden Merkmalkomplexes eine Gruppe bilden.
   In dieser, auch bei einer umfangreichen Sammlung nur noch geringen Anzahl von in Betracht kommenden Schriftproben muß sodann die gesuchte Schrift enthalten sein. Sie wird danach auf dem Wege der direkten Vergleichung ermittelt.

Die Überschätzung des Wertes von Einzelzeichen wird bei diesem neuen Klassifizierungssystem vermieden und dadurch ein großer Mangel zahlreicher bisher bestehender Klassifizierungsmethoden beseitigt.

Den Kernpunkt dieses neuen Systems bildete die Festlegung der unter Punkt 1 fallenden Schriftmerkmale. Diese sind auf dem Wege umfangreicher experimenteller Versuche unter Beteiligung mehrerer Personen bestimmt worden.

XI. GRENZGEBIETE

Der handschriftliche Text und die eigenhändigen Namenszüge auf Verträgen, Zahlungsbescheinigungen, Testamenten, anonymen Schreiben und anderen Schriftstücken stellen wohl den ausschlaggebenden Teil, nicht aber die einzigen Elemente einer Urkunde dar.

Texte und Unterschriften brauchen einmal einen Schriftträger, in den meisten Fällen das Papier und zum anderen Schreibwerkzeuge, einen Schreibstift oder eine Feder und Tinte.

Diese Überlegung zeigt uns sofort, daß die Untersuchung fälschungsverdächtiger Urkunden keineswegs immer auf die Schriftvergleichung zu beschränken sein wird.

Das verhältnismäßig eng begrenzte Gebiet der Schriftvergleichung erweitert sich so zur Urkundenuntersuchung im weitesten Sinne dieses Wortes. Es ist nicht zweckmäßig, wenn die Vergleichung von Handschriften und die Prüfung auf Urkundenfälschung getrennt von verschiedenen Sachverständigen vorgenommen wird, denn die zu lösenden Fragen sind aufs engste miteinander gekoppelt, überschneiden sich oft, und ihre Klärung muß daher zur Wahrung der Einheitlichkeit der Untersuchung zweckmäßigerweise in die Hände eines und desselben Sachverständigen gelegt sein.

Es ist daher anzustreben, daß ein Schriftsachverständiger über die erforderlichen physikalischen und chemischen Kenntnisse verfügt, die ihn zur Durchführung aller in Frage kommenden Untersuchungen befähigen. Daß auch fototechnisches Können vorauszusetzen ist, ergibt sich bereits auf Grund der früher gegebenen Ausführungen, wird nun aber zur Selbstverständlichkeit, da die Klärung von Urkundenfälschungen in hohem Maße mit der Anwendung verschiedenartigster fotografischer Aufnahmeverfahren gekoppelt ist.

SCHRIFTTUM

Bondam, L.: Die Schriftexpertise vom Standpunkt des Richters. Archiv für Kriminologie, Bd. 104.

Buhtz, G.: Die Bedeutung pathologischer Schriftveränderungen für den Nachweis von Testamentsfälschungen. Zeitschrift für gerichtliche Medizin, Bd. XVIII.

Buhtz, G.: Die Bedeutung der Handführung und Handstützung bei eigenhändigen Testamenten. Zeitschrift für gerichtliche Medizin, Bd. XVII.

Busse, H.: Ein Handschriften-Künstler. Graphologische Monatshefte, 5. Jahrgang.

Busse, H.: Über die Gerichtsgraphologie. Archiv für Kriminologie, Bd. 2.

Crépieux-Jamin, J.: Die Grundlagen der Graphologie. 1927.

Dück: Seltene Schriftverstellung. Archiv für Kriminologie. Bd. 73.

Görtheim, H. O.: Wissenschaftliche Graphologie und gerichtliche Schriftidentifizierung. 1943.

Kanger, A.: Die Bedeutung des Vergleichsmaterials bei der Identifizierung von Handschriften und Unterschriften. Kriminalistik. 16. Jg., Heft 4.

Klages, L.: Gegen das graphologische Pfuschertum. Zeitschrift für Menschenkunde. 2. Jg.

Klages, L.: Die Probleme der Graphologie. Archiv für Kriminologie. Bd. 39.

Kockel, H.: Handschriften bei Zwillingen. Zeitschrift für gerichtliche Medizin. Bd. XVIII.

Legrün, A.: Über die Handschrift von Geschwistern. Zeitschrift für pädagogische Psychologie und Jugendkunde. Jg. 37.

Legrün, A.: Ein schwieriger Fall von Schriftvergleichung. Zeitschrift für Menschenkunde. Jg. XV.

Mayer, R. M.: Gerichtliche Schriftuntersuchung. 1933.

Meyer, G.: Die Bedeutung und die Mängel der gerichtlichen Schriftexpertise und die Beschaffung von Schriftproben für die Handschriftenvergleichung. Archiv für Kriminologie. Bd. XXII.

Meyer, G.: Über Schriftverstellung. Graphologische Monatshefte. 1900.
Meyer, G.: Die wissenschaftlichen Grundlagen der Graphologie. 1925.
Meyer, G.: Die Graphometrie und ihre Gegner. Archiv für Kriminologie. Bd. 65.
Meyer-Schneickert: Archiv für gerichtliche Schriftuntersuchungen und verwandte Gebiete.
Moll, A.: Eine Nachprüfung der Graphometrie. Archiv für Kriminologie. Bd. 84.
Müller, G.: Studien über Schriftverstellung. Zeitschrift für gerichtliche Medizin. Bd. XV.
Müller, B.: Über Schriftmerkmale. Archiv für Kriminologie. Bd. 104.
Oellrich, W.: Das Schriftgutachten im Strafprozeß. Archiv für Kriminologie. Bd. 102.
Osborn, A.: Der technische Nachweis von Schriftfälschungen. In deutscher Bearbeitung herausgegeben von Schneickert. 1921.
Pophal, R.: Graphologie und praktischer Arzt. „Medizinische Klinik". Jg. 37/38.
Ranitzsch, S.: Ein ungewöhnlicher Fall von Handschriftennachahmung und Anonymschreiberei. Zeitschrift für Menschenkunde. Jg. XIII.
Ranitzsch, S.: Neues aus dem Gebiet der gerichtlichen Schriftuntersuchung. Zeitschrift für Menschenkunde. Jg. V.
Römer, S.: Demonstration bei Schriftgutachten. Zeitschrift für Menschenkunde. Jg. II.
Ruml, W.: Ähnliche Handschriften. Archiv für Kriminologie. Bd. 97.
Ruml, W.: Links- und Rechtshandschrift ein- und derselben Person. Kriminalistische Monatshefte. 10. Jg., Heft 2.
Saudek: Experimentelle Graphologie. 1929.
Schneickert, H.: Leitfaden der gerichtlichen Schriftvergleichung. 1918. Die Verstellung der Handschrift. 1925. Die Lehre von den primären und sekundären Schriftmerkmalen. Archiv f. Krim. Bd. 98. Polizeiliche Handschriftensammlungen. Methode der Klassifizierung von Handschriften. Archiv für Kriminologie. Bd. 92. Über Handschriftenmessungen. Zugleich Kritik des Langenbruchschen geometrisch-mathematischen Identifizierungsverfahrens. Archiv für Kriminologie. Bd. 60. Die Schwierigkeiten der Schriftvergleichung. Archiv für Kriminologie. Bd. 67.
Schneidemühl: Die Handschriftenbeurteilung. Archiv für Kriminologie. Bd. 70.
Schneidemühl: Handschriftenvergleichung und Schriftsachverständige. 1918.
Seelig, E.: Schriftverstellung und Schriftnachahmung. Zeitschrift für gerichtliche Medizin. Bd. XIX.
Seelig, E.: Konstanz und Variabilität der Handschrift. Die Schrift. 1. Jg.
Wentzel, K.: Der Schriftindizienbeweis. 1927.

ANMERKUNGEN

[1]) Graphologische Monatshefte, Organ der deutschen Graphologischen Gesellschaft 1897 bis 1908.

[2]) G. Meyer, Wissenschaftliche Grundlagen der Graphologie. W. Preyer, Zur Psychologie des Schreibens.

Es sei gleichzeitig darauf hingewiesen, daß in der zweiten Hälfte des 19. Jahrhunderts die Probleme der Graphologie in Frankreich erstmalig durch Michon einer systematischen und wissenschaftlichen Behandlung unterzogen wurden. Mit zahlreichen, z. T. auch ins Deutsche übersetzten Veröffentlichungen trat später in Frankreich Crépieux-Jamin hervor.

[3]) Eine interessante Aufstellung über die diesbezüglichen Arbeiten aus medizinischen Fachkreisen findet sich in der Abhandlung „Graphologie und praktischer Arzt" von R. Pophal („Medizinische Klinik" Nr. 37, 38. Jahrgang 1943). Es wird hier u. a. darauf hingewiesen, daß die erste überhaupt bekannte Veröffentlichung über Graphologie vom Lehrer der Heilkunst in Bologna Camillo Baldo im Jahre 1622 veröffentlicht wurde.

[4]) In diesem Zusammenhang verdient die Tatsache Erwähnung, daß zur gleichen Zeit in Rußland eine auch nach heutigen Anschauungen weitgehend zufriedenstellende Lösung des Problems der „Gerichtsexpertise" erreicht worden war. Dank den Bemühungen des damaligen Generalstaatsanwalts von Rußland S. Tregubow gelangte im Jahre 1912 ein Gesetz zur Annahme, das die Gründung staatlicher wissenschaftlicher Institute für alle Fragen der gerichtlichen Expertise in solchen Städten vorsah, welche den Sitz eines sogenannten „Appelhofes" (höhere Berufungsinstanz dem Kammergericht gleichzusetzen), insgesamt etwa zwölf darstellten.

Infolge des bald einsetzenden Krieges kam es jedoch nur zur Gründung von vier derartigen Instituten.

[5]) G. Schneidemühl, Handschriftenvergleichung und Schriftsachverständige.

[6]) Hans H. Busse, der Begründer der „Deutschen Graphologischen Gesellschaft" (1896—1908).

[7]) Klages — „Gegen das graphologische Pfuschertum", Zeitschrift für Menschenkunde, 2. Jahrgang, H. 4.

[8]) Die genannte Methode wurde erstmalig im Jahre 1907 in der Veröffentlichung von Humbert „L'Expertise en écritures, étude théoretique et pratique", Paris, dargelegt. Er war auch der Schöpfer des Namens „Graphometrie".

In Deutschland trat mehrere Jahre später W. Langenbruch als Verfechter graphometrischer Methoden auf (Archiv für Kriminologie, Bd. 56). Seine Ausführungen trafen auf scharf ablehnende Kritik von seiten Schneickert's und anderer Schriftsachverständiger (Archiv für Kriminologie, Bd. 60, Bd. 84).

In neuerer Zeit ist vor allem Locard als Verfechter graphometrischer Methoden durch zahlreiche Veröffentlichungen bekannt geworden.

[9]) Osborn, Der technische Nachweis von Schriftfälschungen.

[10]) Wentzel, Der Schriftindizienbeweis. Görtheim, Wissenschaftliche Graphologie und gerichtliche Schriftidentifizierung.

[11]) Rudolph Mayer, Gerichtliche Schriftuntersuchung 1933.

[12]) Müller, Archiv für Kriminologie, Bd. 104, S. 105.

Er tritt in seinem Aufsatz für die Häufigkeitszählung von Schriftformen ein und bringt zahlenmäßige Angaben darüber, wie viele Schreiber der von ihm untersuchten Schriften beispielsweise die schulmäßige Form des „a", wie viele die rückläufige Form verwenden, — wie oft in diesen Proben das französische ‚r" auftritt und anderes mehr. Ferner erstreckt er seine Untersuchungen im Speziellen auf die Eigenart der Formgebung einzelner Buchstaben (hier wählt er z. B. den Großbuchstaben „M"). So verlockend dieser Gedanke zu sein scheint, hier gewisse objektive Bewertungsmaßstäbe für Einzelformen zu schaffen, so ist unseres Erachtens doch nicht der richtige Weg eingeschlagen worden.

Es muß somit H. Langenbruch recht gegeben werden, der in seiner Erwiderung zum zitierten Aufsatz von Müller (Archiv für Kriminologie, Bd. 107) folgende Ausführungen macht: „Die Idee selbst stammt aus einer Zeit, wo man in der Graphologie die sogenannte Zeichendeutung noch nicht völlig überwunden hatte, wo man also der einzelnen Schrift**form** eine zu hohe oder zu einseitige Bedeutung zumaß... die Zählung der Häufigkeit der Schriftformen dürfte daher heute wohl aus mehr als einem Grunde als unzweckmäßig bezeichnet werden."

Schneickert (Deutsche Zeitschrift für die gerichtliche Medizin, Bd. 34, S. 404) nimmt in seiner Arbeit „Statistische Zählung von Merkmalen zu analytischen Zwecken" gleichfalls zum Aufsatz von Müller Stellung und rät von einer statistischen Erfassung von Einzelformen ab („... wir würden ins Uferlose geraten"). Er hält die Untersuchung von Merkmalkomplexen für aufschlußreicher und praktisch verwertbarer.

[13]) R. M. Mayer, Gerichtliche Schriftuntersuchung.

[14]) E. Seelig sagt in „Schriftverstellung und Schriftnachahmung" (Deutsche Zeitschrift f. d. ger. Med. XVIII, 150) bei der Schilderung eines Falles, der vom Vorgutachter falsch beurteilt worden war: „... das unrichtige Endresultat entsprang inadäquater Bewertung von Einzelmerkmalen und zu geringer Beachtung der allgemeinen Schriftmerkmale."

[15]) Die Wahrscheinlichkeitstheorie weist nach, daß für das gleichzeitige Eintreffen mehrerer voneinander unabhängiger Ereignisse das Produkt der Einzelwahrscheinlichkeiten maßgeblich ist, d. h. daß im obigen Beispiel die Wahrscheinlichkeit für das gleichzeitige Auftreten von Linksläufigkeit und großer Längenunterschiedlichkeit gleich ist =

$$\frac{8}{100} \times \frac{8}{100} = \frac{64}{10\,000} = \frac{1}{156}$$

weil die Einzelwahrscheinlichkeiten je 8 % betragen. Die Gesetze der Koppelung verschiedener Schriftmerkmale lassen sich aber natürlich nicht rein mathematisch erfassen.

[16]) Über die bisher erschienenen Veröffentlichungen zur Frage des Seltenheitswertes ist bereits eingehend berichtet worden. Hier kann nun noch darauf hingewiesen werden, daß Müller („Mensch und Handschrift") auf Seite 342 eine Tabelle über das Miteinandervorkommen verschiedener Schriftmerkmale auf Grund statistischer Untersuchungen von Werner Dietrich gibt. Es handelt sich

dabei allerdings nicht um systematisch durchgeführte Prüfungen, sondern um vereinzelt herausgegriffene Kombinationen von Schriftmerkmalen. Im Zusammenhang mit obigen Befunden kann jedoch erwähnt werden, daß auch Dietrich u. a. die Koppelung von Unverbundenheit mit Linksschrägheit als äußerst selten bezeichnet hat.

[17]) Meyer, Über Schriftverstellung. Graphologische Monatshefte 1899.

[18]) Klages, Handschrift und Charakter. IX. Kap.: Die erworbene Handschrift.

[19]) Klages spricht von „Erworbener Schrift", weil er sich nicht mit dem engeren Problem der einmaligen Verstellung, sondern dem Versuch der dauernden willkürlichen Abänderung von Schriftzügen befaßt. Die für erworbene Schriften ermittelten Gesetze haben selbstverständlich im gesteigerten Maß Gültigkeit für Verstellungsversuche.

[20]) Schneickert, Die Verstellung der Handschrift.

[21]) Wir bringen diese Versuchsangaben in allen Einzelheiten auch schon aus dem Grunde, um den an der Sache Interessierten die Anhaltspunkte für eine möglichst sachgemäße Durchführung eigener Versuche zu bieten. Insbesondere das Studium der für einen Sachverständigen wichtigen Probleme der Schriftverstellung sollte jeder durch selbständige Versuche ergänzen, da die an sich schon geringe Literatur niemals im erforderlichen Maß notwendige Erfahrungen liefern kann.

[22]) Saudek, „Experimentelle Graphologie" 1929, S. 110.

[23]) Müller, „Studien über Schriftverstellung", Deutsche Zeitschrift für die gerichtliche Medizin, Bd. 105, S. 102.

[24]) Saudek, „Experimentelle Graphologie", S. 114.

[25]) Busse, Ein Handschriftenkünstler, — in „Graphologische Monatshefte" 1899.

[26]) „Handwörterbuch für gerichtliche Medizin und naturwissenschaftliche Kriminalistik", Seite 266.

[27]) Saudek, „Experimentelle Graphologie", Seite 327.

[28]) Jeserich, „Chemie und Fotografie im Dienste der Verbrechensaufklärung".

[29]) Nach R. Mayer, „Gerichtliche Schriftuntersuchung", Seite 91.

[30]) R. Saudek, Wissenschaftliche Graphologie.

[31]) R. Mayer, Gerichtliche Schriftuntersuchung.

[32]) Meyer (Archiv für gerichtliche Schriftuntersuchungen I. Band, „Schriftverstellung durch Schreiben mit der linken Hand") nennt als weiteres sicheres Kennzeichen einer linkshändigen Schrift auch noch die Abschrägung der Tintenstriche nach unten rechts im Gegensatz zur Abschrägung nach unten links bei rechtshändigen Schriften. Eine Erscheinung, die durch die Stellung der Feder zum Papier hervorgerufen wird und von der sich jeder ohne weiteres durch eigene Versuche ein Bild machen kann.

[33]) Chambon, Révue Internationale criminalistique II, 334. Critchley, Journ. Royal Soc. med. XX.

[34]) Pulver, „Symbolik der Handschrift" gibt im Kapitel „Die Unterschrift" aufschlußreiche Erläuterungen zur Schreibweise von Unterschriften und insbesondere auch zu den Schreibgewohnheiten bezüglich der Hinzufügung bzw des Fortlassens von Vornamen. Er sagt z. B.: „Wer sich der Verantwortung entziehen möchte, hat die Neigung, seine Unterschrift so sehr im

Unklaren zu lassen, daß er sie gegebenenfalls bestreiten könnte. Gewiß wird ihm das im praktischen Leben nur selten gelingen, aber die Tendenz kann den Wunsch verraten, auch wenn er schwer erkennbar bleibt." Diese Ausführungen Pulvers werden durch das oben angeführte Beispiel weitgehend bestätigt.

[35]) Otto Fanta, Das Problem der Doppelgängerschrift. „Die Schrift" III 2.

[36]) E. Seelig, „Schriftverstellung und Schriftnachahmung" (a.a.O.).

[37]) Kockel „Handschriftstudien bei Zwillingen", Zeitschrift für die ger. Med. XVIII, S. 375.

[38]) W. Ruml, „Ähnliche Handschriften", Archiv für Kriminologie, Bd. 97, Heft 1/2.

[39]) Crepieux-Jamin, „Die Grundlagen der Graphologie".

[40]) Meyer, „Der Fall Kracht". Archiv für ger. Schriftuntersuchung.

[41]) A. Legrün, „Über die Handschrift von Geschwistern", Zeitschrift für pädagogische Psychologie und Jugendkunde, 37. Jahrgang, Heft 5.

A. Legrün, „Über die Handschrift erbgleicher Zwillinge". Zeitschrift für menschl. Vererbungs- und Konstitutionslehre. XXI, 5.

[42]) Seelig, „Konstanz und Variabilität der Handschrift". Die Schrift I, 1.

[43]) Der Prozentsatz derjenigen Gutachten, in denen ein völlig sicherer positiver oder negativer Nachweis erbracht werden kann, wird meist erheblich kleiner eingeschätzt als er tatsächlich ist. Seelig („Die Schrift I, 1") berichtet z. B., daß nach den aus der Gutachtertätigkeit des Grazer Kriminologischen Instituts gewonnenen Erfahrungen in rund 80 % aller Fälle ein völlig sicheres Schlußurteil möglich ist. Eine Zahl, der auch wir beistimmen können.

[44]) Handwörterbuch der gerichtlichen Medizin, Seite 274: „Bei unwesentlichen Merkmalen kann an Stelle des Lichtbildes auch eine Zeichnung treten, bei nicht identischen Schriften kann man sich überhaupt mit Zeichnungen begnügen."

[45]) S. Römer, Zeitschrift für Menschenkunde II, 6: Demonstrationen bei Schriftgutachten.

[46]) G. Buhtz, Deutsche Zeitschrift f. ger. Med. XVII, 460: „Die Bedeutung der Handführung und -stützung bei eigenhändigen Testamenten."

[47]) Aus der Feder von Schriftsachverständigen selbst liegen nicht wenige Veröffentlichungen über die Fehlerquellen bei der Gutachtenerstattung vor. Ganz besonderes Interesse verdient in diesem Zusammenhang jedoch ein längerer Aufsatz aus den Kreisen der Staatsanwaltschaft, der im Archiv für Kriminologie Bd. 102, 5. und 6. Heft erschienen ist und W. Oellrich zum Verfasser hat.

Nach einer eingehenden Behandlung der Frage des Beweiswertes des Schriftgutachtens im Strafprozeß behandelt er in einem Sonderkapitel die Fehlerquellen bei der Gutachtenerstattung und kommt zum Schluß, daß die immer noch hier und da bestehenden Zweifel an der vollwertigen Beweiskraft eines Schriftgutachtens ihre Ursache darin haben, daß einzelne Schriftsachverständige nicht in genügendem Maße die Gefahren im Auge behalten, die durch diese Fehlerquellen gegeben sind. Folgende Punkte führt er an:

1. „Die Grundlage jeder Schriftvergleichung ist ein ausreichendes und geeignetes Vergleichsmaterial, dessen Herkunft feststeht... es sind mehrfach Richtlinien zur Beschaffung dieses Materials aufgestellt worden. Daß es immer im Sinne dieser Richtlinien beschafft wird, läßt sich nicht behaupten." — Oellrich zeigt an einem Beispiel aus der Praxis, wie

ungenügendes Vergleichsmaterial einen Sachverständigen zu einem krassen Fehlgutachten veranlaßt hatte.

2. „Ein ebenso schwerer methodischer Fehler wie die Schriftuntersuchung auf Grund unzureichenden Vergleichsmaterials ist die Verwendung ungenügender Sorgfalt auf die Prüfung der Herkunft des Vergleichsmaterials." — Oellrich belegt hier wiederum durch ein Beispiel, daß es Pflicht des Sachverständigen ist, sich Gewißheit über die Herkunft der Schriftproben zu verschaffen.

3. „Ein weiterer methodischer Fehler bei Schriftuntersuchungen, der wiederholt zu Fehlschlüssen geführt hat, ist es, wenn aus einem an sich reichhaltigen und genügend identifizierten Material nur einige wenige Bruchstücke herausgegriffen und der Vergleichung zugrunde gelegt werden", — wie etwa ein von Oellrich geschilderter Fall das wiederum praktisch erläutert. Hier meint Oellrich die Fehlschlüsse, die durch eine Nichtbeachtung der von uns oben näher dargelegten Simultanvariabilität verursacht werden können.

Die beachtlichen Ausführungen, die die Bedeutung des Schriftgutachtens für den Strafprozeß stärkstens betonen, schließen mit folgenden Worten: „... zugleich wird damit klargestellt, daß, wenn Schriftgutachten in Strafprozessen zu Fehlschlüssen geführt haben, dies nicht auf prinzipiellen Mängeln dieses Beweismittels als solchem beruht, sondern auf ungenügender Vorbildung oder mangelhafter Sorgfalt des Gutachters oder fehlerhafter Methodik im Einzelfall."

[48]) Für die Kriminalpolizei in Deutschland gelten die Anweisungen in der Schriftenreihe des Reichskriminalpolizeiamtes Nr. 1, S. 109.

[49]) A. Kanger, Die Bedeutung des Vergleichsmaterials bei der Identifizierung von Handschriften und Unterschriften, Kriminalistik XVI, 4.

[50]) Gegen diese an sich so selbstverständliche Forderung verstoßen auch heute noch gar nicht selten Beamte der Ermittlungsbehörden. So haben wir in unserer Praxis mehrfach Fälle gehabt, wo die Unterschriftsproben ganz offensichtlich nach Vorlage der strittigen Unterschrift geschrieben worden waren.

[51]) Schneickerts diesbezügliche Aufsätze finden sich in Bd. 39, Bd. 45 und Bd. 68 des Archivs für Kriminologie.

[52]) Im Jahre 1906 war in Wien eine Sammlung ins Leben gerufen worden, welcher erstmalig nicht nur eine Einteilung nach Verbrecherkategorien, sondern nach handschriftlichen Elementen zugrunde gelegt wurde. (Mally a.a.O.)

[53]) Eine ausführliche Darlegung dieses neuen, wissenschaftlich fundierten Klassifizierungssystems für Handschriften ist in Vorbereitung.

Sachregister

Seite

A

Ablaufsrhythmus . . 1, 21
Affektschrift 199
Ähnliche Schriften . . 206
Allgemeine Merkmale . 146, 154, 214
Altersschrift 219
Analysengang 37, 214
Anfangszüge 59, 73, 87
Anonymschreiber . . 135
Arkade . . . . . . 54 f.
Ataxie 29, 52, 196, 219
Aufbaueigenschaften . . 99, 100
Aufmerksamkeitsrichtung 180
Ausdauer 102
Ausdrucksgesetz . . 12
Ausdruckswissenschaft 11
Äußerungsfähigkeit 98, 102, 105

B

Begabungen 96
Begeisterungsvermögen 102, 105
Begleitveränderungen . 181
Berufsberater . . . 32
Besondere Merkmale . 147
Besonderheiten . . . 43, 76 ff.
Betragenseigenschaften 99, 100
Bewegungen 9
Bewegungsähnlichkeiten . . . 149
Bewegungsinkonsequenzen . . 148 f.
Bewegungsmerkmal . 12, 45
Bindungsformen . . 54, 69, 80
Binominalkurve . . . 145
Blasse Schrift 56
Bogen 35
Breite 57, 64, 72, 83

C

Charakterbild . . . 40

D

Daktyloskopie . . . 209
Deutungstabellen . . 43

Seite

Diagramm 103
Diktatproben 223
Dominanten 37, 40
Doppelbogen 55
Doppeldeutigkeit . . 10, 15, 26
Doppelgängerschriften . 201
Druck 47, 49, 67, 77
Reibungsdruck . . . 48
D-Zug-Schrift . . . 197

E

Eheberatung 30
Ehepartnerschriften . 204
Ehrgeiz 101, 105, 106
Eile 46, 66, 76
Eindruckscharakter . 60
Endzüge 59, 73, 87
Enge 49
Entwicklungsfähigkeit . 101
Erinnnerungsvermögen 102, 106
Erregbarkeit 97
Exploration 11
Expressivität . . . 28

F

Faden 55
Farbige Schrift . . . 56
Feste Zeichen 37
Flächigkeit 56
Folgeeigenschaften . 99, 100
Formenrhythmus . . 22
Formgebungsmerkmale 9, 53, 150
Formhöhe 17, 18
Formhöhe, verborgene . 29
Fotografie 215
Französische Schule . 12, 37

G

Gefühlsstärke . . . 102, 105
Geistige Beweglichkeit 102, 105
Gemeinschaftsgefühl . 102, 105
Gerade 35
Geschwindigkeit . . 46
Geschwisterschrift . . 209
Gespanntheit . . . 24
Girlande 54
Gleichförmigkeit . . 61, 75, 91
Gliederung 60, 74, 89

	Seite
Graphologe	30
Graphologie-anwendungen	30 ff.
Graphometrie	144
Grenzgebiete	226
Griffdruck	48, 62, 75
Größe	45, 66, 76
Grundlagen der Schriftvergleichung	142
Gutachten	211, 216

H

Handführung	221
Handschriftensammlung	224
Handstützung	221
Herstellungs-schwierigkeiten	180, 185
Höhe	57, 71, 82

I und J

Identifizierungswert	144
Interessen	96
i-Punkt	32
Irrationalität	28, 41
Jugendschriften	31, 40

K

Kapitalverbrechen	134
Klassifizierung	224
Komplexähnlichkeiten	148
Konzentrations-vermögen	102, 106
Kopplungen	43
Krankenschrift	29, 52
Kunstwerk	41

L

Lage	56, 71, 82
Längenteilung	59, 73, 85
Längenunterschiede	59, 72, 84
Leistung	96
Leitbild	13
Linksschrift	201
Linkswendigkeit	58
Lösung	24, 40
Lötschrift	53
Lüge	107

M

Magerkeit	2, 56
Materialkritik	212
Mengeneigenschaft	100
Menschenkenntnis	10

	Seite
Merkmalgruppen	37, 62, 150
Merkmalkomplex	145
Merkmallinie	45, 92
Merkmalsklassen	32
Merkmalsucher	45, 92, 214

N

Nationalcharakter	173, 174
Naturell	99
Niedrige Schrift	57

O

Oberlängen	73, 85
Oberzeichen	59, 74, 88
Ordnungsmerkmale	15, 60, 150

P

Pausfälschung	219
Persönlichkeit	100
Photographie	215
Porträtmaler	30
Primäre Merkmale	145

Q

Querschnitt	103

R

Ränder	90
Raschheit des Striches	47
Rationale Methode	41
Raumsymbolik	14, 103
Raumverteilungs-merkmale	15, 56, 150
Rechtstendenz	47
Rechtswendigkeit	58
Regelmaß	34, 35, 61
Reibungsdruck	47, 48
Reichhaltigkeit	56, 70, 81
Rhythmus	
Ablaufsrhythmus	21, 51
Allgemeiner Rhythmus	16, 20 ff.
Formenrhythmus	22
Verteilungsrhythmus	22
Rhythmusstörungen	16, 19, 24 ff., 38
Richtigkeit der Analyse	30, 37
Richtungscharakter	58, 72, 83

S

Sachverständige	135, 139
Sekundäre Breite	54
Sekundäre Enge	54

	Seite
Sekundäre Merkmale	145, 146
Selbstbeherrschung	102, 106
Selbstbewußtsein	101, 106
Selbsttäuschungen	14
Seltenheit eines Merkmals	143, 147, 151, 154 ff., 158 f.
Sicherheit der Analyse	30, 37
„signes fixes"	37
Spannung	23, 24, 39
Spiegelschrift	202
Sprechmelodie	10

Sch

Schärfe	49
Schmale Schrift	54, 57
Schreibbegabung	26
Schreibgeübtheit	25
Schriftenatlas	45, 93
Schriftenstellung	178, 195
Schrifterwerbung	13
Schriftformen	174
Schriftproben	222
Schriftveränderung	178
Schriftvergleichung	142
Schriftverstellung	152, 179, 191
Schriftwandlung	179, 202
Schulvorlagen	174
Schwankungsbreite	210

St

Strichart	56, 71, 81
Strichbildung	49, 68, 77
Strichführung	51, 68, 78
Störungen des Rhythmus	51, 52

T

Tafelerläuterungen	175
Takt	16, 20
Teigigkeit	49
Temperament	97
Tremor	29, 52, 196, 219

	Seite
Triebfedern	96
t-Strich	89
Typologie	43

U

Übermaß	23, 25, 40
Unaufrichtigkeit	106, 205
Unterdrückbarkeit eines Merkmals	152
Unterlängen	73, 86
Unterschrift	218
Unterwertigkeit	40
Unwahrhaftigkeit	106
Urkundenfälschung	133

V

Variabilität	210
Verbundenheit	50, 53, 68, 78
Verborgene Formhöhe	29
Vergleichsmaterial	223
Verhältniseigenschaften	97, 100
Verlagerter Druck	94
Verknüpfung	53, 63, 79, 94
Verstärkende Merkmale	34, 39
Verteilungsrhythmus	22
Vitalität	39, 48
Völle	56

W

Wachheit des Geistes	17
Weite	49, 67, 77
Wertcharakter	143, 147, 154, 190
Willkürbewegungen	9
Winkel	54 ff.

Z

Zeichendeuterei	93, 154
Zeilen	89
Zeugenbefragung	31
Zitterschrift	197, 219
Zügigkeit	47
Zwillingsforschung	31
Zwillingsschriften	201

Inhaltsverzeichnis

I. Teil

Seite

I. Begriff der Handschrift 9
II. Die Ausdruckswissenschaft 11
III. Die Doppeldeutigkeit 15
IV. Die Formhöhe 17
V. Der Rhythmus 20
VI. Möglichkeiten und Grenzen der Graphologie 28
VII. Die Merkmalsklassen 32
VIII. Deutungstechnik 36
IX. Die Deutungstabellen 43
A. Die Bewegungsmerkmale 45
I. Schriftgröße; II. Schreibeile; III. Schreibdruck; IV. Schriftweite; V. Strichbildung; VI. Verbundenheitsgrad; VII. Strichführung
B. Die Formgebungsmerkmale 53
VIII. Verknüpfung; IX. Bindungsformen; X. Reichhaltigkeit; XI. Strichart
C. Die Raumverteilungsmerkmale 56
XII. Schriftlage; XIII. Schrifthöhe; XIV. Schriftbreite; XV. Richtungscharakter; XVI. Längenunterschiedlichkeit; XVII. Längenteilung; XVIII. Anfangszüge; XIX. Endzüge; XX. Oberzeichen
D. Die Ordnungsmerkmale 60
XXI. Gliederung; XXII. Regelmäßigkeit; XXIII. Gleichförmigkeit; XXIV. Griffdruck
Übersicht über die Merkmalstabellen 63
Kurze Gebrauchsanweisung für die Tabellen 64
X. Übersicht der Besonderheiten 76
XI. Graphologisches Sehen 92
XII. Grundbegriffe der Charakterkunde 95
XIII. Persönlichkeitsbewertung 100
XIV. Die Unwahrhaftigkeit 106
Tabelle der Unwahrhaftigkeitsmerkmale 108
XV. Praktische Beispiele 109
Erstes Gutachten 109
Zweites Gutachten 118
Drittes Gutachten 120
Viertes Gutachten 122
Schrifttumsauswahl
Graphologie 125
Charakterkunde 126
Anmerkungen 127

II. Teil

		Seite
I.	Aufgaben und Geschichte der Schriftvergleichung	133
II.	Der Schriftsachverständige	139
III.	Grundlagen der Schriftvergleichung	142
IV.	Der Wertcharakter der allgemeinen Schriftmerkmale	154
	Bewegungsmerkmale, Formgebungsmerkmale, Raumverteilungsmerkmale, Ordnungsmerkmale, Tabellen	
V.	Die besonderen Schriftmerkmale	172
VI.	Schriftveränderungen	178
	Die Schriftverstellung	179
	Die Schriftentstellung	195
	Die linkshändige Schrift	201
VII.	Das Gutachten	211
VIII.	Unterschriftuntersuchungen	218
IX.	Aufnahme von Schriftproben	222
X.	Handschriftensammlungen	224
XI.	Grenzgebiete	226
Schrifttum		227
Anmerkungen		229
Sachregister		235

III. Teil

Schriftenatlas mit Erläuterungen und Merkmalsucher

Kolibri 360 GmbH
Ferdinand-Jühlke-Straße 7
99095 Erfurt, Deutschland
produktsicherheit@kolibri360.de